葛西城と古河公方足利義氏

葛飾区郷土と天文の博物館 編

雄山閣

はじめに

葛西城は、東京都の史跡指定を受けた東京を代表する戦国城郭のひとつです。昭和四七年から始まった葛西城の調査は、都内における中世城館の本格的な発掘調査の先駆けとなっただけでなく、全国的にも福井県一乗谷朝倉氏遺跡や広島県草戸千軒町遺跡とならんで、中世という時代を考古学的に調査研究する実践例として学史的にも重要な位置を占めています。

一般的に葛西城は、石垣や天守閣が無いため、砦的なものであまり重要な存在ではないと思われてきました。しかし、石垣や天守閣が城郭に採用されるのは織田信長の安土築城からのことで、それ以前の城郭は堀や土塁をめぐらしていました。

葛西城は、その名が示すとおり、葛西（現在の葛飾・江戸川・墨田・江東区域）の要として一五世紀中頃に築かれたものです。最近では、足利尊氏の血筋を引くいわゆる関東の将軍・古河公方足利義氏が葛西城に御座していたことも明らかとなってきました。葛西城は地政的にも、武蔵・下総国境目に所在し、また海と内陸を結ぶ要衝として現在注目されています。

平成一九年は、葛西城に初めて学術的な調査が入ってから三五年目を迎え、加えて、博物館考古学ボランティア活動は一五年目を迎えた年にあたります。葛西城の発掘及び博物館ボランティア活動の節目の年にあたり、開館の準備段階から今日まで実施してまいりました、葛西城の考古学による調査成果と文献による調査成果を、多くの方に知っていただけるよう、博物館ボランティアの協力を得て特別展を開催し、特別展記念としてシンポジウム「葛西城と古河公方足利義氏」を開催しました。

本書は、そのシンポジウムの内容を基に、記念講演や報告をいただいた方々の協力を得て一書にまとめたものです。

本書によって、東国に君臨した古河公方と葛西城をめぐる関東戦乱の様相を知っていただければ幸いです。最後になりましたが、本書を刊行するにあたりご協力を賜った関係諸機関に、この場をお借りして感謝申し上げたいと思います。

平成二二年四月

葛飾区郷土と天文の博物館

■葛西城と古河公方足利義氏■目次

Ⅲ 全体討議

終章 葛西城をめぐる戦国群像

序章　葛西城を取り巻く世界

葛西城発掘三五年という節目と博物館・資料館

一　葛西城発掘と博物館考古学ボランティア活動の節目に向けて

東京都葛飾区青戸に所在する葛西城に、初めて学術的な発掘調査が実施されたのは昭和四七年（一九七二）のことである。その前年の昭和四六年（一九七一）、葛西城擬定地の一つである青戸七丁目の御殿山の地に、東京都の交通政策の重要な柱となる環状七号線（通称環七）が走る計画が本格化したことが契機となって、確認調査が行われたのである。この環状七号線道路建設に伴う第一次調査によって、地下に中世城館が良好な状態を保って遺存していることが確認され、以後六次にわたる発掘調査が行われた。

葛西城は、低地遺跡という環境もあって、漆椀などの木製品をはじめ戦国期を中心とした多種多様な遺物が出土し、戦国の世の暮らしぶりを研究するうえでも貴重な遺跡として全国的にもその名が知られている。また学史的にみても、当時はようやく中世という比較的新しい時代の考古学調査が始動した時期でもあり、東国における中世考古学の先駆けの調査のひとつとしても知られている。

平成一九年（二〇〇七）は、葛西城の発掘調査が行われてから三五年という歳月が刻まれた年である。また、葛飾区郷土と天文の博物館のボランティア活動である「葛飾考古学クラブ」が活動を開始してから丁度一五年目にもあたる年となる。そこで葛飾区郷土と天文の博物館では、葛西城発掘三五年と博物館考古学ボランティア活動一五年という節目の年を記念して、ボランティアの協力を得ながら葛西城をテーマとした特別展を開催する計画を立て、二年前頃から準備に入った。

二　特別展開催までの取り組み

特別展に向けての基本方針

開館以来、当館では葛西城に関して考古学と文献史料の両面から調査研究を行ってきた。その成果を基に一九年度の特別展として葛西城をテーマに据え、東国中世史の中における葛西城の歴史的な位置付けを試みることにした。そして、そのために特別展を開催するにあたって、以下の五つの取り組むべき項目を決め、準備に臨むことにした。

①古河公方足利義氏と葛西入城の意義
　東国中世史における古河公方足利義氏の動向を解説するとともに、義氏が葛西城に御座していた頃の東国の政治的な状況と葛西城の役割を解説する。

②堀から出土した斬首の復顔や国宝上杉文書の紹介
　現在知られる最古の葛飾人である葛西城出土の斬首（女性）の復顔を行い、葛飾と関わりのある戦国人の姿を知ってもらう。また、小田原北条氏以前にあたる上杉氏時代の葛西城の重要性を物語る国宝の上杉文書を、所蔵機関の協力を得て紹介する。

③開館以来行ってきた葛西城に関する調査研究の総括
　考古学だけでなく文献も含め、総合的に検討して葛西城を歴史の舞台に登場させ、本地域の歴史を再点検する。

④博物館と文化財行政との協業

葛西城発掘三五年というのは、葛飾区にとっても埋蔵文化財保護行政三五年ということになる。その点も踏まえて、文化財保護係と共同で準備作業を進め、文化財保護行政と博物館行政の連携とその成果を展示に反映させる。

⑤博物館ボランティアの協力

博物館考古学ボランティアの活動一五年の節目でもあり、展示準備段階から、葛西城出土のかわらけや国産陶器・貿易陶磁器の数量化などの資料調査への協力をお願いし、各種記念イベントの運営にも携わってもらう。特に、特別展関連シンポジウムはボランティアの記念行事の一環として行い、今までのボランティア活動の成果も公表する機会とする。

⑥研究環境の整備

葛西城及び中世葛西地域の研究を推進させるためには研究環境の整備が必要である。例えば、特別展の事前調査として収集した中世文書史料などは必要不可欠な情報となろう。葛西城及び中世葛西地域の中世文書史料のデジタルデータ化を進め、図録の付録として添付する。考古学面では調査地点ごとの出土遺物の状況を明らかにするための数量化等を行うなど、葛西城の研究環境を整える。

地域史フォーラムの開催

前項であげた準備方針を基本として作業を進めるとともに、特別展の構成内容をより深めていくために、最新の葛西城や葛西地域の研究状況を個別にあたるよりも、一堂に会して検討する場が必要であろうと考えた。当館では、旧葛飾郡地域や東京低地周辺の歴史事象を素材として設定したテーマに、新しい研究成果を照射させながら検討を加え、新たな地域史像を構築する目的で開催されている、市民参加型の公開講座「地域史フォーラム・地域の歴史を求めて」

がある。平成一八年度は、この地域史フォーラムのテーマを、平成一九年度に予定している葛西城の特別展に向けて、プレ企画として総合的な検討を行うための準備会として位置付けることにした。

フォーラムで検討すべき点としては、葛西築城の背景、葛西城をめぐる攻防、葛西城の終焉、そして古河公方足利義氏と葛西城との関係などがあげられよう。今後、特別展に向けて出土遺物等の発掘調査の成果と足利義氏の問題についで検討を行う必要がある。そのためにも、この問題を文献側からさらに深めることが重要であると考えた。フォーラムの進行と全体討議の司会を大石泰史氏にお願いし、左記の方々に報告をお願いした。参加者は一一〇名であった。

地域史フォーラム・地域の歴史を求めて「葛西城と戦国時代」　平成一八年一二月一〇日（日）
開催挨拶　保科雅克（葛飾区郷土と天文の博物館館長）
趣旨説明　谷口　榮（葛飾区郷土と天文の博物館）
報　告　１「鎌倉府と古河公方」木下　聡（戦国史研究会）
報　告　２「両上杉氏と葛西」長塚　孝（馬の博物館）
報　告　３「足利義氏と小田原北条氏」黒田基樹（駒澤大学非常勤講師）
報　告　４「小田原合戦と葛西」戸谷穂高（戦国史研究会）
閉会挨拶　鴻巣幹子（葛飾区教育委員会生涯学習課課長）

葛西城出土遺物のカウント

近年の中世考古学では、遺跡内における空間利用を解明するために、調査地点ごとの出土土器・陶磁器類全体の器種構成を明らかにし、かつ、それらの器種と時期の判別から、その分布のあり方を検討することが行われている。葛西城では、環状七号線道路建設に伴う発掘調査においては出土遺物の数量化が行われておらず、それらの資料を現在の調査研究に利用するためには、器種ややきものの種類ごとに数値化する必要があった。そこで今回、特別展開催にあわせて葛西城から出土しているかわらけ・国産陶器・貿易陶磁器の出土地点別の数量のカウントを行い、データ化を図ることにした。

具体的なカウントの作業は、東国中世史研究会と葛飾区郷土と天文の博物館考古学ボランティアの協力を仰ぎ、葛飾区郷土と天文の博物館の講堂を利用して行った。まず、出土遺物の全体量を把握するために、平成一九年七月二六日に準備会を設け、作業の手順の打合せを行った。カウント作業は、国産陶器・かわらけ・貿易陶磁器と大きく分けて行うことにし、同年八月五・六日に、愛知学院大学藤澤良祐先生にご来館いただき瀬戸・美濃焼をはじめとする国産陶器の分類を行い、八月一九日に貿易陶磁器について国立歴史民俗博物館の小野正敏先生のご指導を仰ぎながら東国中世史研究会と葛飾区郷土と天文の博物館考古学ボランティアの協力を得てカウント作業を行った。データの集計については、伊豆の国市教育委員会池谷初恵氏と当館調査員石塚宇紀が整理をし、とりまとめを池谷氏に行っていただいた。

カウントの方法は、先行事例に従い、かわらけ・国産陶器・貿易陶磁器それぞれの破片数を数え、貿易陶磁器とかわらけについては、接合後の点数もカウントを行った。ここでは、参考までに環状七号線道路建設に伴う第一次から第六次調査のⅠからⅤ区の各調査区のかわらけ・国産陶器・貿易陶磁器の出土状況について、シンポジウムの資料集に掲載した図の一部を巻末に掲げておく。

なお、このカウント作業行うにあたって、資料鑑定・分類について藤澤良祐先生、小野正敏先生、カウント作業については東国中世史研究会の浅野晴樹・池谷初恵・齋藤慎一・佐々木健策・水口由紀子・北條ゆうこ・毎田佳奈子・水本和美・簗瀬裕一・島崎麻里・栗原慶多の諸氏のご協力を賜った。また、葛飾区郷土と天文の博物館考古学ボランティアのメンバーは以下のとおりである。ここに記して感謝申し上げたい。

平成一九年度葛飾区郷土と天文の博物館考古学ボランティア「葛飾考古学クラブ」

相沢栄子　相沢治子　浅野博子　阿部美和子　荒木善昭　荒澤康子　飯島雅夫　飯田美喜子
五十嵐愛子　池田芳美　内田直行　梅沢喜八　梅山ルイ子　遠藤まつゑ　大倉哲夫　大倉悦子
大関茂男　太田俊子　奥田　緑　小田川昌保　鎌田勝二　蒲原幸雄　呉川志明　呉川美幸
呉川有希　慶野　寛　五木田直美　駒形和利　斉藤和加子　佐々木啓之　佐藤英夫　残間　睦
島貫明人　白井敏二　篠田健司　白根知美　鈴木　正　鈴木俊郎　助川　忠　関口　勇
高澤洋子　高田貞次　高橋一光　多田一貴　千田　一　東原洋子　中尾千枝子　中島奎二
中村七雄　中村洋子　並木宏之　成田　裕　野村　清　野村美紀　橋詰正子　濱本まゆみ
林　智勇　林　文己　平田頼敏　平山覚大　星谷悦子　堀江政子　前野正道　前野恒子
松田慎司　松田順子　丸山幸男　宮城　功　茂木元男　森山恵穂　安永亜紀子　柳沢　仁
湯浅弘子　吉田栄子　渡辺文乃

三　特別展「関東戦乱―戦国を駆け抜けた葛西城―」と特別展記念シンポジウムの開催

五館連続展示「関東の戦国時代を知る」

平成一九年、特別展の題名を「関東戦乱―戦国を駆け抜けた葛西城―」（会期　一〇月二一日～一二月九日）と定めて開催することになった。展示会の内容は図録が刊行されているので参照いただきたいが、実はこの特別展の準備段階で、開催に向けてひとつの問題が明らかとなってきた。前年度から借用資料の事前交渉を進めているうちに、微妙に時期がずれながらも、九月から翌平成二〇年二月にかけて、当館を含め埼玉県川越市立博物館、埼玉県行田市立博物館、埼玉県寄居町鉢形城歴史館、埼玉県立嵐山史跡の博物館の五館で、戦国時代の小田原北条氏に関連する展示会を開催する予定であるという。

そこで事前に、各館で借用遺物の重複を避けるための調整を図るなど、展示内容の情報の交換を行っていたが、同じ戦国時代をテーマとした展示会を五館が各々個別的に開催するよりは、各館が連携して協力し合い、関東の戦国を多くの方に知っていただける機会を設けてはどうかということになった。何とか調整が完了し、共通テーマ「関東の戦国を知る」と題した五館連続展示が実現したのである。急ごしらえのことなので、統一したデザインのポスターやチラシの作成はできなかったが、共通ロゴを刷り込み、スタンプラリーを実施して記念品を進呈するなど、集客性を少しでも高める仕掛けも試みた。

川越市立博物館「後北条氏と河越城」平成一九年九月一五日から同年一〇月二二日
行田市立博物館「忍城主成田氏」平成一九年一〇月一三日から同年一一月二五日
寄居町鉢形城歴史館「印判状と後北条氏」平成一九年一〇月一三日から同年一一月二五日
葛飾区郷土と天文の博物館「関東戦乱」平成一九年一〇月二一日から同年一二月九日
埼玉県立嵐山史跡の博物館「後北条氏の城」平成一九年一二月一日から平成二〇年二月二四日

三館連携シンポジウム

特別展「関東戦乱—戦国を駆け抜けた葛西城—」の展示の内容をより深く検討するために記念シンポジウムの開催を企画していたが、江戸東京博物館、埼玉県立嵐山史跡の博物館でも戦国時代のシンポジウムが企画されていたため、ここでも連続展示「関東の戦国を知る」と同様に、三館が連携して戦国城館の最新の研究成果をテーマに据えたシンポジウムを実施することになった。当館では、小田原北条氏そして古河公方足利義氏と葛西城との関係、埼玉県立嵐山史跡の博物館では松山城・杉山城・小倉城の国史跡指定を記念して小田原北条氏の城郭について、東京都江戸東京博物館では太田道灌時代からの江戸城や、豊島・上杉氏関連の城郭などを視野に入れた検討が加えられた。

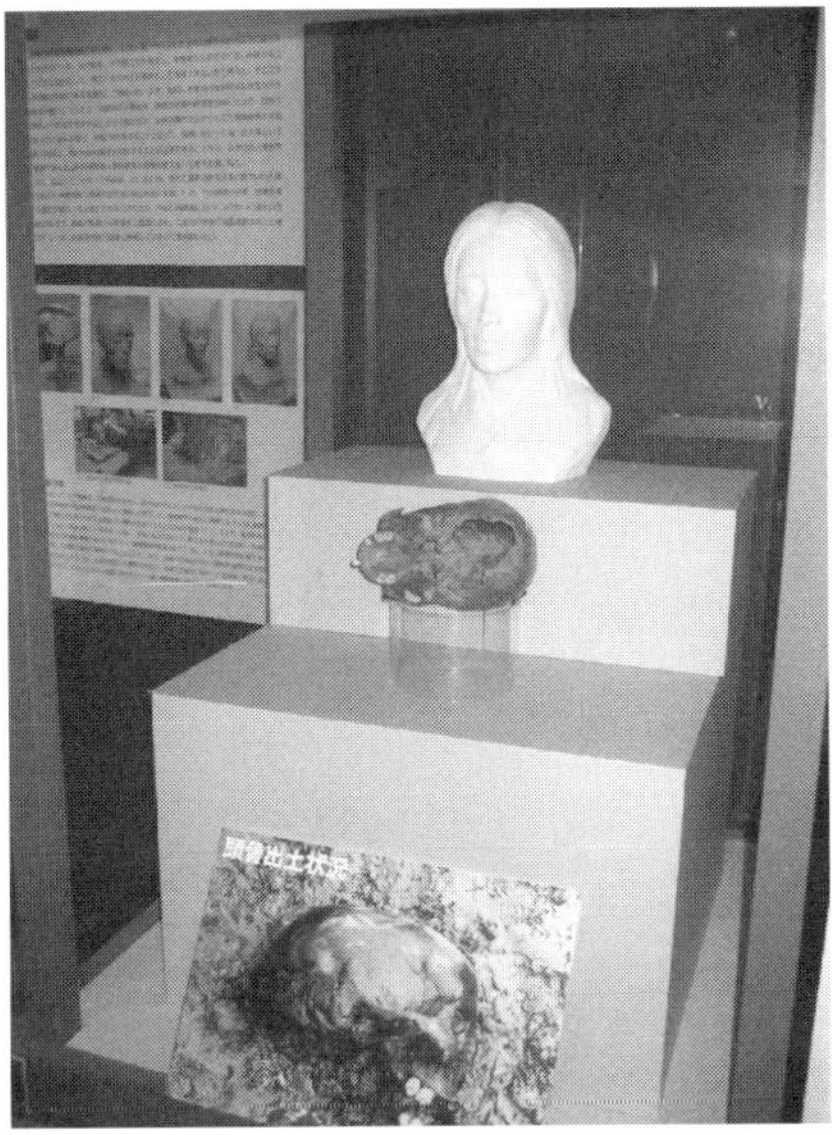

特別展展示会場風景

葛西城遺物カウント風景

博物館同士の共同研究によるシンポジウムの開催はあまり事例がないのではないだろうか。連続展示は、当初から計画されていたことではなかったが、展示とともにシンポジウムも含め各機関が協力し合い、共通テーマで広域な博物館・資料館の連携が図れたことは、今後の博物館・資料館活動の在り方を考える上でも好材料となるものと思われる。

葛飾区郷土と天文の博物館「葛西城と古河公方足利義氏」平成一九年一二月一・二日
埼玉県立嵐山史跡の博物館「後北条氏の城―合戦と支配」平成二〇年一月二六・二七日
東京都江戸東京博物館「太田道灌と城館の戦国時代」平成二〇年三月八日

当館のシンポジウム「葛西城と古河公方足利義氏」は、平成一九年一二月一日（土）・二日（日）の二日にわたって開催された。このシンポジウムでは、今回の展示によって抽出された諸問題や展示の内容をより深く討議し、葛西城や葛西地域の戦国時代における歴史的な位置付けを試みた。特に、古河公方足利義氏が葛西城に御座していたことが最近の研究で明らかとなっており、その御座の状況を確認するとともに、小田原北条氏と足利義氏との関係、さらに義氏御座時代の葛西城と小田原北条氏との関係などについて、文献史料と考古資料の両面から検討を行った。二日にわたるシンポジウムのプログラムは以下のとおりである。延べ三九六名の参加があった。

特別展記念シンポジウム「葛西城と古河公方足利義氏」
第一部「文献史料から探る」　平成一九年一二月一日（土）　午後一時から五時迄
開催挨拶　森本　宏（葛飾区教育委員会生涯学習課課長）
趣旨説明　谷口　榮（葛飾区郷土と天文の博物館）
記念講演「古河公方足利義氏と東国」佐藤博信（千葉大学）

報告1「葛西時代の足利義氏」長塚　孝（馬の博物館）
報告2「小田原北条氏と古河公方」黒田基樹（駒澤大学非常勤講師）
報告3「足利義氏の元服」平野明夫（國學院大學非常勤講師）

第二部「考古資料から探る」　平成一九年一二月二日（日）午前一〇時から正午迄
記念講演「葛西城と戦国考古学」　小野正敏（国立歴史民俗博物館）
報告1「武蔵における戦国前期の武士勢力とカワラケ」　田中　信（川越市教育委員会）
報告2「小田原北条氏のカワラケと漆器」　佐々木健策（小田原市教育委員会）
報告3「小田原北条氏と葛西城」　谷口　榮（葛飾区郷土と天文の博物館）

第三部「全体討議」　平成一九年一二月二日（日）　午後一時から五時半迄
全体討議　司会進行　大石泰史（戦国史研究会）
永越信吾（葛飾区教育委員会生涯学習課）
閉会挨拶　保科雅克（葛飾区郷土と天文の博物館館長）

（谷口　榮）

葛西城をめぐる攻防

一　葛西城の調査と保存

葛西城の位置と広がり

葛西城は埋蔵文化財の登録上、戦国期の城としての葛西城と近世の青戸御殿、そして葛西築城以前の御殿山遺跡とに分けて周知されている。つまり、この遺跡は同一地域に葛西城と、城の後に築かれた青戸御殿、葛西城の下にある葛西築城以前の御殿山遺跡と呼ばれる古墳時代前期の集落とが複合した遺跡である。

葛西城の城跡の位置は、葛飾区のほぼ中央にあり、京成電鉄青砥駅から北へ約一キロのところに所在している。地番は、東京都葛飾区青戸七丁目二一番地が遺跡の中心部となる。

葛西城の立地をみると、城跡の中核部は中川西岸に形成された標高二メートルの微高地上にあり、中川を東の備えとし、西に水田あるいは湿地帯という自然環境をうまく活かした占地をしている。その周囲に広がる城下の町場も中川西岸の微高地上や対岸の中川東岸に展開している。中川は、日頃は交通など葛西の経済を支え、時として敵の備えとして重要な役割を担っていた。

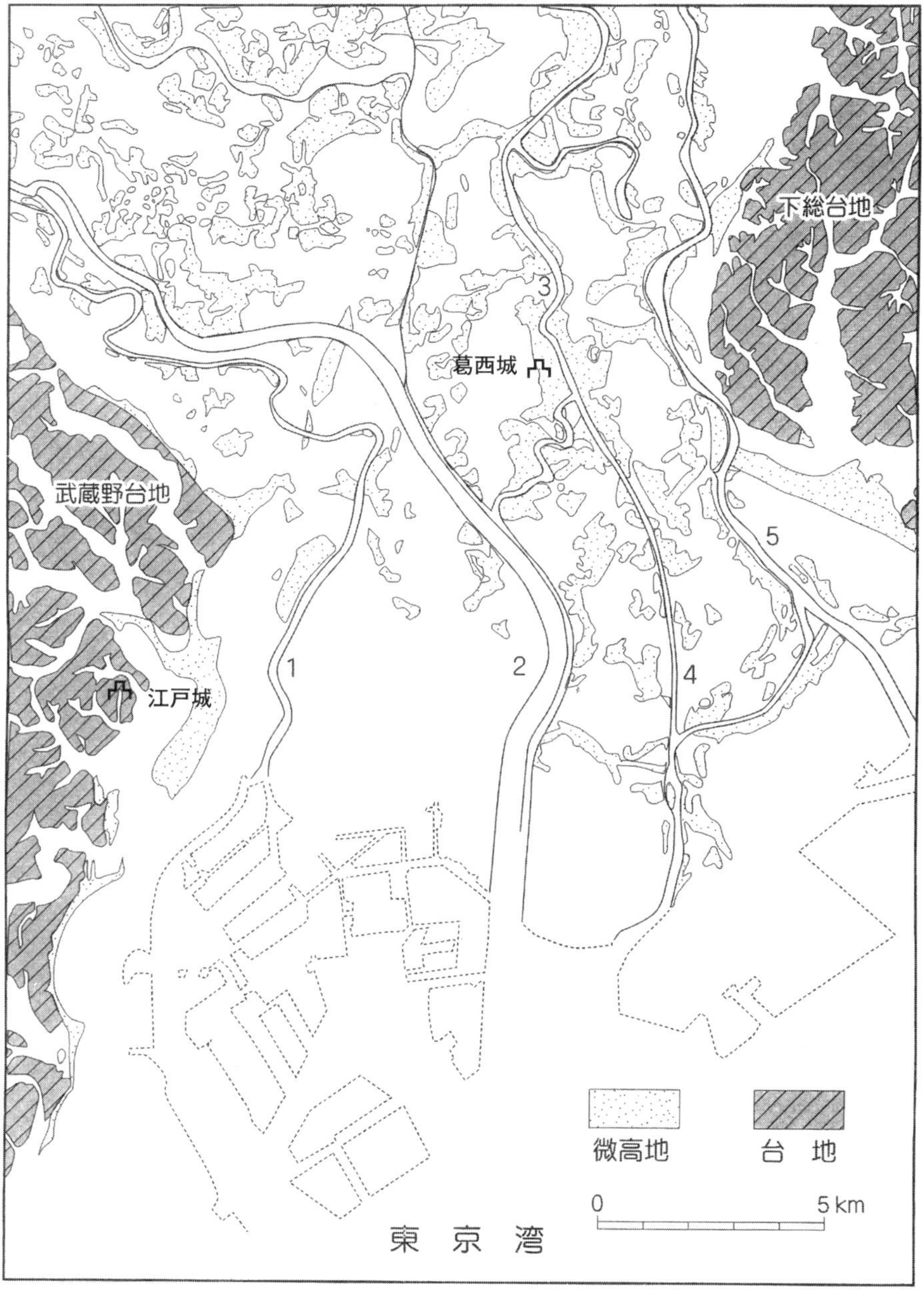

第１図　葛西城位置図（1：隅田川、2：荒川、3：中川、4：新中川、5：江戸川）

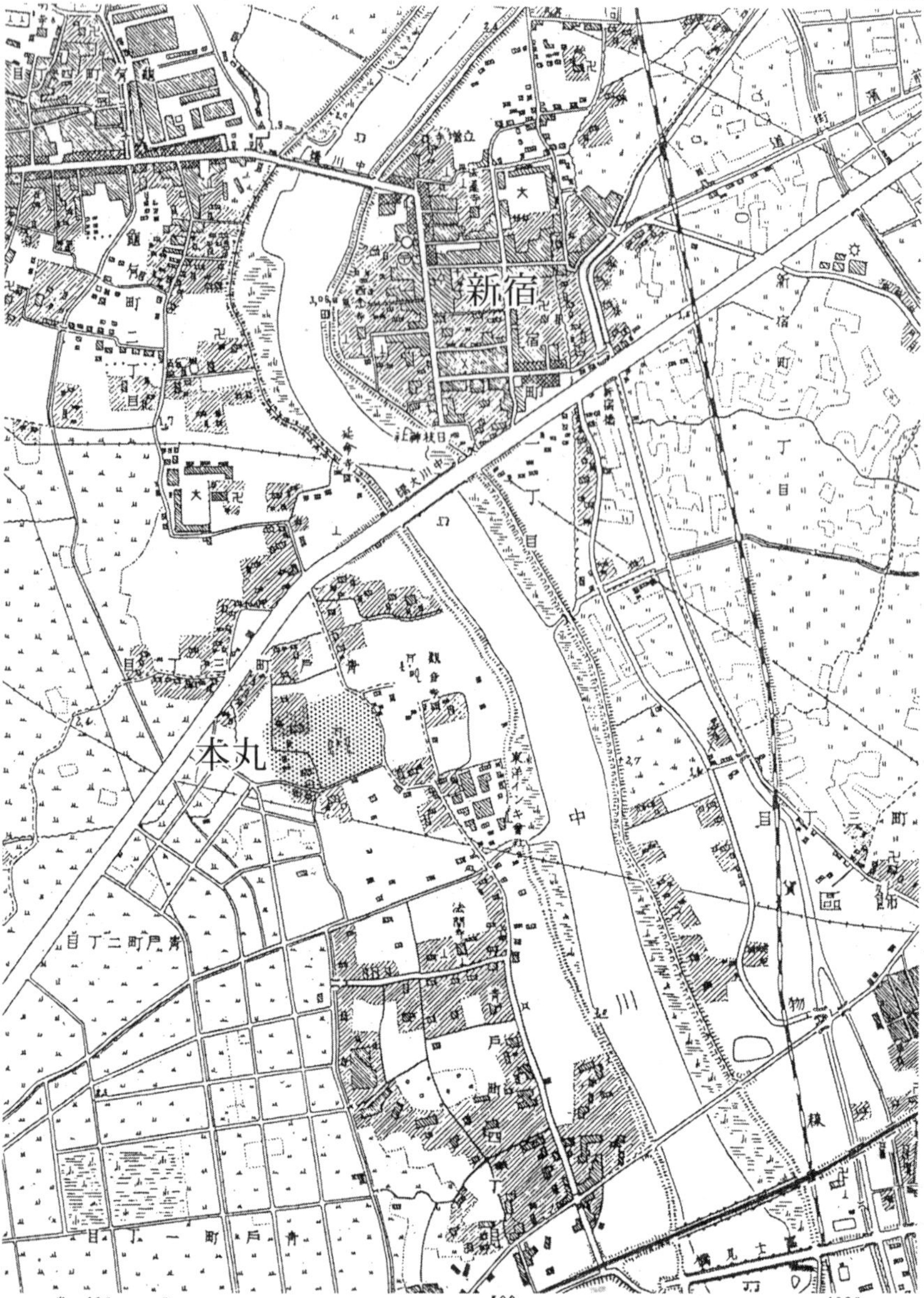

第2図　葛西城本丸及び葛西新宿位置図（昭和12年測図　金町部分）

遺跡範囲は、北は国道六号線（水戸街道）と環状七号線道路の北側にある宝持院付近から、南は青戸八丁目東京慈恵医科大学附属青戸病院付近に及ぶ広汎な広がりを持っている。ただし、これはあくまでも葛西城の中核部分のことで、城の町場はさらに広範囲に及ぶ。葛西城の北側、今の亀有に上宿という字名が残っており、古くはここに宿が形成されていたことがわかる。また、葛西城の南の地域、青戸六丁目辺りには南北方向に平行して通る三本ほどの道があるが、このような道の配置は、この地域が葛西城の町場として整備されたことを物語っているものと思われる。さらに中川を隔てた対岸の新宿二丁目を中心とした地域には、戦国期に新しく整備された葛西新宿がある。これらの地域を含めた広がりを、葛西城とその城下の範囲ととらえることができよう。このように広義の葛西城の範囲はまだ調査不足もあって正確に線引きできていないのである。

調査と東京都史跡指定

葛西城は低地に築かれた平城なので、山城のように地上に顕著な遺構を残してはいない。そのため、どこが葛西城の故地なのかはっきりせず、いくつかの説が出されてきた。その中でも有力な説の一つが上千葉説であり、もう一つが青戸御殿山説であった。

『新編武蔵国風土記稿』「巻二三　葛飾郡之四　西葛西領本田筋　青戸村」の項には、青砥左衛門藤綱の館跡という地元の伝承を記した上で、諸書に見える後北条氏の遠山丹波守が守り、遠山弥九郎が在城した葛西城は、後の徳川将軍家の御殿が築かれた当地であると紹介している。

昭和四六年（一九七一）、葛西城擬定地の一つである青戸七丁目の御殿山の地を貫くように、環状七号線道路（通称環七）の建設計画が立案された。御殿山は小高い高まりで、そこには青砥藤綱を祀る「藤綱神社」の祠が建っており、藤綱神社のすぐ傍らには樹齢二〇〇年といわれる二本の銀杏の大木があって、御殿山のシンボルになっていた。

このように、環七予定地は葛西城の有力な擬定地になっていたので、工事着手前に遺跡の確認調査が行われることになった。その結果、中世後半の遺構や遺物が発見され、まぼろしの葛西城が、青戸七丁目の地に存在したことが明らかとなった。

そこで翌昭和四七年（一九七二）、遺構の配列状態を知るために第二次予備調査を行ったところ、大規模な堀が検出され、これが城の主郭の南を画する堀であることが明らかになった。予備調査はさらに三次・四次・五次と重ねられ、これによって環七予定地は葛西城主郭の中心部を南北に貫くことが判明したのである。

この間、環七の建設と葛西城の保存について、地元住民を交えながら関係者間で何回も協議が続けられたが、結局、当初計画どおりに環七工事が進められることになった。そこで、環七工事によって破壊される部分を、工事実施前に発掘調査し、記録だけは留めておこうという本格的な発掘調査が第六次調査として行われた。そして昭和六〇年（一九八五）に環七は葛西城の中心部を分断して開通した。

しかし、これで葛西城のすべての部分が破壊されてしまったわけではない。葛西城の全体はまだまだ周辺部に広がっている。区では遺跡の範囲確認に努めるとともに、下水道工事や民間建設など、大小の建設工事に際して、事前の発掘調査を行い、葛西城の保護と調査に努めている。環七の両側には区民の憩の場として葛西城址公園と御殿山公園が整備され、本丸の一部が公園の地下に保存されることになった。平成一〇年には、両方の公園用地は東京都の史跡指定を受けている。

二　戦国の世と東国

応仁の乱勃発

建武三年（一三三六）に足利尊氏が開いた室町幕府は、三代将軍義満の時に最盛期を迎えた。幕府は、中央に財政を管理する政所、京都内外の警備や刑事裁判をつかさどる侍所、記録や文書の保管を行う問注所を設け、それらの諸機関は管領職によって統轄されていた。管領は、足利一族の有力守護大名である細川・斯波・畠山氏が交代でその任についていた。また幕府は、東国には鎌倉府、九州には九州探題を置いて地方の統括にもあたらせていた。

一五世紀中頃になると、幕府を動揺させる出来事が相次いで起こる。嘉吉元年（一四四一）、六代将軍足利義教を播磨国の守護赤松満祐が殺すという事件が起こり、将軍家の権威は失墜してしまう。これを契機に有力な守護大名が台頭し、政権にも関与するようになり幕府は弱体化する。さらに将軍継承問題が混乱に拍車をかけ、畠山・斯波の両管領家の家督相続争いをも巻き込んで、応仁元年（一四六七）強大な守護大名の細川勝元と山名持豊（宗全）が激突する応仁の乱が勃発した。はじめは京都を舞台に東軍勝元側と西軍持豊側が戦端をひらいたが、次第に軍勢を増し、武家勢力を二分する大乱となり、戦乱は地方へも波及して全国的な内乱状態となった。

応仁の乱は、細川勝元と山名持豊の両者が死去して収束するまで十一年間続き、京都をはじめ地方も戦火によって荒廃し、今までの支配体制が崩れ、時代はいわゆる下剋上の世となった。守護大名も、守護代や在地領主の国人層によって国を奪われるなど、下位者が上位者にとってかわる社会勢力の交代が各地でみられるようになった。一六世紀になると、新勢力は武力によって他国を服属させ、領国をひろげるなど、全国に有力な戦国大名が割拠し、各地で互いに覇を競って戦闘が繰り返される状態になった。戦国の世といわれる所以である。

享徳の大乱

関東では京を中心として応仁の乱が勃発するよりも早く、戦乱の世に突入していた。鎌倉に置かれた鎌倉府には尊氏の次男基氏が鎌倉公方として入り、子孫に代々受け継がれた。第四代公方にあたる足利持氏の時、応永二三年（一四一六）に持氏と、その補佐役である関東管領上杉氏憲（禅秀）が対立して上杉禅秀の乱が起き、これを契機として、永享一〇年（一四三八）持氏が自刃して果てる永享の乱が起こるなど、鎌倉公方と室町幕府・上杉氏の対立が深刻化する。

持氏の遺子足利成氏が鎌倉公方に就任すると、関東はさらに混迷する。成氏は、享徳三年（一四五四）に敵対する関東管領上杉憲忠を殺害し、鎌倉から古河（茨城県古河市）に移った。成氏は古河公方と称され、古河公方側の勢力は利根川の東岸、幕府・関東管領側は西岸に勢力を張って軍事的な衝突を繰り返した。世にいう享徳の大乱の勃発である。

三　上杉氏から小田原北条氏へ

葛西築城と上杉氏

三〇年に及び関東を動乱に巻き込んだ、世にいう享徳の大乱の勃発により、関東武士は利根川を挟んで西岸に上杉・幕府勢力、東岸に古河公方勢力が対峙する状況となり、関東は極度の軍事的緊張状態に陥った。葛西地域は太日川（後の江戸川）を挟んで足利成氏勢力と睨み合う上杉氏の最前線となり、隅田川西岸の江戸城に太田道灌が入り、その東岸は大石石見守が守備して、成氏の動きを牽制していた。寛正二年（一四六一）成氏が葛西城を攻めたとする記録や、一五世紀後半頃の堀跡が発掘調査によって発見されていることから、葛西城は享徳の大乱前後に山内上杉方の葛西地域の軍事的な拠点として、青戸の地に築城されたものと考えられる。

葛西城の最初の城主は、武蔵守護代大石氏の一族大石石見守であるが、寛正三年（一四六二）から文明一〇年（一四七八）頃までの一時期、上杉方の千葉実胤が入城していたともいわれている。しかし、その後再び大石氏が葛西城に入り、上杉氏領最南端の葛西の守備にあたっていた。大永四年（一五二四）小田原に本拠を構える北条氏綱は関東進出を企て、江戸城を攻略し、葛西に迫る。その時の緊迫した様子は、扇谷上杉氏の家臣三戸義宣が越後の長尾為景に宛てた書状からも知ることができる。

小田原北条氏と葛西城

小田原北条氏の進攻に耐えた葛西城も、天文七年（一五三八）二月二日についに北条氏綱に攻略されてしまう。同年十月武蔵国境へ侵攻してきた小弓御所足利義明と房州の雄里見義堯は、武蔵と下総の国境である現在の江戸川を挟んだ国府台に陣取り、北条氏と対峙する。これが第一次国府台合戦であり、葛西地域は、この合戦に勝利した北条氏の勢力下に入るが、永禄三年（一五六〇）事態は急変する。長尾景虎（後の上杉謙信）が関東に出陣し、反北条勢力を結集して北条氏の本拠地である小田原城下まで軍を進駐させる。これによって葛西城も反北条勢力の手に落ちてしまう。

永禄四年（一五六一）景虎が越後へ退去すると、北条氏の攻勢が開始される。葛西城も、永禄五年（一五六二）四月二四日北条方の太田康資が攻撃を指揮し、葛西城は反北条勢力から北条氏の手へと移る。その後、永禄七年（一五六四）に北条氏康と里見義弘は国府台で再び戦火を交え、この第二次国府台合戦以降、葛西地域は完全に北条氏領国として天正一八年（一五九〇）北条氏滅亡まで維持されていく。

（谷口　榮）

Ⅰ 文献史料から葛西城を読み解く

古河公方足利義氏と東国

――特に「葛西様」段階を中心に――

佐藤　博信

はじめに

先年古河公方足利義氏が「葛西様」と尊称されたことに注目し、そのいわれが従来いわれる様な鎌倉葛西ケ谷ではなく下総葛西城であったことを不十分ながら見通した(1)。この仮説をふまえて、この前後の東国政治史の再検討が大幅に進められたことは、衆目の一致するところである(2)。本稿では、その後の研究成果を学びながら、筆者なりに古河公方と北条氏との関係を改めて展望しようとするものである。その際、特に「葛西様」段階の足利義氏の生母芳春院殿の歴史的役割について注目したい。

一　古河公方と北条氏―足利高基段階―

古河公方と北条氏の関係が何時如何なる状況下で成立したのかを示す明確な史料は確認されていない。ただ諸記に次の様にみえるのみである。①「異本小田原記」の永正十六年（一五一九）から大永二年（一五二二）にかけてみえる「氏綱の鍾愛の女あり、容顔美麗にして昔の楊貴妃李夫人ともいひつべしと沙汰しければ、古河の公方左馬頭高基、御家督の晴氏の御台所になし申さんとて、奇流西堂を立て、此旨仰下さる、氏綱畏つて承り、御返事申しける」。この記事に符合するのが、②「喜連川判鑑」(古一五四一)[3]の「大永元、二月、北条左京大夫氏綱女ヲ御嫡晴氏ノ御台トシテ、小田原ヨリ御輿入ル」である。また③「鎌倉公方九代記」は、「大永二年の秋九月、北条左京大夫氏綱の許より、富永三郎左衛門尉を使者として、古河公方左馬頭高基へ、重陽の祝儀を申入れらる」と記す。

この①②③の記事によれば、永正年代末期から大永年代初頭にかけて、古河公方と北条氏の関係は、婚姻問題と贈答儀礼を核に展開していたことになる。それは、①②でいう晴氏がほぼこの前後十五歳位になっていたこと、氏綱娘＝芳春院殿の生年は不詳であるが、永正年代末期から大永年代初頭の可能性が高いこと、後年両者間で大活躍する「奇流西堂」＝芳春院季龍周興が古河公方足利高基の使者とみえること、③で江戸城代遠山氏の登場する以前に対外的に活躍する伊豆の富永三郎左衛門尉が使者としてみえること、などから、それなりの歴史的背景をふまえた記述にはなっている。しかし、後述の事態の推移から、この段階に贈答儀礼の展開はいざしらす婚姻問題まで提起されていたとは、考え難い。

というよりも、両者の具体的関係は、北条氏の大永四年正月の江戸城奪取を契機に展開されるからである。奪取とともに江戸城代に就任した遠山直景は、古河公方足利高基に「翻宝印、不可存別条由申上」げたという(「東京大学史料編纂所所蔵幸田成友氏旧蔵文書」戦古五四三)[4]。北条氏の江戸城奪取が必然的に古河公方との具体的な接触を可能にし、江戸城代遠山氏を通じた北条氏と古河公方の関係を成立せしめたのであった。と同時に遠山氏と古河公方の関係は、以後も北条氏と古河公方の関係上独自な位置を占めたのであった。天文元年(一五三二)十月に古河の使として鎌倉に派遣された中田氏が江戸衆中田氏とすれば、そうした関係が展開し始めたことを示そうか(「快元僧都記」)。

ただ問題は、その関係が遠山直景の「起請文」の提出に象徴された点であった。それは、享禄元年(一五二八)十二月二十七日の足利高基の嫡子晴氏の元服式に北条氏が関与していない事実にも通ずる(「野田家文書」古七三九)。晴氏の元服は、古河公方中もっとも高齢なそれであった。元服式が財政的困難から遅延し、当段階になって越後守護代長尾為景・関東管領上杉憲寛・管領代長尾憲長らの支援で実現されたのであった。その式に北条氏の姿は、窺われない。両者の関係が直接的な「家」関係ではなかった反映である。

二　古河公方と北条氏―第一次国府台合戦後―

その点で、転機は、天文七年（一五三八）十月の第一次国府台合戦を大きな契機とする関係変化であった。足利晴氏は、小弓公方足利義明の勢力拡大に対処するために北条氏の力を必要とし、また北条氏はそれに応えて小弓公方を滅ぼしたのであった。それは、北条氏が同年正月に国府台城と直接対峙する葛西城を奪取しえて始めて可能な事態であった。この結果、北条氏は、葛西・国府台地域を江戸地域圏に編入し、下総進出の前線基地にすることができたに留まらず、後年北条氏康が「依勲功官（管）領職被仰付、御内書両通頂戴候」（「伊佐早文書」古一一一三）と主張する様な関係を構築することができたのであった。北条氏は、この名と実の両方の獲得を前提にして始めて次の段階の直接的な「家」（「御一家」）関係成立を目指すことが可能となったのである。

事実、翌年の天文八年八月三日に北条氏綱は簗田高助と三箇条にわたる起請文Ⅰ（「簗田家文書」古七五一）を交換した。江戸城代の起請文提出から古河公方重臣簗田氏と北条氏当主との起請文交換へと事態は推移したのである。それは、「御祝言」が高助の「走舞」で「入眼」したことにともなうものであった。「御祝言」は足利晴氏と北条氏綱の娘（芳春院殿）の結婚を指すが、晴氏は当時三十四歳前後にして、すでに某女との間に嫡子幸千代王丸＝藤氏を儲けており、それ自体北条氏からの強い要請による政略結婚であったことを物語る。しかも、その「入眼」の実態は結婚の約束であって、そく結婚式が行われた訳ではなかった。それは、「快元僧都記」（古一五三六）の天文九年十一月二十八日条に「古河様御縁氏綱息女被参、為祈念路次安全、従今日三ケ日於不冷座、千遍陀羅尼有之」とみえるからである。従来この「氏綱息女」の鎌倉鶴岡八幡宮への社参は「安産」のためと解されてきたが、両者の間で子供（梅千代王丸＝義氏）が生まれるのは、天文十二年三月であり、「安産」のためとはみなし難い（「鎌倉公方御社参次第」・「巨福山建長興禅寺年中諷経并前住記」）。むしろ「為路次安全」とすれば、相模小田原から下総古河へ嫁ぐための路次安全ではなかろうか。その後に結婚式が挙行されたと思われる。その同居の確認は、天文十二年三月の梅千代王丸誕生から逆算して天文十一年五月頃ということになる。

すなわち、〈婚約の成立→結婚の実現→子供の誕生〉までに三年七ヶ月の歳月が要されたのであった。問題は、それを如何考えるかである。

そもそも、氏綱には最低四男六女の子供が確認される。娘六人は、太田資高室・北条綱成室・吉良頼康室・堀越六郎室・葛山氏元室、そしてこの度の足利晴氏室、という具合に重要な氏族へ嫁ぎ、確かな外交的役割を担った。ただ彼女たちの出生年代は、葛山氏元室の大永六年（一五二六）が知られるだけである。しかも、その翌年大永七年七月十七日には、氏綱室養珠院殿春花宗栄大禅定尼が死去している。その後にかなり高齢な関白近衛尚通の娘が後室に入っている。その結婚が名目的なものとみられる所以である。その意味で、氏綱の娘たちの生母は養珠院殿とみてほぼ間違いなく、最後の子供が葛山氏元室ということになる(5)。

さて、氏綱は長享元年（一四八七）の生まれで、文亀年間（一五〇一〜四）の元服と推測されている。長男氏康は、永正十二年（一五一五）の生まれである。とすれば、年齢的にそれ以前に兄・姉がいてもなんら不思議ではない。氏綱が十八歳位から養珠院殿との間で子供を儲け、大永六年生まれを最後とすれば、ほぼ二年間隔で子供を儲けたことになる。その点、芳春院殿は、大永年代初頭を下限とし永正年代中頃を上限とする生年であろうか。天文十二年に子供を産んだことと、生年の下限からして当時二十歳以上であったと思われる。

とすれば、先の〈婚約の成立→結婚の実現→子供の誕生〉までに三年七ケ月の歳月を要した問題は、芳春院殿の年齢（結婚年齢・出産年齢）の次元ではないということになる。

そこには、やはり古河公方と北条氏との政治的緊張関係、特に古河公方足利晴氏の自立的にしてかつ不服従的対応が存在したのではなかろうか。

とはいえ、天文十二年三月二十六日に梅千代王丸が誕生し（恐らく古河城で）、「骨肉同性（姓）」の「御一家」関係が成立したのであった。天文十年七月十七日に五十五歳で死去した氏綱の跡を受けて北条氏当主となった氏康は、「若君様御誕生以来者、猶以忠信一三（味）令逼塞候」（「諸将感状下知并諸士状写」古七六三）と主張した所以である。その氏康は、天文十二年十一月二十一日に簗田高助と三箇条に及ぶ起請文Ⅱ（「簗田家文書」古七五四）を交換している。これは、北条氏の代替わりと「若君様」の誕生をふまえての所産と思われる。その三箇条の眼目は、第一条の「上意、氏康ニ不可有御別条候段、御徹所令拝領候」である。氏康が晴氏の「氏康ニ不可有御別条候段」の「御徹所」を「拝領」したというのである。

問題は、この「御徹所」がいわゆる起請文か否かである。その点、古河公方と北条氏では、氏綱段階以来江戸城代の起請文提出から重臣簗田氏と北条氏当主間の起請文交換へと双務的関係に事態は推移したが、古河公方と北条氏当主間での起請文の直接的交換が最後までみられなかった、という以上に公方と臣下の間での起請文交換はありえなかったので、まず起請文ではなかったと推察される。起請文交換は、形式的には対等な関係の所産であった。「御徹所」というそれに代わる証文の提出が双方の妥協点であったのである。

もちろん、その提出さえ、両者の政治的緊張関係の所産であり、強く氏康が求めた結果と思われ、それだけ晴氏の自立的にしてかつ不服従的対応が顕著であったことを示唆する。その点は、重臣簗田氏との関係においても同様であったとみえる。それは、天文八年八月三日段階の起請文Ⅰにはなかった「但、自其方御覚悟於令相違者、此罰状可帰御身ニ候」という文章が付け加えられているからである。北条氏の圧力が重臣簗田氏にも及ぶことにともなう簗田氏の反発の増大という対立の構図であったとみられる。「御徹所」といい、「但」書といい、当段階の北条氏と古河公方・重臣簗田氏の政治的緊張関係の所産であったと評価される。

三　古河公方と北条氏―河越合戦後―

以上の事態は、天文七年の第一次国府台合戦を契機とする関係変化に規定されたものであった。その次の関係変化の契機となったのは、天文十四～十五年（一五四五～六）の河越合戦であった。河越合戦は、玉縄北条綱成が籠城する河越城に関東管領上杉憲政が攻めた際に、再三の要請にも関わらず足利晴氏が上杉氏に加勢して北条氏と敵対し結果的に敗北した合戦である。氏康は、晴氏から敵対しない旨の「御誓句之御書」を「頂戴」したと述べている（「諸将感状下知并諸士状写」古七六三）。その去就が注目されたのは、晴氏だけではなかった。そこに始めて芳春院殿が登場するのである。「河越のろうちやう（籠城）のとき（時）」（「簗田家文書」戦古一二六〇）に簗田高助宛契状（芳春院殿の最初の契状①）を執筆したのである。それは、「しんたい（進退）きハまり候に付て、女なから、いかんともせす候てかき給候」と述べており、特別なものであった。簗田高助の強い要求で、芳春院殿は、生涯簗田氏（高助・晴助）に三度ほど契状を執筆したかにみえるが、その一通がこの度のものであったという。それだけ格別なものであったのである。この契状は「簗田家文書」に伝存しないので、内容は不明である。

ただ問題は、その去就のあり方と簗田高助との関係如何である。晴氏が北条氏の要求で「御誓句之御書」を書いたというが、もちろんその内容は上杉氏に味方せず北条氏側＝河越城将北条綱成を救援するというものであったはずである。それでは、この度の芳春院殿の簗田高助宛契状は何を約束したのであろうか。というよりも簗田高助は何の約束を要求したのであろうか。高助には、恐らく晴氏同様に上杉憲政から再三の味方化の催促があり、当時の簗田氏は公方に離反して単独行動を取りうる立場にはなく、公方晴氏に従う以外に道はなかったと思われる。その点の帰趨と結果の保障を要求したのではなかろうか。高助が北条氏康にも起請文を要求したか否かは不明であるが、芳春院殿に要求し、また芳春院殿がそれに代わる「契状」を書いたこと自体、芳春院殿がすでに一定の政治的権力を保持するに至っていた証拠である。これらは、「御一家」となった北条氏の影響力が芳春院殿を通じて及んできた具体的な証拠である。

さて、河越合戦後の古河公方と北条氏の関係変化は如何なる形で具体化したであろうか。古河公方側の動向からみると、第一に年未詳ながら五月二十日付法華経寺宛足利晴氏書状（「中山法華経寺文書」戦古七二〇）に使節文言として「瑞雲院」周興の名前が初めてみえる。本文書は、天文十四年正月二十日（「中山法華経寺文書」戦古六五〇）以降かと思われる。芳春院殿の侍者として随従してきた禅僧瑞雲院（芳春院）周興の登場である。「異本小田原記」の世界に「奇流西堂」とみえた人物が文書の世界に現れたのである。その背後に芳春院殿がいたことはいうまでもない。第二に重臣簗田氏で高助が出家して道珊と号し、家督を晴助に譲り、天文十九年九月には死去するという事態が起こっている。第三に足利晴氏と嫡子幸千代王丸の両主制が出現し、天文十七年には幸千代王丸が元服して将軍足利義藤（義輝）の一字をえて藤氏と名乗るに至る（「宮城県図書館所蔵石川文書」戦古一二六三）。第四に天文二十年九月には茂木氏を「評定衆」「引付衆」（「茂木文書」戦古六六七・六六八）に補任している。

こうした諸事態のなかで、やはり注目すべきは第三の事柄である。この藤氏の元服は、関東管領上杉氏（憲当＝憲政）―越後守護代長尾氏（晴景）の手蔓で行われたのであった。これは、父晴氏の場合と同じである。藤氏も、晴氏と同様に、北条氏は一切関与していないのである。その点と、第一の事柄としての瑞雲院（芳春院）周興の登場とは、明らかに相反する事態と認識される。特に第三の事柄は、古河公方で伝統的な脈絡で元服式を挙げることが可能であったことと、両主制を存立させる権力基盤が存在したこと、それは、特に小山氏に象徴される伝統的豪族層の存在であったこと、などを物語るものであった。それは、すなわち、古河公方権力をめぐって晴氏・藤氏・小山氏らの伝統的豪族層派と北条氏・芳春院殿・義氏派の権力闘争を生んだのであった。そのキャスティングボードを握ったのが簗田氏であり、その帰趨が問われ、北条氏が盛んに接触を図ったのである。それは、けして「取次」関係上の次元ではなかったのである。

四　梅千代王丸の登場―葛西移座の時期―

こうした河越合戦後の古河公方と北条氏の関係は、当然ながら以後の政治過程を規定したのである。それは、晴氏の後継者を藤氏にするか梅千代王丸にするかの問題である。もちろん、北条氏は、芳春院殿の子息梅千代王丸の擁立に向けて動いたのである。それを示すのが、天文十九年（一五五〇）閏五月十九日付某宛結城政勝披露状写（「松平文庫所蔵文書」）である。直接的には御局宛と思われるが、実体は「御うちさま」＝芳春院殿宛である。問題は、そこで「わかきミさま（若君様）御うつり、六月ニさたまり申候や、御めてたく候」とある点である。具体的な移座先の記述はみられないが、「かさ井（葛西）のさかひ（境）、岩つき（岩槻）のさか井（境）」とみえ、後述との関係から下総葛西であったと考えてほぼ間違いない。天文十九年六月という具合に具体的な日程が決まっていたこと自体、重要である。この移座計画は閏五月一日に芳春院殿から結城政勝に伝えられ、政勝はそれに対して「御めてたく候」と述べている。当時結城氏は小田氏と抗争中であり、北条氏に援軍を求めていたのである。その後の結城氏と北条氏の密接な関係は、そうした条件下でなされたのであった。小山氏との潜在的対立関係といい、結城氏は、北条氏の勢力を呼び込む役割を担ったのである。小山氏は、晴氏を支える存在であり、伝統的豪族層の間でも相互の対立を抱え、一枚岩ではなかったのである。そこに北条氏が介入する余地が存在したのである。

ただその梅千代王丸の葛西移座計画がそのまま実現されたか否かは不明である。というのは、予定の「六月」について小田原人衆（軍勢）の常陸口での軍事行動との関連から「上意」＝足利晴氏から「ゑんにん」（延引）の仰せがなされ、それは瑞雲院（芳春院）周興を通じて「南」＝小田原北条氏へ伝えられたからである。その晴氏の仰せを結城政勝は「をそれなからふんへつ（分別）申さす候、たゝをた（小田）一へん（一辺）ニ、御かたん（荷担）とこそ存申候」と批判し、移座の「さわり」（障）にはならないこと、自分は北条氏康に「忠しん」（忠信）の意を示してきたことを述べ、「まつひらめいわく（迷惑）ニ候」と断言し、自分への軍事的支援を予定通り行う様に求めたのであった。

それでは、晴氏の延引要請が北条氏に受け入れられ、変更されたのであろうか。その帰結は不明であるが、結果次第では、晴氏の威信が問われたに違いない。ここでも、両者間の対立と緊張が窺われる。晴氏は北条氏からの梅千代王丸移座要求を受け入れざるをえなかったが、ことあらば不服従の姿勢を示そうとしたのである。それが今度の表出であった。

問題は、その移座の時期である。その大まかに時期を想定してみたい。それを暗示するのは、まず①天文二十年十二月十一日付簗田晴助宛北条氏康起請文Ⅲ（「簗田家文書」古七七七）である。そこに「古河　上意様」とみえるのは、足利晴氏のことである。そこにわざわざ「古河」とあるのは、古河城の晴氏に対する梅千代王丸の別地＝葛西にあったことを示唆する。とすれば、まず天文二十年十二月十一日以前の移座ということになる。ちなみに晴氏が梅千代王丸に家督を譲渡したのは、天文二十一年十二月十二日である（「喜連川文書」戦古六七二）。それ以降、晴氏は「大上さま　上意」（「簗田家文書」戦古八〇三）などと呼ばれる様になる。正式な公方の交替である。

その点で、次に注目すべきは、②年未詳七月吉日付簗田晴助宛芳春院殿契状（「簗田家文書」戦古一二五九）である。これは、「上さま」（「く方さまの御事」）＝晴氏と「若さま」＝梅千代王丸の文言がみえるので、家督交替以前のものということになる。この契状は、芳春院殿が「かさいより」発給した簗田晴助宛書状（「簗田家文書」戦古一二六〇）のいう「こなた（葛西）へうつり（移）候とき、しんたい（進退）きハまり候に付て、女なから、いかんともせす候てかき（書）給候」文書と推察されるので、①の天文二十年十二月十一日以前のものとみられる。天文十九年閏五月以降の七月とすれば、天文十九年か天文二十年ということになり、この両年のいずれかに移座が行われた可能性が極めて高い。天文十九年とすれば、その「六月」予定がほぼ実行されたことになり、晴氏の威信が大きく削がれたことになる。またその翌年にしても、晴氏は、芳春院殿・梅千代王丸の葛西移座にともにしなかったことになる。いずれにしても、北条氏の強い意向で両人の移座が強行されたことが窺われる。

となれば、その間の晴氏の動向とその譲状がどこで書かれたかが問題となる。晴氏は、天文二十年十二月八日（「禅長寺文書」戦古六七一）と天文二十一年六月八日（「野田感応寺文書」戦古六七〇）に公帖を発給しており、相変わらず公方であった。その間にあたる先述の北条氏康起請文Ⅲに「古河　上意様」とみえ、最後の公帖から半年後の十二月十二日に譲状（「喜連川文書」戦古六七二）が書かれたのであった。その前後のある時期に晴氏は葛西に入り（「豊前氏古文書抄」戦古七九四）、天文二十三年七月二十四日に古河に戻るまでいた。戻った以降の発給文書は別として、それ以前では天文二十二年閏正月十八日付芹沢土佐守宛書状（「芹沢文書」戦古六七三）が終見文書である。常陸の芹沢氏から家督譲渡後も年頭の祝儀が届けられ、それに対して晴氏が礼状を書いたのである。これを如何考えるか。葛西にあった晴氏にこうしたことがありえたかである。これは、やはり古河にあってこそ可能な事態であったと思われる。その間の譲状は、古河で書かれたのではなかろうか。特異な判物形式の譲状たる所以である。天文二十二年閏正月十八日以降に葛西に移ったと思われる。それに対応して、葛西の梅千代王丸の天文二十二年三月二十二日付の初見文書（「大中寺文書」戦古七九六）がみえるに至る。次いで天文二十二年四月十四日付渋江弥二郎宛梅千代王丸文書（「渋江文書」戦古七九七）には、異筆ながら「カサイヨリ被下候」とみえ、葛西からの発給であったことが記録されるに至った。

五　古河公方足利義氏と芳春院殿――簗田氏の動向――

ところで、天文十九年（一五五〇）か同二十年の芳春院殿と梅千代王丸の葛西への移座がなされる前後の晴氏の動向は、一貫して北条氏への不服従的態度であった。それが後の天文事件の惹起に繋がったのである。また北条氏にとって最大の関門が簗田氏の動向であったことは、これまた変わりがなかった。この前後の両者の関係を改めて整理してみたい。

第一に芳春院殿が「女なから、いかんともせす候てかき給候」といいながら三度にわたり契状を簗田氏に対して書いたことである。この古河から葛西へ梅千代王丸を擁して移る際にも、簗田晴助は、保障を強く求めたのであろう。五箇条に及ぶ誓約であるが、特に「もしろし（路次）すからなと、人しゆ（人衆）をも御とを（通）し候ハんに、わひ事候ハヽ、まかせ（任）申候へく候、又　若さま御い（御意）くわう（口入）にまいり候御事なとに候ハヽ、それハそなたのけんとう（圏套）も候ハんすち（筋）に候ハヽ、下かい御申候事も候へく候」などの文言がみえ、人衆（北条氏の軍勢か）の簗田氏支配地域通過について「わひ事」に「まかせ」ることや「下かい御申候事も候へく候」と、その主権を最大限保障する旨を誓約したのであった。北条氏の対上杉氏戦略も最終段階となり、その軍事行動が簗田氏周辺に及んできていた結果であった。

　第二に天文二十年十二月十一日に北条氏康が簗田晴助に起請文Ⅲ（「簗田家文書」古七七七）を提出した点である。ただその第一条に「晴助御心底之趣、御懇承候、祝着候、然者、於氏康も、対申晴助、不存別心所、以誓句申候、此上ハ、尽未来無沙汰存間敷候」とみえ、晴助提出の起請文に対しての返信として書かれたのであった。さらに「古河　上意様」＝足利晴氏に対して相互に無沙汰をしないこと、「関東中諸侍」から簗田氏を守ること、晴助の「出身」に尽くすこと、などを誓約したのであった。「古河　上意様」＝晴氏を守る立場は強調しつつ、簗田氏の内外での存立の保障に力点が置かれており、葛西に移座済みの梅千代王丸の体制下に位置づけようとする顕著な内容に変化していたのであった。

　第三に（天文二十二年）十一月七日付簗田晴助宛梅千代王丸起請文（「簗田家文書」戦古八〇三）の成立である。[6]本文に「大上さま　上意」＝足利晴氏とみえるので、家督相続以後にして、天文二十三年の天文事件以前とすれば、天文二十二年以外にはありえない。葛西から簗田晴助に起請文を書いたものである。晴助に対し等閑なきこと、「出身」を図ること、「大上さま」などからの意見を入れて晴助を蔑ろにしないこと、などを誓約したのであった。先の氏康起請文Ⅲと同様に体制内での「出身」をはかることを約束しているのも、注目される。

　問題は、公方となった梅千代王丸が起請文を書いたという事実である。晴氏にせよ、先述の通り成氏以来古河公方が臣下にいわゆる起請文を書いた事実がないからである。その意味で、画期的な所産といえる。しかも、それは下記の芳春院殿の契状と一対であったと思われる。年未詳十一月十日付簗田晴助宛芳春院殿書状（「簗田家文書」戦古一二六〇）は「かさいより」出されたものであるが、それは、芳春院殿が河越合戦の時に、葛西移座の時に、それぞれ契状を簗田氏に書いた来由を述べ、またこの度「御のそミの物」＝契状を書いた旨を伝えたものである。その趣旨は、「女なから、いかんともせす候てかき給候」こと、「て（手）にとるさへ、おそろしく候へは、とかくいま、てち、（遅々）申候」「ちら〳〵御ちうしんに付、ま、にもよつところなく候て、かき給候へく候、た、大かたれいしき（例式）の人のせいく（誓句）なるにおほしめし候てハめいわく（迷惑）にて候へく候」と述べており、いかにこの種の文書を書くことが例外的なものかを強調し、この度の三度目の契状を書いたというのである。その内容は、原本も写本も残存せず不明であるが、先の簗田晴助宛梅千代王丸起請文と一対で機能したものであったと思われる。両文書は、筆跡も同じで芳春院殿のものである。この梅千代王丸起請文は、芳春院殿が書いたのである。ここに晴氏に代わる古河公方＝梅千代王丸―芳春院殿が名実とともに姿を現したのであった。

すなわち、古河公方＝梅千代王丸―芳春院殿にとって最大かつ緊要な課題は、簗田氏対策であったのである。それだけ簗田氏の帰趨は、ことの次第を左右したのである。その存在の大きさを改めて印象付けたのであった。簗田氏と諸氏との結びつきをもっとも警戒したのである。起請文・契状の趣旨は、その一点に尽きよう。

六　天文事件の惹起―晴氏・藤氏の古河城籠城―

それでは、こうした古河公方＝梅千代王丸―芳春院殿の成立は、葛西在住の「大上さま」＝足利晴氏やかれを支持してきた人々に如何なるインパクトを与えたであろうか。

その点で、まず行動を起こしたのは、晴氏であった。晴氏は、天文二十三年（一五五四）七月二十四日に葛西を離脱し古河へ帰座したのであった（「安得虎子」古九五六）。「古河　御閑居様御帰座」（「谷田部家譜」）と呼ばれたのである。晴氏は、帰座後「日々御普請等被仰付」れたというから、古河城の普請を行い、一戦を交える覚悟を示したのであった。それを支えたのは「小山之高朝様・相馬殿」であったというから、事実上かれらが晴氏帰座を実現させたのであった。それだけ古河城＝古河公方という意識が広く人々を拘束しており、この晴氏の行動に応じて「葛西之上様」＝梅千代王丸の「御動座」を望む「武上之面々」や古河公方家臣からの声が寄せられたのも、当然であった。この晴氏の行動に対して、葛西側がすぐさま取った対応は、簗田氏への「証人」（人質）提出要求であり、その結果、晴助の弟が葛西に上がったのであった。また幸手一色氏も、「証人」を上げている。簗田氏・一色氏など公方重臣の人質を葛西に確保することで、家臣間の動揺を押さえ、晴氏への与同を防ごうとしたのである。ここでも、簗田氏が焦点であったことが窺われる。

こうしたなかで、晴氏の行動は、晴氏が「関東中之義ハ大概御存之様ニ申廻」したものの、「至今日（八月九日）何方ニも御忠信之方ハ不見之、如此之上ハ古河ニ閑居御座之義如何之由、おの〳〵被申事ニ候」という状況であった（「谷田部家譜」）。その結果、広範囲な支持がえられず、古河城籠城として具体化したのであった。その際に「御謀叛人藤氏様御父子」（「野田家文書」古九五八）とみえるので、晴氏だけでなく藤氏も加わっていたのである。藤氏の葛西移座はしられず、むしろ有縁な小山氏の許に逼塞していたのではないかと思われる。ここに父晴氏と行動をともにしたのであった。

しかし、十月上旬の「古河落居」として決着がついたのである（「感状写」戦古六七六）。その際に「かのちうせつ（忠節）をもつて古河御本意まいり候」（「野田家文書」戦古一二五八）と賞賛されたのが、野田氏であった。野田氏の去就は当初から注目されていた様で、その態度決定次第で「葛西様御本意成就」（「野田家文書」古九五八）されるという次第であった。野田氏に「小山領十一郷」（「野田家文書」戦古八〇五）が与えられたので、小山氏は晴氏に味方した科で所領の一部が没収されたものと思われる。

この様に晴氏・藤氏の行動は、小山氏など一部の伝統的豪族の支持に限られ、古河籠城事件という形で終結した。

北条氏が軍事行動をとった痕跡も窺われず、あくまでも晴氏父子と一部の伝統的豪族層が反旗を翻したに過ぎなかったのである。天文事件と呼ばれる所以である。晴氏は、それからまもなく相模波多野に移され、事実上政治生命を失った。それに代わって逃れた藤氏が独自な行動を取るに至るが、それはより後年のことである。

もちろん、この天文事件を梅千代王丸―芳春院殿が乗り越えることができた最大の条件は、晴氏の「無威光」（「豊前氏古文書抄」戦古七九四）なる現実であった。すでに梅千代王丸が公方として認知されていたという現実であった。野田氏も、簗田氏も、その趨勢に従わざるをえなかったのである。ここに、名実ともに梅千代王丸―芳春院殿が古河公方権力を象徴するものとなったのである。

七　古河公方足利義氏の元服と動座

こうして梅千代王丸―芳春院殿が古河公方権力を象徴するものとなった以上、次の課題は、第一に梅千代王丸の名実とともの当主化であった。それが天文二十四年（一五五五）十一月中旬（十五日か）[7]の元服であった（「喜連川文書」戦古八一〇・八一一）。十二歳という若干早めの元服は、そうした要請に基づくものとみなされる。小田原ではなく葛西で行われ、簗田・野田・一色以下の「宿老中」のなかに「伯父」「従兄弟」の北条氏康・氏照父子が加わるという内なる儀式であった。あくまでも古河公方家による元服式であったことが窺われる。その際に、氏康と簗田晴助の「始而遂面上」る事態が実現するのである（「集古文書」古九三二）。この元服に際しては、家督交替の時には鑁阿寺位しかなかった祝儀が今度は関東諸氏から「元服之祝儀」として届けられたのであった。元服の次第が関東諸氏に報告され、それに多くの諸氏が応えた所以である（「板橋三吾氏所蔵文書」戦古八一二他）。晴氏に代わる正式な公方成立のアピールとなったに違いない。

第二に第一と密接に関係する事柄である。それは、弘治元年（一五五五）十二月十七日付簗田晴助北条氏康宛書状（写）に「御所様（足利義氏）古河御移程有間敷候」（「集古文書」古九三二）とみえる様な義氏の葛西から古河への移座問題である。これは、家督相続の段階から「武上之面々何も無二ニ被申上候」という強い要請が存在したからである。これは、古河公方家臣田代氏からの「南方（北条氏）ニハ能々有支度、葛西之　上様御動座可申立由申候」という事態とも連携するものであった（「安得虎子」古九五六）。古河城主＝古河公方という認識が人々を強く拘束していたのである。ただこの問題は政治状況と絡み、そく実現された訳ではなかったが、そのことを再三表明する必要性が存在したのである。動座行為自体が権力の所在を誇示する手段であったからである。事実永禄元年（一五五八）七月頃の関宿移座に至る間に義氏は、わかるだけでも北条氏の本拠小田原城へ（「小田原江御成」戦古八三〇）、そして某城（或いは江戸城か。「鑁阿寺文書」戦古一四四三他）へと動座を繰り返し、その最後の仕上げが永禄元年四月の鎌倉鶴岡八幡宮社参であったのである。社参も、立派な動座であった。それをふまえて関宿移座が実現されるに至るのである。

すなわち、古河公方が梅千代王丸に収斂された段階で、その権力の正当性を関東諸氏に誇示するために、一つに元服式の挙行、一つに古河帰座に向けての諸種の動座、が要請されたのであった。

八　芳春院殿と瑞雲院周興

とはいえ、古河公方権力が梅千代王丸―芳春院殿に象徴される様に、当時決定的な位置を占めたのは、芳春院殿であった。芳春院殿は「御台様」「御内様」と尊称され、「御所様」＝義氏と並記される存在であった（「集古文書」古九六七）。北条氏は、様々な局面でこの芳春院殿を全面に立てたのである。天文事件の戦後処理の一件で、北条氏康は「かさい」宛披露状（「野田家文書」戦古一二五八）を書いているが、これは仮名書きで、明らかに女人芳春院殿宛の書状である。また上総の足利氏領の家臣給付の際には、「芳春院殿以仰出、氏康各々被出直判」（「喜連川文書」戦古一一八七）とみえ、芳春院殿の「仰出」をふまえて氏康文書が出されている。そして、永禄元年（一五五八）閏六月には、氏康が公方家臣豊前氏による江戸周辺の仙波屋敷・小宮屋敷の授受について「御台様御前立合可申旨候、尤得其意候、定御別儀有間敷候」と述べ、芳春院殿の了解をとることを前提に対応している（「豊前氏古文書抄」戦北五九〇）[8]。それは、氏康が豊前氏に対して「明日者、必御立候者、　御台様江御文ヲ以可申入候」（「豊前氏古文書抄」戦北一五五一）と述べていることと対応する事態であった。

すなわち、これらは、当時「殿中」の差配が事実上芳春院殿の「仰出」によってなされていた証拠である。氏康は、それを前提に行動したのであった。

その点は、当時の古河公方と関東諸氏との間の贈答儀礼において、芳春院殿が義氏とともにその主体となっていた事実とも結びつこう。両者の奏者を勤めた瑞雲院（芳春院）周興の副状には、「□（目）出度思召之段、被成　御書□（候）、同　御台様へも委申上□（候）、御返事・御扇被遣之候」（「烟田文書」戦古一四〇三）とか「目出度思召候段、被成　御書候、　御台様へも薄板一端、御進上候、是又申上候、目出度思召候由、仰事候」（「烟田文書」戦古一四〇五）、或いは「目出思召候由、被成御書候、　御台様へも能々申上候、御悦喜之由、被成　御書候、同御扇被遣之候」（「烟田文書」戦古一四三九）などとみえ、義氏の贈答に対する御書・返礼と同時に「御台様」＝芳春院殿の贈答に対する御書（御返事）・仰・返礼がなされたことが窺われる。芳春院殿の返書も、「御書」と尊称されたのである。実際に芳春院殿の返礼が二通（「宍戸文書」戦古一二六一・一二六二）確認されているが、二通とも仮名書きの自筆の返礼である。「御書」故にこそ、芳春院殿が発給する文書が重要な政治的役割を果たすことになる。ことあらば、後述の関宿・古河交換の際に「御台様御計策之御自筆被遣候」（「喜連川文書」戦古一四〇六）という事態がありえたのである。女人にして自筆書状なことも、相手にとって意味あることであったに違いない。

そのうえで、看過できないのは、奏者瑞雲院（芳春院）周興の存在である。本来芳春院殿の侍者としてその入嗣に随伴した禅僧であった。河越合戦後に晴氏文書の使節文言として初めてみえ、次いで義氏の葛西移座前後にも芳春院殿の側にいたことが知られている。家督交替後に重要な役割を果たすのも、必然であった。古河公方の奏者役は、ほぼ周興に一元化され、両者の御書に対する副状を発給したのであった。とすれば、第三者が周興に両者への「取成」

を依頼するに至るのも、歴史的必然であった（「佐竹書札之次第」戦古一四四四）。古河の晴氏さえもが、葛西の周興に書状を認めたのであった（「豊前氏古文書抄」戦古七九四）。当然ながら鶴岡などへの動座にも随伴し、両者を支えたのであった。また北条氏の信頼も厚く、氏康が周興に「御台様ヘ御披露も御無用ニ候、貴僧以御計如此可有御調法候」（「喜連川文書」戦古一四〇六）と述べる程であった。その他、芳春院殿への書札礼についても、「御不知案内之義、奏者走廻候間、可有御尋事候」（「烟田文書」戦古一四三九）と述べて、その奏者振りを誇示している。総じて、第三者に「殿中之儀進退及程之義、可走廻候」（「真壁文書」戦古一四〇八）と述べるほどの実力者に成長していたのであった。かれのもとには、早い段階から徳蔭軒＝三伯昌伊（「簗田家文書」戦古一二六〇）などの一種の禅僧集団が控えていた様である。後にそれが全面展開することは、歴史の示すところである。なお、自らの印章（印文「周興」の丸印）を使用した点も注目される（「立石知満氏所蔵文書」戦古一四四九）。

すなわち、芳春院殿とその奏者瑞雲院（芳春院）周興は、古河公方の「殿中」を実質的に掌握していたのであった。

ところで、先の芳春院殿の役割を「御台様」という地位に規定されたものとみることは容易であるが、次の事柄は、それとは別な側面を顕示するものといえる。それは、弘治四年（一五五八）二月十八日付福田小次郎宛過所（「福田家文書」戦古八二五）の存在である。この印章は、（天文十九年か二十年）七月吉日付簗田晴助宛芳春院殿契状（「簗田家文書」戦古一二五九）と同じである。印文「日本王天下光」にして、四・三センチ四方の方印で、三重郭からなる朱印である。義氏が家督を継いで最初に創始した印章が印文「大和」にして、四・三センチ四方の方印で、三重郭からなる朱印である。両印とも、ほぼ同時的に成立しており、その有機的な関係が想定される。その創始に深く関わった人物は先の禅僧瑞雲院（芳春院）周興と思われるが、その印文は相互に「日本」（ひのもと）・「大和」（やまと）などの文言を含み統治権的アピールを示す点に特色がある。芳春院殿の印章は婦女子のそれという以上に、成人男子のそれの感を強く示すものである。しかし、夫晴氏使用のものを襲用したものではない。その点からも、女人の印章史上、注目されてよい。

その印章が過所に捺印されたのである。印章の脇に「葛西様」とあるが、この筆跡は本文に同じで、後筆ではない。特別に記されたものと思われる。芳春院殿も、「葛西様」と尊称されたことを物語る。ただ現在芳春院殿捺印の例が先の二通しか確認されず、この度のが臨時的使用であった可能性も否定できない。例えば、同じ弘治四年六月十九日付簗田晴助宛過所（「簗田家文書」戦古八三六）には、義氏の先の印章が捺印されている。義氏は、所領安堵以外にも、先の印章を使用したのである。とすれば、受取人の身分の相違であろうか。芳春院殿の過所は、福田小次郎宛で書札礼上「職人」に準ずるものである。事実福田氏は、古河の流通商人であった。古河と葛西間の物流にともなう「諸役」免除の過所であったとすれば、芳春院殿支配下の商人であったが故の過所であった可能性もあろう。事質的には、芳春院殿の権力を代行した瑞雲院周興の配下の商人ということである。それは、後述の「葛西様御領」の品川南北における周興―商人小池氏支配に対応しよう。

いずれにせよ、芳春院殿を「葛西様」とする過所が発給されたのである。とすれば、「葛西様」は、義氏と芳春院殿の二重の権力によって成り立っていたことを示唆する。

なお、芳春院殿の存立を保障する独自の基盤が存在したことも、事実であった。永禄二年二月成立の『小田原衆所領役帳』に「葛西様御領」とみえる所領群（小机長津田・小机子安・江戸平塚・江戸品川南北）は、その化粧料的性格を持つものであった。その「当代官」を勤めたのが、瑞雲院周興であった（「野田家文書」古一〇五二）。また江戸城代遠山氏出身の遠山弥八郎・源五郎父子や伊豆出身の土肥氏一族[9]などは、芳春院殿に随伴した北条氏家臣であったとみられる。或いは太田越前守系氏族や河村氏も然りであろうか。人と物の独自の保持は、存立上大きな要件であった。その際、江戸が結節点であったかにみえる。

以上、天文事件後の古河公方権力は、公方義氏・「御台所」芳春院殿という二重の構造から成り立っていたと評価される。その両者の関係を象徴したのは、永禄元年四月の鎌倉鶴岡八幡宮社参の際に「御所様」義氏のみならず「御台様」芳春院殿が同席し、「御輿」に乗ってハレのパレードの準主役を演じたことであった。それは、対外的にも永禄三年十月九日付太田資正宛北条氏康書状写（「歴代古案」古一〇〇二）に「於御立身、御台様申上、御相判衆召加候様可申調候」とみえ、氏康は太田資正の室町幕府「御相判衆」への「立身」を芳春院殿を通じて実現を図る程であった。室町幕府への影響力もあったのである。

九　古河公方足利義氏の関宿城移座―簗田氏の古河城主化―

ところで、次の課題は、古河公方重臣簗田氏の問題と公方の古河帰座を望む「武上之面々」や公方家臣たちへの対応如何であった。この二つの課題を同時的に解決すべく浮上したのが、義氏の関宿移座であり、簗田氏の古河移住であった。それが実現されたのは、永禄元年（一五五八）七月頃であった。義氏が葛西に天文十九年（一五五〇）か同二十年からいたとすれば、期間は七年か八年、年齢的には七・八歳から十五歳までいたことになる。義氏は、古河で生まれて以降葛西、関宿、佐貫、古河、栗橋などに動座したが、古河に次ぐ長い期間の在住であった。過渡的というには、長い期間である。すでに葛西入部の前提にあった関東管領上杉氏の勢力は事実上崩壊し、その配下の国衆は北条氏に属するに至っていた。関東の政治情勢は、大きく塗り替えられていたのである。北条氏にとっては、北関東の伝統的豪族層との直接的対決が日程に上ってきたのである。そうした政治状況が二つの課題解決の圧力となったに違いない。

簗田氏の関宿城は、「無双之名地」にして「彼地入御手候事者、一国を被為取候ニも不可替候」（「喜連川文書」戦古一四〇六）と北条氏康をしていわしめた要衝の地であった。北条氏は、古河公方権力を前面に据えることで「武上之面々」他に接せざるをえなかったのである。この件に関しては、永禄元年四月十一日付簗田晴助宛北条氏康起請文Ⅳから同年六月十九日付簗田晴助宛足利義氏覚書・過所まで八通の関係文書（「簗田家文書」）が伝来しているが、その他多くの交渉過程を示す文書が存在したに違いない。またこの間にも「御内様、末代御懇切可有之御証文」・「御台様御計策之御自筆」が書かれており、芳春院殿が大きな役割を果たしたことが窺われる。この件の眼目は、要衝の関宿から簗田氏を切り離すために義氏を関宿に入れること、古河ならぬ関宿で「武上之面々」などの要求を受け入れること、簗田氏には代わりに古河を与えること、であった。その妥協点がこの交換であったのである。

その交換された内容から簗田氏が知行地支配、親類中・家中支配、河川支配（「改沙汰・舟役」権）、「奏者」役、などで様々な条件を突き付け、それに対して、義氏・氏康が大幅に譲歩するという体裁で交渉が進められたことが分かる。氏康は、簗田晴助宛起請文で「御所様・御内様、末代御懇切可有之御証文并家中以下仕置等之儀、何も令得其意候」と述べざるを得なかったのである。北条氏は名を取り、簗田氏は実を獲得したのである。北条氏は、その実力を改めて認識させられたはずである。氏康は、弘治元年（一五五五）十二月段階には簗田晴助に「御所様（義氏）古河御移程有間敷候」と述べており、当該段階には古河移座が考えられていた節があり、それから関宿移座が計画・実行されるまでには、それなりの時間を要したのであった。簗田氏の抵抗が強く、交渉にそれだけ時間を必要としたのであった。事実「今度之一儀、中務（晴助）無相違令納得候儀も、先万右馬允極々遺恨候」（「喜連川文書」戦古一四〇六）とみえる如く、有力一族「右馬允」の激しい反対があったのである。そのなかにあって、当主晴助の権益保障（「簗田名字之地」・「中務抱来候当知行」・「属中務親類中」など）が顕著に窺われるのも、その点と深く関わろう。すなわち、義氏が「今度属氏康、関宿之城致進上候、乎以忠信之至感悦候」（「簗田家文書」戦古八三五）と述べる程、事態は単純なものではなかったのである。

十　芳春院殿から芳春院周興へ

さて、義氏が関宿に移座し、「関宿様」と尊称される段階になると、その「御下知」権が対外的機能として北関東の伝統的豪族層に対して全面的に展開されるに至る。北条氏は、それを前提に進出したのであった。

そうしたなかで、古河公方家では、永禄三年（一五六〇）五月二十七日に「嶋之　上様」＝足利晴氏が死去した。相模波多野から野田氏の栗橋城の一郭に移され、その庇護下での最期であった（「野田家文書」「鑁阿寺文書」古九八九～九九一）。七月十二日（七七日忌）に武蔵久喜甘棠院で葬儀が行われた。芳春院殿が「七月、晴氏ノ御台落髪、号芳春院殿」（「喜連川判鑑」古一五四一）したのは、それをへてのことと思われる。もちろん、既に過去の人であった先の公方晴氏の死去は、時の政治情勢になんら影響を与えるものではなかった。晴氏に関しては、元亀三年（一五七二）五月の十三回忌法要が知られるだけである（「小山氏文書」戦古九三八他）。

ただその晴氏の後を追う様に、芳春院殿も翌年七月九日に死去した（「野田家文書」古一〇一五・「鎌倉殿并古河喜連川御所様御代之盃名帳」古一五四六）。死去地は不詳であるが、氏康が関宿籠城中の野田氏に弔意を表しており、関宿城か栗橋城であった可能性が高い。後者とすれば、晴氏同様野田氏との関係上のこととなる。江戸和田倉（千代田区）の吉祥寺が「芳春院さまのいはい（位牌）立寺」（「喜連川家文書案」戦古九二四）としてみえるので、同寺で葬送が行われた可能性もある[10]。これは、「北条氏と古河公方の関係が江戸衆を媒介として展開され、とりわけ江戸城代遠山氏が奏者を務める代表的存在であったことと深く関係していると考えられる」とされる[11]。年齢的には、四十歳台中頃であったかと思われる。

この芳春院殿の死去は晴氏の死去とは異なり、その権力の存在から古河公方権力の構造的変化を招来させたのであった。それは、芳春院殿死去でこれまでの古河公方権力の二重構造が解消され、新たな体制が準備されたのであった。芳春院殿の権力の一端は、瑞雲院周興に引き継がれたのであった。それは、周興が瑞雲院から芳春院殿の院号を襲封し芳春院を名乗ったことに象徴された。義氏・周興体制への転換であった。義氏自身も、自ら室町将軍に準ずる花押形を創始したり、源頼朝に擬して右兵衛佐に任官したり、また自らの文書が「御内書」と呼ばれたり、東国将軍としての姿を顕示するに至る。方印の印文「大和」と丸印の印文「巳」を重ねた二重捺印の印章の創始なども、そうした荘厳化＝権威向上化の一環であったとみられる。

とはいえ、期せずして東国の政治状況は、以後越後上杉謙信の関東進出によって大転換を遂げることになる。謙信は、古河公方として晴氏の子息藤氏を擁し、また自らは関東管領を称し、反北条氏の関東諸勢力を糾合して、古河公方義氏・関東管領北条氏と対決したのであった。公方—管領体制をめぐる対決であった。義氏・北条氏は、そうした謙信との対決と同時にその本質を露わにした簗田氏の動きに正面から対峙しなければならなかった。いわばこれから簗田氏との死闘が天正二年（一五七四）の第三次関宿合戦まで展開されることになったのである。そこに義氏の本格的な役割が改めて問われたのである。

十一　その後の芳春院殿の追善供養

ここでは、その後の芳春院殿に関する事柄を整理したい。まず死去の翌年永禄五年（一五六二）七月九日には、円覚寺黄梅院で一回忌の法要が行われた（「黄梅院文書」神七二八〇）[12]。時の黄梅院主は、周璜（輝貞）である。義氏は、永禄九年五月九日に同人に「当院之事、依為無窓国師之道場、御代々崇敬之上、尚以不可有別条候」として「院主職」を安堵している（「黄梅院文書」戦古八九四）。さらに永禄十年七月八・九両日には、やはり黄梅院で七回忌の法要が行われている（「黄梅院文書」神七五五一）。この時も、黄梅院主は周璜であった。義氏—瑞雲院周興—黄梅院主周璜の密接な関係のなかで行われたことが窺われる。周興は、法脈上円覚寺夢窓派に属する僧であった。その他、年月日未詳仏事請定（「黄梅院文書」神七五五二）があり、そこに芳春院松嶺昌寿（芳春院周興の後継者）や先述の三伯昌伊（永禄六年十二月の火災で多くの堂舎を焼失した円覚寺の再建に奔走した）の名前がみえる。或いは、天正十一年（一五八三）の二十三回忌関係のものであろうか。いずれにせよ、円覚寺黄梅院で繰り返し回忌法要が行われていたのであった。

もちろん、芳春院殿の法要は、鎌倉円覚寺黄梅院でのみ行われた訳ではなかった。位牌寺の江戸の吉祥寺でも行われていた。義氏は、永禄十二年六月に古河に鎌倉から帰座した際に、吉祥寺からの贈物芳茗（茶）に対して段子一巻を返し、併せて「従何芳春院殿御焼香無退転由、誠以忝候」と感謝の意を伝えている（「喜連川家文書案」戦古九二四）。その際の使節は、江戸城代遠山氏一族で芳春院殿に随伴してきた遠山弥八郎の子息源五郎であった。また天正十年三月二十一日には吉祥寺が義氏に茶を進上し、公方からは扇子が返されている（「喜連川家文書案」古一二六三）。恐らく毎年年始・歳暮を中心に贈答儀礼が展開されていたと思われる。それに高野山養智院である。永禄十二年九月十八日付養智院宛足利義氏書状（「高野山桜池院文書」戦古九二六）に「芳春院殿御廻向無怠転由、御満足候」とみえる。養智院は、関東足利氏が代々師壇の関係を結んでいた高野山の子院であった。天正九年六月十五日に死去した義氏室浄光院殿（北条氏康の娘）も、同院で回向されている（「高野山桜池院文書」戦古一四九〇）。奥院には、その常灯が存在したという（「鎌倉殿并古河・喜連川御所様御代之盃名帳」古一五四六）。

この様に芳春院殿は、死去後に鎌倉の円覚寺黄梅院、江戸の吉祥寺、高野山養智院の三ケ寺でもって供養がなされたのであった。晴氏との顕著な相違がみられ、注目される。

なお、永禄十二年六月二十八日付校割帳（「円覚寺文書」[13]）には「一、打敷　縫物、芳春院殿寄附」とみえ、円覚寺に諸種寄進したことが分かる。それは、義氏も周興[14]も同様であった。その点でも、その痕跡のない晴氏とは顕著な相違を示す。また弘治二年（一五五六）十二月二十三日にも「雀宮鍔口」を「御台様御寄進」（「古河志」）している。

おわりに

以上、古河公方足利義氏が「葛西様」と尊称された前後の古河公方と北条氏の政治過程を不十分ながら整理し展望した。その際、両者の間にあった足利義氏の生母芳春院殿が極めて重要な歴史的役割を果たしたことを見通した。その結果、この段階の古河公方権力の二重構造を見通した次第である。とはいえ、その実態やその後の展開過程については、紙幅の関係からも十分検討できなかった。今後改めて検討したい。

註

（1）拙稿「古河公方足利義氏についての考察—特に『葛西様』について—」（『中世東国政治史論』塙書房、二〇〇六年一〇月）。なお、本稿作成に際しては、以下の拙著を前提に執筆した。併せて参照されたい。『古河公方足利氏の研究』（校倉書房、一九八九年一一月）・『中世東国の支配構造』（思文閣出版、一九八九年六月）・『続中世東国の支配構造』（思文閣出版、一九九六年一〇月）・『江戸湾をめぐる中世』（思文閣出版、二〇〇〇年七月）・『中世東国　足利・北条氏の研究』（岩田書院、二〇〇六年五月）・『中世東国政治史論』（塙書房、二〇〇六年一〇月）。

（2）『平成19年度特別展　関東戦乱—戦国を駆け抜けた葛西城—』（葛飾区郷土と天文の博物館、二〇〇七年一〇月）所載諸論文を参照。特に黒田基樹「足利義氏と小田原北条氏」から種々示唆を受けた。その他、山口博「戦国大名北条氏と古河公方」（『中世東国の世界3戦国大名北条氏』高志書院、二〇〇八年五月）・『総和町史　通史編　原始・古代・中世』（二〇〇五年三月）を参照されたい。

（3）古〜は、『古河市史　資料中世編』（一九八一年三月）を指す。以下、同じ。

（4）戦古〜は、『戦国遺文　古河公方編』（東京堂出版、二〇〇六年四月）を指す。以下、同じ。

（5）この前後は、黒田基樹『戦国北条一族』（新人物往来社、二〇〇五年九月）を参照。

（6）本起請文については、千々和到「中世の誓約の作法—戦国期の東国を中心に—」（『戦国織豊期の社会と儀礼』吉川弘文館、二〇〇六年四月）が①捺された「大山寺宝印」が江戸時代の「大山寺宝印」にきわめてよく似ている。②他に古河公方が発給した起請文の例がみあたらない。③すでに北条氏の当主が「那智瀧宝印」を使用し始めているので、この「大山寺宝印」は江戸時代前期の版ではないか、とされ、本起請文は「梅千代王丸が書いたものであるというよりも、後世に、簗田家が何らかの必要があって作成したものであると考えたほうがよいのではなかろうか」と指摘された。ただ本文でも述べた様に、本起請文は、芳春院殿の執筆に掛かるものであることは、当時梅千代王丸が元服以前の少年にして執筆が事実上無理であったとしても、やはり重要と思われる。また②の点については、紙幅の関係から論証を省略せざるをえないが、古河公方関係の下記の文書から以下の様にみえる。第一に家臣・奏者の簗田・瑞雲院（芳春院）周興による起請文の交換に代位されたこと。第二に小弓公方・北条氏・小山氏・井田氏など下位の人物からの提出であること。第三に「御誓詞御書」や「御誓句之御書」がいわゆる前文・罰文・牛王宝印の形式をとった起請文か否かは不明で、むしろ否定的であること。第四に関東での「礼的秩序」上最高位にある古河公方は「起請文」を臣下のものと交換することはないのではないか。その点は、室町将軍と同様であろうこと。第五に以上をふまえて本起請文を考える必要があること。すなわち、芳春院殿が代筆した。簗田氏は、女人で起請文を執筆しない芳春院殿に対しても再三強く求めた。簗田氏は、それに止まらず古河公方の起請文をも強く要求した。その結果、生まれた極めて特殊な起請文が本起請文ではなかろうか。そうした理解を前提に、本稿では、芳春院殿を含めて古河公方関係者の「八幡大菩薩」「誓詞」等の文言を含む文書を契状と仮称した。なお、起請文の理解については、千々和説を改めて学びたい。

○（長禄二年）閏正月十一日付小山持政宛足利成氏契状写（「小山氏文書」戦古一三六）に「八幡大菩薩」とみえる。

○（文明十二年カ）七月十一日付上杉房定宛足利成氏書状写（「蜷川家文書」戦古一八二）に「八幡大菩薩」とみえる。

○（永正四年カ）八月三日付上杉顕定宛足利高氏契状写（「喜連川家文書案」戦古四九七）に「八幡大菩薩・春日大明神可有御照鑑候」とみえる。

○（大永四年カ）四月一日付長南三河守宛足利高基書状（「東京大学史料編纂所所蔵幸田成友氏旧蔵文書」戦古五四三）に「一、遠山者翻宝印、不可存別条由申上候」とみえる。

○年未詳二月二日付逸見山城守宛簗田高助披露状写（「逸見文書」）に「被載誓詞御書拝領」「八幡大菩薩」とみえる。

○年未詳十二月十一日付井田氏宛足利義明書状写（「井田文書」戦古一三七七）に「原孫二郎不可顕不忠由、数ケ度以誓詞申上候」とみえる。

○天文十四〜十五年簗田高助宛北条氏康書状写（「諸将感状下知并諸士状写」古七六三）に「骨肉同性（姓）被参宮仕候上、若君様御誕生以来者、猶以忠信一三（味）令逼塞候（中略）御誓句之御書、謹而頂戴、経拝読」とみえる。

○年未詳六月十五日付小山高朝宛足利晴氏安堵状写（「小山氏文書」戦古七一八）に「以誓詞血判言上」とみえる。

○年未詳七月五日付小山高朝宛足利晴氏契状写（「小山氏文書」戦古七三三）に「誓詞」「八幡大菩薩」とみえる。

○年月日未詳「つちへ」宛足利晴氏契状写（「小山氏文書」戦古七九三）に「御せいし」「八幡大菩薩」とみえる。

○（天文十九年か二十年）七月吉日付簗田晴助宛芳春院殿契状（「簗田家文書」戦古一二五九）に「みしまの大明神も御せうらん候」とみえる。

○（天文二十二年）十一月七日付簗田晴助宛梅千代王丸起請文（「簗田家文書」戦古八〇三）に「八まん大ほさつ御せうらんあるへく候」とみえる。

○（永禄元年）六月十四日付簗田晴助宛足利義氏書状（「簗田家文書」戦古八三五）に「八幡大菩薩」とみえる。

○永禄二年六月三日付真壁氏宛瑞雲院周興起請文（「真壁文書」戦古一四〇八）。

（7）この点は、外山信司「戦国期の千葉氏の元服」（『中世東国の政治構造　中世東国論　上』岩田書院、二〇〇七年五月）を参照。

（8）戦北～は、『戦国遺文　後北条氏編』第一・二巻（東京堂出版、一九八九・一九九〇）を指す。以下、同じ。

（9）この点は、佐脇栄智「牢人・土肥中務大輔考」（『戦国史研究』四十八号、二〇〇四年八月）を参照。ただ理解を異にする点が多い。

（10）この点は、齋藤慎一「江戸の中世から近世」（『UP』四一一号、二〇〇七年一月）を参照。

（11）『北区史　資料編　古代中世1』（一九九四年二月）四二四号文書の「解説」による。

（12）神～は、『神奈川県史　資料編　3古代・中世（3下）』（一九七九年二月）を指す。以下、同じ。

（13）井上禅定・玉村竹二『円覚寺史』（春秋社、一九六四年十二月）の二五九頁を参照。

（14）鎌倉の覚園寺には、芳春院周興によって永禄十二年十月二十四日に新造された扁額「天地殿」が伝存する（『特別展覚園寺―開山智海心慧七百年忌記念』鎌倉国宝館、二〇〇五年十月）。

葛西公方府の政治構想

長塚　孝

はじめに

享徳の乱（一四五四）勃発以降、関東足利氏は原則として下総古河（古河市）に本拠を構え、古河公方家として足利成氏・政氏・高基・晴氏・義氏の五代百数十年間続いてきた。その当主は、文明三年合戦や永正の乱などで一時期離れることがあっても、古河を本拠としてきたことには変わりがない。ところが、最後の当主義氏だけは計画的に古河を離れたことがあった。天文末期から永禄元年（一五五八）まで、数年間にわたり葛西に居住していたのである。

義氏は、永禄元年から同四年まで関宿（野田市）を居城にしたり、そののち小金（松戸市）・佐貫（富津市）・鎌倉などへ移座したことはあったが[1]、葛西の場合とは意味が異なっている。関宿はあくまでも公方領内であり、古河との距離もそれほど遠くはない。小金・佐貫・鎌倉は戦乱にともない御座所を移動させたのであり、本格的に居城を移したわけではない。だが葛西は後北条領国内、つまり公方領の外にあること、そして古河と同様に足利氏の本拠として使用されていることから、他とは違う特殊な御座所といえるだろう。

御座所を構えた葛西というのは、江戸時代以来鎌倉内の葛西谷のことだとされてきたが、現在は下総葛西のことだと考えられている。(2) 葛西庄（葛西御厨）は、当時の後北条領国では唯一下総に属する地であり、西側は隅田川を隔てて江戸、東側は江戸川を隔てて市川・松戸地域となっている。また、北側には公方領下河辺庄が隣接しており、旧利根川系河川により古河とつながっていた。政治的な中心になるのは青戸（葛飾区）の葛西城だから、義氏もここに居たことになる。

本稿は、葛西在住時代の公方義氏が、どのような活動を行っていたのかを紹介するのを目的とする。ただし、わずか数年とはいっても古河公方である以上、さまざまな政治的行動があったと思われる。そのすべてについてふれるわけにはいかないので、事例を限定しておきたい。ここでは、大名・国衆らに関連する問題はひとまず措き、義氏の発給文書を題材としたい。具体的には寺社・奉公衆へ宛てた安堵状・宛行状により、公方領をどのように支配していたのか、それによりどのようなことが問題となっていたかを見ていきたい。もっとも、当該期における公方領支配は、越後上杉氏の進攻により破綻してしまうため、あくまでも永禄四年までの形態であり、実態的な支配の展開というより義氏の政治構想として見ておく方がよいと思われる。

ただし、家督を継承した段階の義氏はわずか一〇才であり、政治的判断が充分に行えるはずはない。生母芳春院殿（北条氏康妹）をはじめ、禅僧の季龍周興や近しい奉公衆らにより側近団が形成され、周囲を他の奉公衆・寺社などが取り囲んで政務を行っていたと思われる。実際の義氏文書は、側近集団の発案と奉公衆の影響により発していたのである。そこで、葛西に在住する義氏を頂点とした公方家の中核を、葛西公方府と仮称しておくことにしたい。

一　天文末期の安堵・宛行状

足利梅千代王丸（義氏）は、天文二十一年（一五五二）十二月十二日に父晴氏より家督を承認された。(3) いまだ元服前のことであった。梅千代王丸が葛西城へ入った時期はこれ以降、(4) あるいは前年である二十年十二月ごろ（十九年閏五月には計画されている）と推定されている。(5) 筆者は葛西入城の時期を確定できないが、家督承認の段階にはすでに在城していたと考えているので、公方家当主となる以前にさかのぼることになる。したがって、梅千代王丸の文書発給は、最初から葛西で実施していたことになる。

義氏は、翌二十二年三月から文書発給を開始するが、当初は安堵状・宛行状が中心となっている。彼が生涯に発した安堵状・宛行状で、現在まで残っているものは三三点あるが、それらを発給年ごとにまとめてみると、第1表になる。通常、安堵状・宛行状は受領希望者の申請により発せられる場合が多いので、発給数の多い年と少ない年が極端に片寄るはずはない。ところが、義氏の場合は天文二十二～二十三年、弘治三年、永禄十～十一年、天正二年などにまとまっており、それ以外の年ではほとんど出されていない。これは、申請者側の意図によらず文書を出しているのだろうから、公方側の一方的な意思によるものが多いと思われる。つまり安堵状・宛行状発給には、公方府の政策志向が強く働いているということになる。

家督継承直後の発給状況を見てみよう。天文二十二～二十三年に出されたのは、寺社宛の安堵状二点と奉公衆宛の宛行状五点である。寺社宛は、代替り安堵の可能性がないわけではないが、奉公衆への宛行状は代替りによるものではないと思われる。宛行状を授与されたのは、渋江・簗田・田代・豊前・野田各氏で、だいたいが郷村一～二か所を与えられている。(7) 宛行状には恩賞文言が入っていることがあること、不特定多数の奉公衆へ出されたのではないとすると、おそらく梅千代王丸の家督継承に尽力した家臣への知行宛行という意味が強いだろう。宛名の人物は、奉公

西暦	年号	点数
1553	天文22	4
1554	天文23	3
1555	弘治元	1
1556	弘治2	0
1557	弘治3	6
1558	永禄元	0
1559	永禄2	0
1560	永禄3	0
1561	永禄4	0
1562	永禄5	0
1563	永禄6	0
1564	永禄7	1
1565	永禄8	0
1566	永禄9	0
1567	永禄10	7
1568	永禄11	5
1569	永禄12	0
1570	元亀元	0
1571	元亀2	0
1572	元亀3	0
1573	天正元	0
1574	天正2	4
1575	天正3	0
1576	天正4	0
1577	天正5	0
1578	天正6	0
1579	天正7	0
1580	天正8	0
1581	天正9	0
1582	天正10	2

第１表　安堵状・宛行状の推移

衆の中でも葛西公方府の中核に位置する者だったと思われる。[8]

ただし、他のものと形態が異なる文書が一点だけある。二十三年十二月二十四日に野田左衛門大夫へ出された宛行状である。全体は三つに分かれ、「先御落居之地廿五郷」として向五郷をはじめとする二五か郷、つづいて「重而御落居之地」として栗山以下の三か郷、最後に「小山領」として粟宮など一一か郷が記されている。[9] 他の宛行状が一〜二か郷なのに対して、三九もの郷村を授与するというものである。郷村数だけからみれば、野田氏へは特別措置が取られたとして良いだろう。この宛行状には、九月二十三日に野田へ宛てられた北条氏康書状[10]が前提になっている。氏康は、野田氏が義氏に味方して、古河の晴氏・藤氏父子を拘束した場合、旧領三九か所、新所一〇か所などの授与を約束している。

野田氏は、義氏の祖父高基の代に改易されており、天文期には失脚している状態だった。[11] 野田左衛門大夫は、晴氏の反北条的行動を利用して知行を回復すべく奔走していたのだろう。結果、北条氏康と結び付くことにより、失地回復を図るという道を選択したのである。そして、二十三年十一月の軍事行動により晴氏拘束に尽力し、多くの知行を得ることとなった。ただし、落居した郷村には時間差があり、還付の決定には時間を要したようだから、三九か郷がすべて旧領と一致するかどうかはわからない。小山領一五郷（「小山領」一一郷と「先御落居之地」に含まれている四郷）も、結城氏の申請により替地が授与される可能性がある郷村が二つある。これらの郷村を地図に書き入れたのが第1図である。

第1図を眺めると、野田氏の知行は下野南部から武蔵東部・下総西部にわたる公方領の中でも、関宿以北の広範囲に展開していることがわかる。改易以前の野田氏は、かなり大きな政治勢力だったことがうかがえよう。また、約四〇か所の郷村が一挙に渡されたことは、晴氏拘束にあたって左衛門大夫の役割がいかに大きかったか、復権要求がいかに強かったかを表しているといえよう。

左衛門大夫の知行を地域的に眺めてみよう。当時は、古河の対岸にあたる向五郷（北埼玉郡北川辺町）が本拠と認

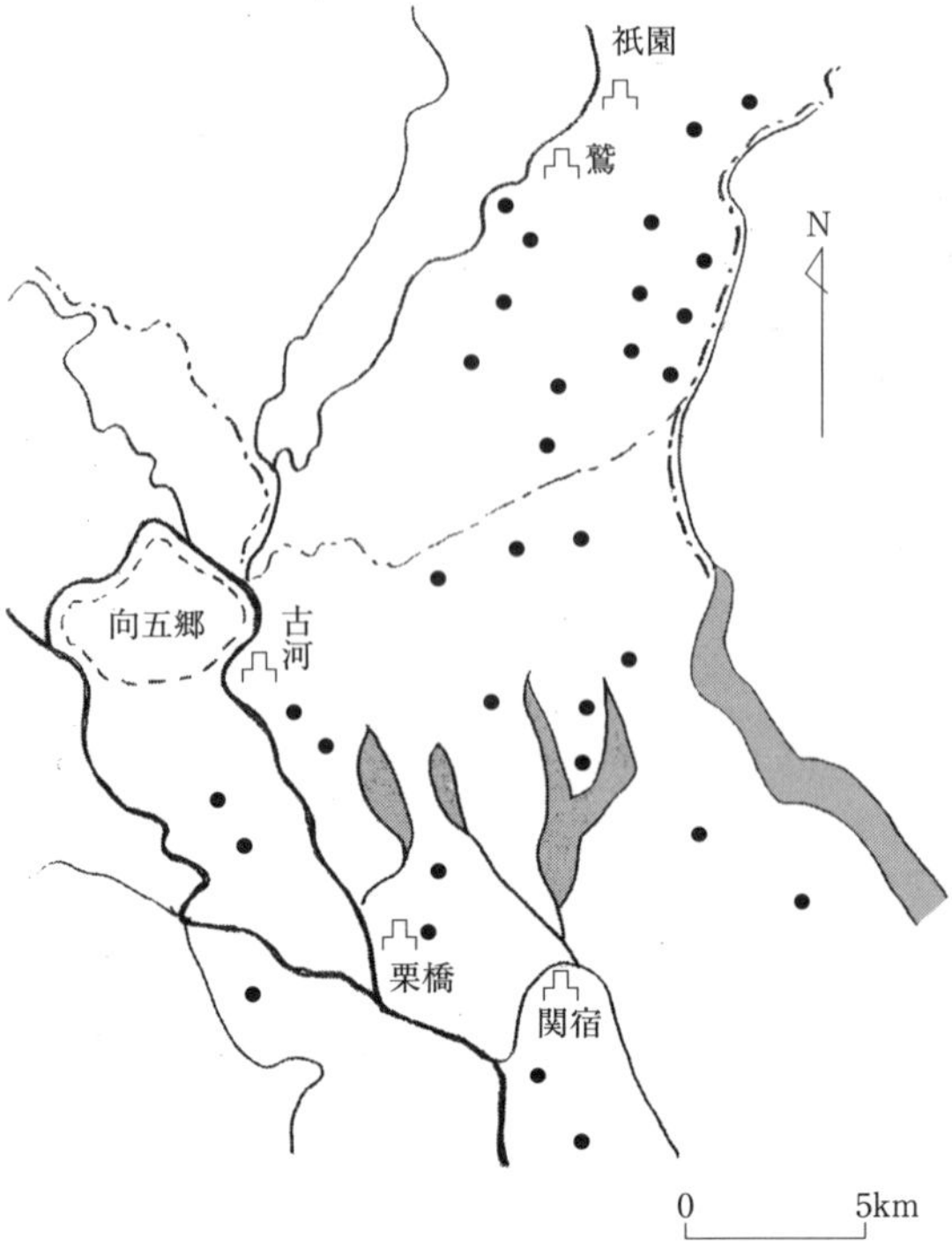

第１図　天文23年野田左衛門大夫の知行
※関宿以南は略した。

識されていたと思われ、五か郷が一円的に授与されている。ほかは、古河・関宿周辺の下河辺庄北部、古河の東方にある上幸嶋の北部にあり、特定のまとまりがあるわけではない。特徴的なのは下河辺・上幸嶋ではなく、その北方に所在する小山領内（下野国内にある）の知行である。小山における郷村数は知行全体の三分の一をこえるから、野田氏の経済基盤としての比重は大きい。

知行の所在地は、小山氏の勢力範囲の南東部に集中している。一五か郷のうち八か郷は、小山氏の居城祇園城・鷲城の東方近辺から、だいたい江川―西仁連川の流れに沿って下総境まで南北に長く存在する。残り七か郷は、思川東岸から鷲城以南における小山氏の支配領域を東西に分断し、下総境へと続いていく。小山領内の野田知行分は、公方領内の知行に比較すると密集度が高い。結城氏勢力の西端に接し、小山氏の本城近くにまで深く食い込む知行は、平面図上では両氏の間に楔を打ち込んだ形になっている。左衛門大夫が、結城・小山氏の押さえとして機能させられているのがわかる。これが、左衛門大夫が望む野田氏の旧知行であったなら、かつては結城・小山氏に対して大きな影響力を持っていたことになるだろう(12)。

二　弘治三年の知行替えと下野

三年後の弘治三年（一五五七）、葛西公方府はふたたび知行安堵・宛行を行う。これも、現存する文書を紹介する。まず、三月二十二日に大中寺よりの申請に応えて寺領西水代郷（下都賀郡大平町）の新寄進を結城政勝に伝え(13)、五月二十三日には小山秀綱へ緑川（藤岡町）・下高島（大平町）・東武井郷（小山市）を安堵している(14)。六月十七日になると野田氏へ馬場・奈良木郷（小山市）の安堵と網戸氏の与力化を命じている(15)。また、八月六日に後北条氏が豊前左京亮へ梓・中方村（栃木市）への入部について支持を与えている(16)。両村は皆川氏の居城に近く、同氏や郷村からの抵抗が強かったため、後北条氏が発したものと思われる。「葛西様上意」により入部を促しているので、最初に義氏発給の宛行状があったのだろう。それは、野田氏宛の朱印状と前後して出された可能性が高いから、六月前後の発給だったと考えられる。だとすれば、結城・小山・野田氏らだけでなく、豊前氏ら奉公衆宛の文書も少なからず出されたかもしれない(17)。

ところで、左衛門大夫へ宛てた義氏発給の知行宛行状についてだが、弘治三年段階のものは存在していない。この年は、野田氏の知行替えはなかったようにも感じられる。しかし、「喜連川文書」中の公方領関係文書を見てみると、そうではないらしいことがうかがえる。年未詳だが、卯月十五日付の義氏朱印状案は(18)、関係文書と思われる。この朱印状案は、冒頭に「小山押領之地共」として友沼郷以下九か郷、つぎに「榎本領之内」として野田郷以下九か郷が列挙されている。そして、本文として「右、関宿御座之時分、去庚申歳迄無相違御料所共ニ候、」と記されている。庚申年、つまり永禄三年までは「御料所共」であり、長尾景虎の侵攻時に小山氏に押領された知行の注文ということに

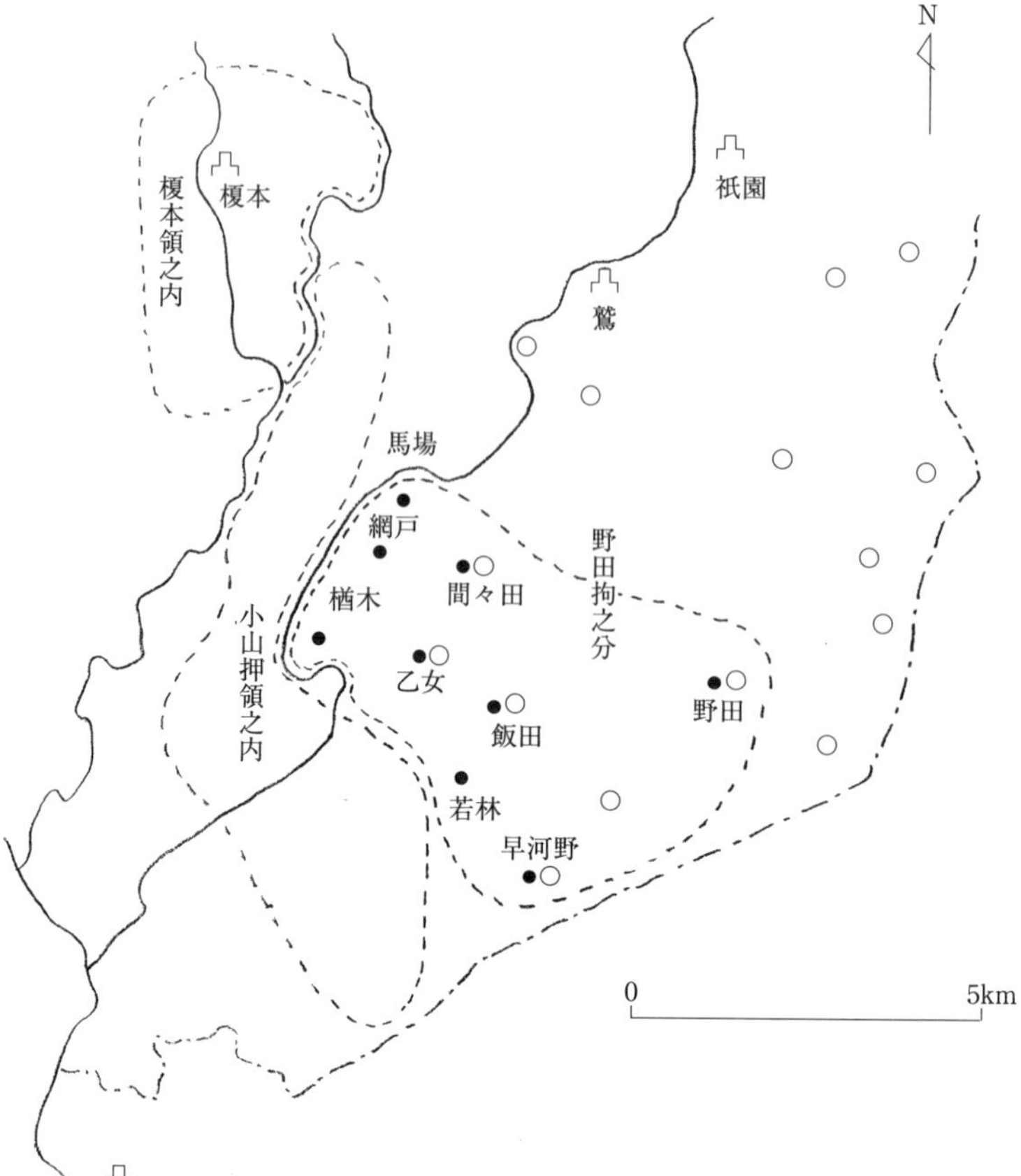

第２図　小山領内における野田左衛門大夫の知行
○天文23年の宛行対象地
●小山押領のうち野田拘分
〔参考文献〕市村高男「古河公方の御料所についての一考察―『喜連川料所記』の基礎的分析―」(『古河市史研究』７号、1982年)

なる。義氏が、押領された知行を回復するため、注文に認めて誰かに送った文書ということである。小山氏は、天正三年（一五七五）十二月に後北条氏に攻撃され降伏しているので[19]、この注文の原本は翌四年か五年の四月に作成され、後北条氏に宛てて送られたものになる[20]。

現在残っているこの知行注文案には続きがある。卯月十五日の次行に「小山押領之内野田拘之分」とあり、乙女郷以下一〇か郷が列挙され、本文に「右郷名去庚申之歳迄、野田致知行候、」と記されている。すなわち、最初の文書と同様に永禄三年まで公方領だった地域で、野田氏の知行分に関する小山氏の押領注文ということになる。年月日は書かれていないが独立した文書であろう。月日が略されているところからすると、前の注文と同時期に出された義氏朱印状の案とみてよい[21]。この野田氏拘分の注文にある郷村を書き入れたのが第2図である。

第2図を見ると、天文二十三年に見える野田氏の知行とは完全には一致していない。まず郷数が減少している。同一なのは思川に近い間々田・乙女（小山市）、大川に近い野田（小山市）・川田（下都賀郡野木町）、両者の中間にあたる飯田（小山市）・若林（野木町）で、祇園城に近い郷村がなくなって小山領の南端で一円的地域を知行していたことになっている。天文二十三年に授与した知行は、永禄三年までの間に変更されているのである。義氏発給文書の傾向からすれば、弘治三年の知行替えにともなうものと考えてよいであろう。義氏は、小山領における知行は永代に相違ないことを伝えており、当初の知行は、野田氏にとって特に関係の深い地であるような印象を受ける。が、実際にはわずか三年にして知行替えが実施されている。豊前氏の入部に対して、皆川氏や郷村が抵抗している例からすると、隣接する結城氏・小山氏や知行内の百姓らとの間に対立があり、変更を余儀なくされたものと思われる[22]。

天文二十三年・弘治三年と二度にわたる葛西公方府の安堵・宛行を見てみると、寺社・奉公衆全般にわたって知行の変更をしているわけではなく、義氏に近しい奉公衆を中心に宛行状を発していたといえる（季龍周興など側近の禅僧らについてはわからない）。中でも、晴氏拘束に貢献した野田左衛門大夫については、改易以前の旧知行回復だけではなく、新知を授与するという待遇だったのが特徴といえる。また、地域的には野田・豊前氏らへ小山・皆川氏の勢力圏内に存在する御料所、結城領に隣接する御料所を授与するなど下野方面に対する処置が中心であった。発足間もない公方府にとっては、公方領北部の支配と周辺諸士の把握に重点が置かれていたことになろう。

三　公方府と上総の公方領

葛西公方府は下野方面の状勢に気を使い、大規模な知行替えを実行していた。これにより、公方府には公方領北部の支配に関する対処があったことがわかったが、実は他にも奉公衆への知行に配慮していた地域があった。宛行状は残存していないが、上総国の西部地域がそれにあたると思われる。

上総国西部には、下野における小山氏押領注文に類似した文書が存在する。以下に掲げよう。

「　此外　真野郡之内
□□□別□　廿貫文　土居中務ニ被下
豊成・片又木　五十貫文　高右衛門大夫ニ被下
皆吉郷四ケ村　参百貫文　皆吉修理亮ニ被下
さいひろ　卅貫文　遠山弥八郎ニ被下
浅井村　卅貫文　村上民部大夫ニ被下
島野道　七十貫文　同人ニ被下
以上
右、芳春院殿以仰出、氏康各々被出直判、庚申歳迄致知行候、已上、
十月九日（朱印）」

前欠の足利義氏朱印状である。(23)真野郡は上総国市原郡の南部地域にあたる。朱印状は、最初に郡内の郷村名を書

き、つづいて貫文と人名を記している。貫文は郷村の知行高、人名は知行する人物をさしており、記されるのはいずれも奉公衆である。前欠なので、これ以前には真野郡以外の郷村・貫文高・奉公衆名が書かれていたのだろう。文末の文言によると、義氏の母芳春院殿の仰せにより北条氏康が直接文書を発し、庚申歳＝永禄三年まで知行していたという。貫文表示があること、北条氏康による安堵か宛行がされていることは異なるが、基本的な要素は小山氏押領注文と変わることはない。真野郡とその周辺地域における不知行注文と見てよいだろう。

上総における公方領は、第一次国府台合戦以前には小弓御所足利義明（?～一五三八）の権力基盤となっていた。彼の戦死後は、後北条氏や里見氏、あるいは上総の国衆らによる争奪戦が開始されたのではないかと思われている。しかし、それは一部のことと思われ、義明を倒した後北条氏による介入を受けているとはいうものの、西上総の特定地域は公方領として残ったことになる。注文の現存部分では真野郡内しか判明しないが、前欠ということからすると、その周辺郷村も少なからず含まれていたはずである。

不知行注文が作成された年代については、同じ十月九日付けで北条氏政へ宛てた書状[24]が残っており、これと同一年だと思われる。この書状で義氏は、後北条勢が上総へ侵攻したことにより、長南の武田豊信が陣参してきたことを祝しているが、後半に「然者、彼面御領所方之儀、遣書付候、無相違被申付候者、可為感悦候、」と記している。後北条氏は天正五年（一五七七）十一月には里見氏と和睦しているから、この書状は天正五年のものである。したがって同日付である不知行注文も同じ年ということでまちがいない。書状中に出てくる御料所に関する書付というのが、不知行注文をさすことになる。真野郡一帯の公方領が不知行化していたので、氏政へ回復運動を行っていたのだろう。天正五年といえば、小山氏の押領注文作成とほぼ同時に作られたことになる。

上総の公方領については、実際に氏康が関係していた。永禄三年十月十四日、北条氏康は村上民部大輔へ泉・嶋之・町田・津比地・引田・麻井・梶路・風戸（市原市）の八か郷の在所を不入と定める朱印状を発している[25]。不知行注文に見える「直判」とは別の文書だが、後北条氏は上総の公方領に関しては奉公衆へ直接命令を下していること

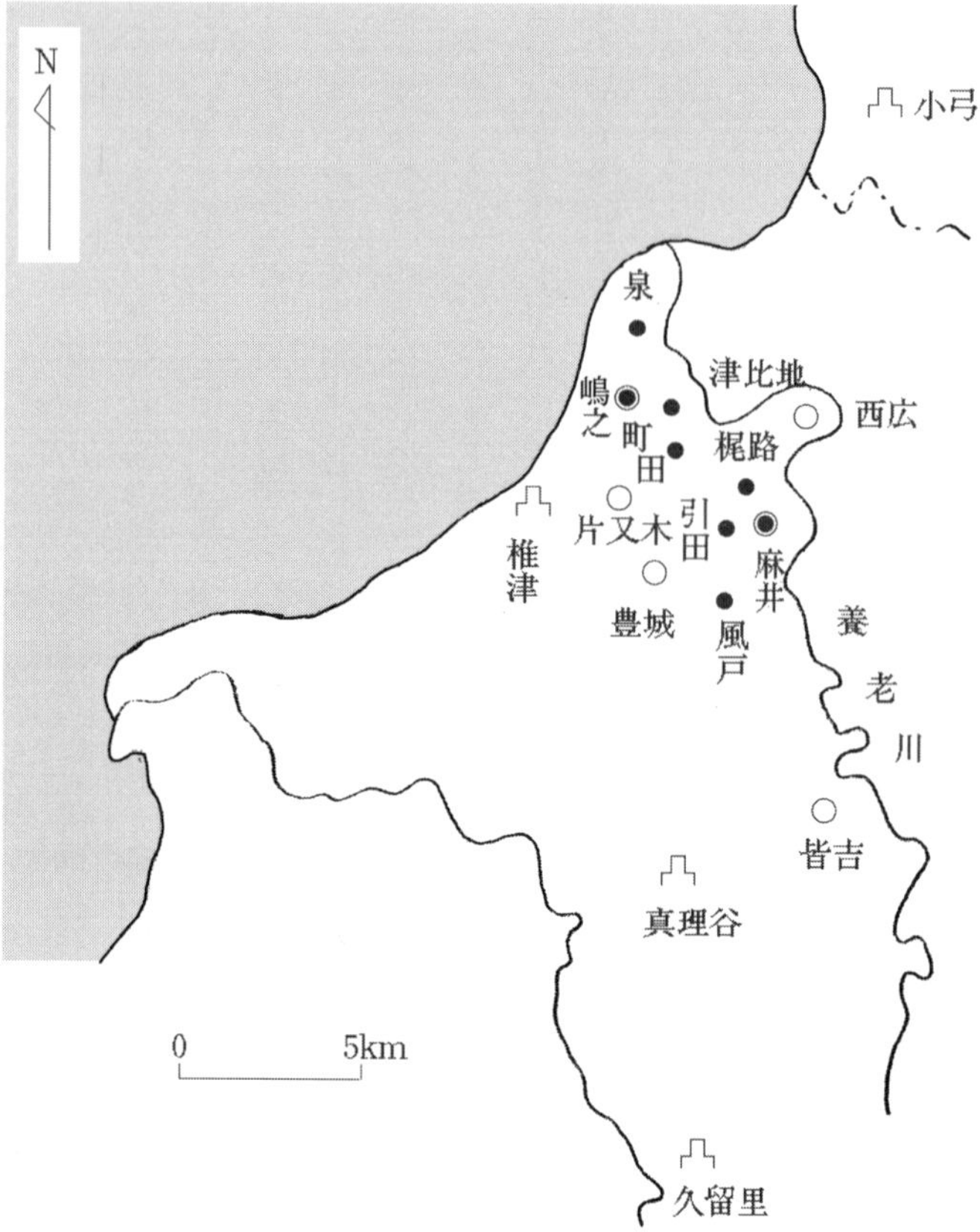

第3図　上総の公方領
○天正5年注文記載の知行
●村上民部大輔の知行

がわかる。不知行注文に記される郷村と、この朱印状に載る郷村を地図に描き入れたのが第3図になる。この図によると、真野郡は市原郡域の中で養老側南岸にあたる地域であることがわかり、氏康朱印状を与えられた村上民部大輔の知行も、真野郡内に集中している。

　残念ながら、上総における公方領の安堵・知行宛行については、いつ行われたか知ることはできない。しかし、土肥・高・皆吉氏らは上総の公方領内に知行を与えられている奉公衆で、永禄三年までは後北条氏の庇護を受けながらも、葛西公方府による上総支配の一端を担っていたことは想像できる。とすれば、公方府は上総の公方領についてもかなり重要視していたことは、まちがいないであろう。

おそらく、小弓御所の支配下にあった西上総の公方領は、義明の戦死により後北条氏が制圧して実質的な支配を進めようとしたのだろう。知行に貫文表示を行っているところをみると、後北条氏は旧小弓領の郷高調査は行っていたと思われる。だが、元は古河公方領であったため、当然のことながら足利晴氏も支配権を主張していたと考えられる。氏康も晴氏も西上総支配を要求するならば、両者を取り持つ者がいなければならない。氏康が奉公衆へ文書を発する際に芳春院殿の発言が前提になっているのなら、氏康・晴氏双方にかかわりのある彼女の存在が気にかかる。旧小弓領支配については、芳春院殿が政治的に関係した可能性があり、その結果として『小田原衆所領役帳』には当該地域の知行が記載されないようになったのだろう。

なお蛇足ながら、不知行化していた上総の公方領は、天正五年段階で返還されたと思われ―返還された範囲は不明―奉公衆の動向が知られている。(26)

むすびにかえて

天文末期から永禄元年にかけて存在した葛西公方府を、安堵・宛行状を題材に眺めてみた。それによると、知行宛行は国衆・奉公衆の個別申請に対応するために実施したのではなく、公方府の政策的傾向が強いものであった。そして、安堵・宛行対象地域にも偏向性があり、北下総・南下野に集中して行われていた。知行を授与された奉公衆の中心は野田氏であり、足利晴氏拘束の論功行賞として、改易以前の立場を復活させようとしていた。野田氏の知行で目立つのは全体の三分の一を占める小山領であり、隣接する結城・小山氏らに対する影響力が期待されたと思われる。

また、今まで注目されていなかったが、小山領だけではなく足利義明の旧勢力圏だった西上総についても、公方府は関心を払っていた。具体的な知行宛行は行っていないかもしれないが、芳春院殿を通じて北条氏康による安堵か宛

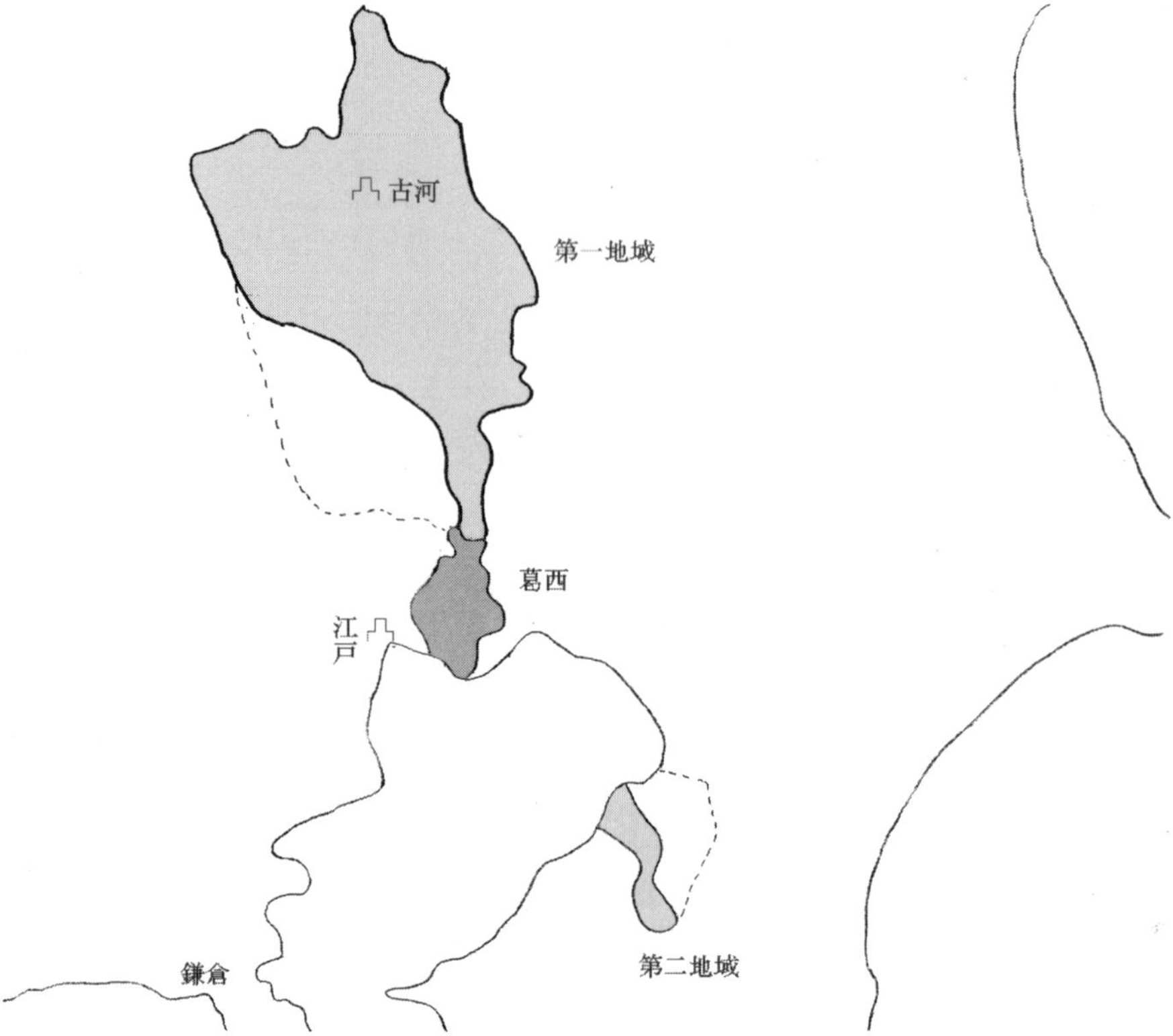

第4図　公方領と葛西
破線内は、一時的な支配領域と思われる地域

行が進められていたことが類推された。

これにより、地理的にまとまりを持つ地域を第4図に描き入れてみると、当時の公方領は大きく二つに分かれていたことがわかる。ひとつは、本拠古河のある北下総を中心に南下野・東武蔵を含んだ地域で、中央付近を旧利根川水系が流れる。第一地域と仮称しておこう。つぎに、正確な大きさはわからないが、少なくとも真野郡を含んでいる西上総で、養老川が重要な位置を占めていると思われる。こちらは第二地域と呼んでおこう。第一地域は古河の周辺であり、ある程度史料が残っていたことから公方領の輪郭が知られ、精緻な研究が進められていた[27]。第二地域は、本稿で掲げたくらいし

か史料がないこと、上総の政治状況が複雑であることから、あまり注目されていなかった公方領である。

第一地域・第二地域は地理的に離れているが、交通路から見ると隔絶しているわけではない。旧利根川水系と中世東京湾という水上交通が利用できるなら、往来は困難ではない。だが、問題なのは両地域の中間にある他者の支配領域である。千葉・原・高城氏の勢力圏になる葛東郡(28)に関しては、南岸が中世東京湾に面しているから、とりあえず外しておこう。そうなると、両地域を断絶させている唯一の地域は葛西だけなのである。葛西地域の軍事的拠点である葛西城は、二地域の古河公方領を結び付ける扇の要に相当するともいえる。

公方領における葛西地域の位置を右のように想定するならば、葛西城の拠点化についても、今までとは異なる考えが出てくる可能性がある。今までのイメージは、晴氏の家督譲渡もしくは失脚による政治的影響力の後退、あるいは江戸遠山氏との関連などから、葛西移座は後北条氏主導のもとに行われたように思われてきた。だが、晴氏段階から葛西への移座が実行されていた可能性があること、上総には決して小さくはない公方領が存在しており、葛西地域は扇の要的な位置にあったことを考慮すると、葛西への移座は公方家自体の主体的な行動だったとの見かたが必要になる。逆に関宿移座については、氏康が公方府の有力者を説得していることから推測すると、後北条氏側の意図がもっとも強かったかもしれない。今後も検討していくべきであろう。

註

（1）佐藤博信「足利義氏とその文書」（同著『中世東国足利・北条氏の研究』岩田書院、二〇〇六年。初出一九七三年）。以下、特にことわらない限り、義氏の動向は本論文による。

（2）佐藤博信「古河公方足利義氏論ノート—特に『葛西様』をめぐって—」（葛飾区郷土と天文の博物館編『関東戦乱—戦国を駆け抜けた葛西城—』二〇〇七年。初出二〇〇二年）

（3）「喜連川文書」（佐藤博信編『戦国遺文』古河公方編六七二号。以下、同書は『遺文』と略す。）

（4）佐藤註（2）論文

（5）黒田基樹「足利義氏と小田原北条氏」（註2『関東戦乱』所収）

（6）古河公方家においては、歴代当主の中で家督継承を明記した文書を発給した人物は確認されておらず、註（3）文書が唯一の例となる。これは判物形式で出されており、発給者と受領者が別の場所に居る可能性を感じさせる。北条氏康に反発する晴氏側が葛西を離れていたとすると、梅千代王丸は葛西城に居た可能性が高いのではないだろうか。

（7）「渋江文書」「簗田家文書」「秋田藩家蔵文書」「豊前氏古文書抄」「野田千弘家文書」（『遺文』七九七〜七九九、八〇二、八〇四、八〇五号）

（8）簗田氏については、義氏以前に家督予定者だった藤氏と姻戚関係があったということで、むしろ反義氏派家臣の中心と見なされており、義氏本人や芳春院殿も警戒していないわけではない（「簗田家文書」『遺文』八〇三、一二五九、一二六〇号）。だが、簗田晴助は義氏の家督継承に表立った抗議をしているわけではないので、晴氏の決定には従っていたと思われる。晴助が藤氏を擁立して義氏・後北条氏と対立するのも、実際の行動は長尾景虎進攻以後のことである。天文後期における簗田氏沈黙の原因は不明だが、河越合戦敗北による指導力の低下や、当主高助の死去などが影響していたと考えられる。なお義氏宛行状によると、晴助には葛西に近い川藤郷（吉川市）が授与されており（『遺文』七九八号）、葛西への出仕へ便宜が図られていたと思われる。

（9）『遺文』八〇五号

（10）「野田家文書」（『戦国遺文』後北条氏編四九二号。以下、本書は『北条』と略す。）。発給年は諸説あるが、花押形からは天文二十三年に推定されるという（山口博「戦国大名北条氏と古河公方」（浅野晴樹・斎藤慎一編『中世東国の世界3 戦国大名北条氏』高志書院、二〇〇八年））。

（11）拙稿「古河公方足利氏の古河支配権をめぐって」（『史報』八号、一九八七年）

（12）当該期の小山氏については詳述しないので、佐藤博信「室町・戦国期における小山氏の動向―代替わりの検討を中心として」（同著『古河公方足利氏の研究』校倉書房、一九八九年。初出一九八三年）を参照されたい。

（13）「大中寺文書」（『遺文』八一九号）

（14）「小山文書」（『遺文』八二〇号）

（15）「野田千弘家文書」（『遺文』八二一号）

（16）「豊前文書」（『北条』五五三号）

(17) なお、後北条氏は、梓・中方の入部にあたり、小代官人へかたく命じるよう促していることから、公方領で在郷して実質的な支配にあたる者は小代官人と称されていたことがわかる。公方領支配に直接かかわる者の名称がわかる唯一の例である。梓・中方へは皆川氏の抵抗により入部が困難だったとみえ、翌永禄元年に再入部が命じられている。その文中に村山へ申し断じる旨が記されている。村山は、小代官人と思われる(「古文書」〔『北条』五八六号〕)。

(18) 「国会本喜連川文書」(『遺文』一一〇八号)

(19) 黒田基樹氏のご教示。

(20) 義氏が、小山氏に押領されたと主張する郷村は、野田氏以外は誰が知行していたか不明。ただし、榎本領一円については結城氏が大中寺領の西水代郷にかかわっていることからすると(註13史料)、結城政勝に授与されていたと考えるべきだろう。

(21) 「喜連川文書」(『栃木県史』史料編中世二―二七五頁)

(22) 野田氏へは、これ以外に古河・野田・高橋・河辺十六郷を安堵する五月二十三日付足利義氏書状が与えられている(「野田千弘家文書」〔『遺文』一一一八号〕)。この書状は、花押形から葛西か関宿在城時代のものと考えられることが多い。しかし、小山領の支配についてふれられていないこと、河辺十六郷は永禄三年まで一色氏の知行だったことをあわせ考えると(「野田家文書」〔古河市歴史博物館編『野田家文書』六一号〕)、義氏が関宿を離れた永禄五〜七年に発給されたものと推測される。

(23) 「喜連川文書」(『遺文』一一八七号)

(24) 「国会本喜連川文書」(『遺文』九九九号)

(25) 「下総旧事五」(『北条』六四八号)

(26) 土肥・皆川氏は古河近辺へ本拠を移したが、村上民部大輔の子息助三郎と、大坪新十郎という人物が上総で活動している。両者は、足利義氏への年頭申上衆書立によると、天正六年(一五七八)二月二十四日、同八年正月二十八日以降、十年二月十六日に義氏の下へ参上して太刀・鞍橋を献上している(『新編埼玉県史』資料編8―六七六・六七九・六八四頁)。書立には、北条一門をはじめ大名・国衆・寺社の年頭申上げが記されているが、奉公衆は一部の人物しか記述されていない。記された奉公衆は、簗田・一色・田代など古河に本拠を持たない者ばかりなので、ふだん在府(在古河)していない者に限り記したものと思われる。したがって、村上・大坪は在上総の奉公衆として載せられたことになる。また、偶数年に出仕の記述が見られることから、両者は隔年で古河に出向くことになっていたのかもしれない。両者については、佐藤博信「上総大坪氏のこと」（同著『古河公方足利氏の研究』校倉書房、一九八九年。初出一九八五年）、浜名敏夫「中世上総の豪族村上氏」（市原市文化財研究会編『上総市原』八号、一九九二年）がある。

(27) 市村高男「古河公方の御料所についての一考察―『喜連川家料所記』の基礎的分析―」（『古河市史研究』七号、一九八二年）、同「古河公方の権力基盤と領域支配」（『古河市史研究』一一号、一九八六年）、千葉県編『千葉県の歴史』通史編中世（二〇〇七年）

(28) 葛東郡については、拙稿「鎌倉・室町期の葛西地域」（入間田宣夫編『葛西氏の研究』〈第二期関東武士研究叢書3〉名著出版、一九九八年。初出一九九五年）において若干説明した。

小田原北条氏と古河公方足利氏の取次関係

黒田 基樹

はじめに

小田原北条氏と古河公方足利氏との政治関係は、すでによく知られているように、北条氏二代氏綱の娘（芳春院殿）が古河公方足利氏四代晴氏の正室になり、さらに両者間所生の義氏が古河公方足利氏五代を継承、北条氏三代氏康（氏綱の子）の娘（浄光院殿）を正室に迎えるなど、北条氏は古河公方家の外戚として存在したことに端的に表されているように、両氏は密接な関係を構築していた。その具体的な展開の有り様については、両氏間の政治関係の媒介としての芳春院殿の役割や、義氏段階における公方領国支配とそれに対する北条氏からの影響力、そこにおいて北条氏側からの後見役として存在した北条氏御一家衆北条氏照（氏康の三男）の役割などの問題を中心にして、研究の蓄積がすすめられている(1)。

そのため現在のところ、両氏の政治関係の展開については、それら先行研究に規定されるかたちで、それを媒介した芳春院殿や北条氏照の存在とその役割が特筆されるかたちになっている。しかしながら両者が北条氏と古河公方家との関係において大きな役割を担ったことは間違いないにしても、芳春院殿は晴氏の正室、義氏の生母という立場、氏照は義氏の後見的立場というように、両者の立場は性格を異にするものであること、芳春院殿が永禄四年（一五六一）に死去してから、氏照が後見的立場として登場してくる天正二年（一五七四）までの間には、時間的にも断絶が生じていることなどをとってみても、両氏の関係を芳春院殿・氏照に代表させて理解することは、不充分であると考えられる。

そのため本論においては、北条氏と古河公方家との政治関係の有り様について、さらなる解明をはかって、両氏間を媒介した存在、すなわち「取次」について注目し、両氏の関係の開始当初から、その検出と変遷の状況を明らかにしていくことにしたい。もっとも関係史料の残存の関係から十全な解明にはいたらないが、以下においては、そうして検出できた「取次」の変遷に基づいて便宜的に時期を区切りながら、検討をすすめていくことにしたい。

一　義氏家督相続以前

ここでは、北条氏と古河公方家との政治関係が確認される大永四年（一五二四）から、足利義氏が古河公方家家督を継承する天文二十一年（一五五二）までの状況を取り上げる。

北条氏と古河公方家との関係を示す史料の初見は、（大永四年）四月一日付足利高基書状（「東京大学史料編纂所所蔵文書」戦古五四三）であり、そこに「遠山（直景）者翻宝印、不可存別条由申上候」という一文がみえている。[2]

これは、この年正月から、北条氏が扇谷上杉氏・山内上杉氏の領国への侵攻を展開しているなかでのものである。北条氏は、それまでは扇谷上杉氏とともに小弓公方足利氏に従う存在であったが、その扇谷上杉氏への敵対、領国侵攻にあたって、古河公方足利氏三代高基（晴氏の父）への接近を図り、宿老の遠山直景が古河公方家に対して起請文を提出している。[3]

その遠山直景は、当時における北条氏の宿老において代表的存在であり、また江戸城代として、領国の最前線に位置していた江戸地域支配を管轄する存在であった。[4]これによって、北条氏が古河公方家に接触を図るにあたって、まずはそうした立場にある遠山直景が、北条氏側からの取次を務めたことが確認される。そしてこの江戸城代遠山氏は、以後においても永禄十二年（一五六九）まで、その子綱景、孫の政景の三代にわたって、古河公方家への取次を務めていく。

次に確認されるのは、天文七年（一五三八）十月の第一次国府台合戦に際してのものである。（天文七年）十月二十六日付で公方奉公衆渋江徳陰斎宛の足利晴氏感状写（「記録御用所本古文書」戦古六四三）に「就今度氏綱忠信之儀、走廻之条」という一文がみえる。第一次国府台合戦はすでに知られているように、古河公方足利晴氏の命をうけるかたちで、北条氏綱が小弓公方足利氏を滅亡させた合戦である。そこにおいて氏綱が実際に小弓公方足利氏との合戦に臨むにあたっては、公方奉公衆渋江徳陰斎が奔走したことが知られる。彼が氏綱と密接な関係にあったらしいことは、（年未詳）七月十二日付同人宛足利晴氏安堵状写（「記録御用所本古文書」戦古七三四）にも「氏綱代以来走廻候」とあることによってうかがうことができる。

これにより第一次国府台合戦にあたって、古河公方家側からの北条氏への取次は、この公方奉公衆渋江氏が担っていたとみられる。なお公方奉公衆としての渋江氏については、これより以前に武蔵岩付城主であった一族が存在していた。同氏は大永四年以降は北条氏に従属し、享禄四年（一五三一）に扇谷上杉氏重臣太田資頼に岩付城を攻略され、没落している。没落後は右の経緯からみて北条氏に従っていた可能性もある。(5) 公方奉公衆渋江氏が、北条氏への取次を担った背景には、そうした渋江氏の同族関係が踏まえられている可能性も推測される。しかしながら、以後において取次としての渋江氏の存在は確認されない。

この第一次国府台合戦の功績により、北条氏綱は足利晴氏から関東管領職に補任され、さらに翌天文八年には、娘芳春院殿が晴氏の正室とする婚約が成立する。同八年八月十三日付簗田中務大輔（高助）宛北条氏綱起請文写（「簗田文書」戦北一六三）(6) は、それにともなって氏綱が公方家宿老筆頭の簗田高助に宛てて提出した起請文であるが、そこに「彼祝言奉任高助へ候」という文言がみえている。これによって、この婚約にあたって古河公方家側では宿老筆頭の簗田氏が取次にあたっていたことが知られる。そしてこの簗田氏は、この高助の後も、晴助、持助と三代にわたって北条氏への取次を務めていく[7]。

そして（天文十二年〈一五四三〉か）十一月二十七日付簗田中務大輔（高助）宛の北条氏康書状写（「集古文書」戦北二四二）になると、「猶太越（太田越前守）被申候」と、副状発給者として太田越前守（法名宗真）の名がみえるようになっている。この太田越前守（初代）は三善姓太田氏の一流で、当時は江戸衆太田資高（源姓太田氏）の同心衆という立場に位置していた。その意味では、北条氏にとっては陪臣的存在にあたっていたが、それがこの時から、古河公方家への取次として所見されるようになっている。その理由までは明らかにできないが、江戸太田氏が扇谷上杉氏家宰太田氏の家系を継承する存在であったことから、元来から古河公方家との政治関係を有していたとみられること、また北条氏との関係では江戸城代遠山氏の「指南」をうける存在であったように、古河公方家への取次を担っていた遠山氏と密接な政治関係にあったことなどのことが想定される。

この後、太田越前守はおよそ、天文十六年に江戸太田氏が資高からその子康資への代替わりを契機にして、江戸太田氏との被官関係を解消して北条氏の直臣に転進し、さらに江戸衆における寄親の一人として位置付けられることになる[8]。そして以後においても、変わらず古河公方家への取次の役割を務め、それは天正十一年（一五八三）まで、子の二代目越前守（弥太郎・大膳亮）、孫の三代目越前守（弥太郎）の三代にわたるものとなっている（「喜連川家文書案」戦古一四六二・一四六三・一四六五）。

以上にみてきた、この時期における両者間の取次関係の在り方についてまとめておきたい。北条氏側の取次は、当初から江戸城代遠山氏が務めている。そして天文十年代に入ってからは、江戸衆江戸太田氏同心の太田越前守家が加わっている。以後において、江戸城代遠山氏は永禄十二年（一五六九）まで、太田越前守家は天正十一年まで、取次を務めることになる。そしてこうした取次には、およそ一門・宿老クラスが務める「指南」と、当主側近クラスが務める「小指南」との二階層が存在しているが、この場合では宿老の遠山氏が「指南」、太田越前守家が「小指南」と位置付けることができる。(9) 他方の古河公方家側では、天文年間から宿老簗田氏が務めており、取次における立場は「指南」にあたるととらえられる。

二　義氏の葛西在城段階

ここでは、天文二十一年（一五五二）に足利義氏が古河公方家の家督を継承してから、義氏が下総葛西城に在城していた永禄元年（一五五八）までの状況のうち、新たにみられた状況を中心に取り上げる。

足利義氏は、天文二十一年十二月十二日に古河公方家の家督を相続し、少なくともその翌々年から下総葛西城を御座所とした。(10) そして弘治元年（一五五五）十一月に元服を遂げる。その元服式には、北条氏からは、当主氏康と三男藤菊丸（のち氏照）のみが参加している。氏照はすでに知られているように、後に義氏に対して後見役を務める存在である。この元服式に、当主氏康以外の、北条氏の一門にあたる北条氏御一家衆のなかでは、その氏照のみが参加しているところをみると、氏照は当初から、北条氏御一家衆のなかで義氏への取次を務める役割を予定されていたことが考えられる。しかし氏照自身は、その翌年に武蔵国衆大石氏に養子入りし、家督を継ぐことになる。そのためか、その後しばらく義氏との特別な関係はみることはできず、実際に義氏への取次を務めるのは、天正二年（一五七四）からのことになる。

この氏照の場合に対して、実際に義氏の元服後において、北条氏御一家衆のなかで取次を務めた存在をうかがうことができるのが、次の史料である。

［史料1］（年月日未詳）足利義氏書状写（「豊前氏古文書抄」戦古一一二二）

返々此報をハ、豊前所へしらせらるべく候、

豊前（山城守か）しんたいいつともなく候間、晴氏に直々さま々々越度なきよし［　　］たしかにまへ々々の事候、心得［　　］よろしき節候□□とも望渡候、今時分可越［　　］をたしか［　　］かハる事あるへく候、爰

元せうし候、かしく、

「三郎殿　　よし氏」（「記録御用所本古文書」により補う）

これは発給年月日未詳の足利義氏書状写である。年代については、ウハ書に「よし氏」と署名があるので、元服後の弘治元年以降のものであり、文中に父晴氏の名がみえるから、晴氏が死去する永禄三年（一五六〇）以前のもの、すなわち弘治元年から永禄三年までのものと推測される。

注目すべきところは宛名であり、そこに「三郎殿」という名がみえている。古河公方が苗字を省略して呼称するのは、古河公方家の一門にあたる足利氏御一家に限定され、この時期には事実上、北条氏とその御一家にほぼ限定されていたから、「三郎殿」は北条氏御一家であるととらえられる。そして当時、仮名三郎を称していた北条氏御一家衆とは、久野北条宗哲（氏綱の弟）の子で、この頃、久野北条氏の家督を継いで、同時に武蔵小机城主を務めていた人物にあたる(11)。これによって、その北条三郎が、古河公方家への取次を務めていたことが考えられる。

同文書では、豊前氏の進退が問題とされているが、同氏は医術を家業とする公方奉公衆である(12)。この時期における豊前氏の進退問題に関わるものとしては、次の史料がある。

［史料2］（年月日未詳）足利晴氏書状写（「豊前氏古文書抄」戦古七九四）

左京亮（豊前氏景）事、父子同前雖勿論、抽先年走廻候間、是非者さしおかるゝ、追而爰元能々有分□（別）可被申聞候、

就医者之儀、葛西（足利義氏）より切而被相憑養体無余儀候、惣別只今無威光時節者、奉公之者共大小進退ニ一向不相応之儀も可走廻事心かけすして不叶儀候、況指当たる儀とも自分と専ニいたす体にて候、他国之仁等無沙汰くわんたい者不苦候、豊前山城守去年於葛西も被仰付候処、兎角不応御下知候、此度も至于其分者なかく可加御折檻迄候、為心得申候、かしく、

すい雲（瑞雲院周興）　　はる氏

まいる

本文書も発給の年月日が未詳であるが、義氏が公方家家督を継承する以前のものととらえられること、なおかつ義氏が葛西城に在城していることから、その年代は天文二十一年の可能性が高いとみられる。いずれにせよ義氏の家督相続前後から、公方奉公衆豊前山城守（助□）・同左京亮氏景父子について進退問題が生じていたことが知られる。そうしたなかで［史料1］は、義氏が北条三郎に、晴氏との間での折衝の状況を伝え、さらにそれの豊前氏への伝達を依頼しているものになる。豊前氏の進退問題には、北条氏も大きく関与していたらしく、文面からするとこの時、豊前氏は北条氏に庇護されていたような状況にもあったことがうかがわれる。そしてその問題について、義氏は事態の経過状況を北条三郎に報せているのであるから、三郎が義氏への取次を務めていたことは間違いないととらえられる。

そしてここで、北条氏が豊前氏の進退問題について大きく関与しているのは、豊前氏自体が北条氏と密接な関係にあったためとみられる。その直後の時期のものとなる弘治三年（一五五七）八月六日付で豊前左京亮（氏景）宛の北条家朱印状（「豊前文書」戦北五五三）には、「遠山（綱景）所へ此趣承尤候」とあって、江戸城代遠山綱景（直景の子）が、古河公方家への取次としてみえるようになっており、さらにこの頃のものとみられる（年月日未詳）豊前左京亮（氏景）宛の北条氏康書状写（「豊前氏古文書抄」戦北一五五一）には、「御台様（芳春院殿）江御文ヲ以可申入候」とあって、豊前氏自体が古河公方家から北条氏への取次としてみえるようになっている。これらのことからみると、豊前氏の進退問題に北条氏が関わっていたのは、彼が取次を務める存在であったからと推測される。

以上にみてきた、この時期における両者間の取次関係の在り方についてまとめておきたい。北条氏側では、前代に続いて「指南」クラスでは江戸城代遠山氏が務めている。一方で「小指南」クラスでは江戸衆太田越前守家については所見がないが、以後における動向から判断して、引き続き務めていたと考えて間違いないととらえられる。これに加えて、足利義氏の元服後には、御一家衆久野北条三郎が取次を務めるようになっている。ここに古河公方家への取次関係に、北条氏御一家衆が参加するようになったことが知られる。その役割は、御一家衆の政治的地位から「指南」クラスのものであったととらえられる。他方の古河公方家側では、前代に続いて「指南」クラスでは宿老簗田氏が務めるほか、公方奉公衆の豊前氏が、およそ「小指南」クラスとして取次に参加するようになっている。

この時期に関して特に注目されるのが、御一家衆久野北条氏の存在である。それまで「指南」クラスとして取次を務めていた江戸城代遠山氏との関係、ないし役割分担がどのようなものであったのかということが問題となるが、それについては確かにはならない。考えられることとしては、江戸城代遠山氏が、江戸城代という役割にともなって基本的に領国の前線地域に在所する存在であることから、北条氏の本拠小田原における「指南」が必要となり、それを久野北条氏が務めることになったとも考えられる。いずれにしろこの時期、北条氏と義氏との関係は、御一家衆久野北条氏と宿老江戸城代遠山氏を通じて形成されていたことになる。そしてそのことと密接に関連するものとして、北条領国内に設定されていた義氏の御料所の問題がある。

北条氏は、領国内に義氏の御料所を設定しており、永禄二年（一五五九）の「北条家所領役帳」では、「葛西様御領」と称されている。そこでは武蔵小机領長津田三一貫二六〇文、同子安一六五貫文、武蔵江戸平塚一二一貫五〇〇文、同品川南北七七貫三五〇文の四カ所、計三九五貫一一〇文が挙げられている。この「葛西様御領」の性格について佐藤博信氏は、そのうちの品川郷が義氏の家督継承以前から古河公方家の御料所になっていることなどをもとに、芳春院殿の晴氏への入嫁にともなった化粧料的なものととらえる見解を示している[13]。

ここであらためて注目しておきたいのは、それらの所領が所属する領域であり、それが小机領と江戸地域であることである。いうまでもなくそれらの領域支配者が、久野北条三郎と江戸城代遠山氏である。したがってこの「葛西様御領」の存在と、両者による義氏への取次とは一体的な関係にあったこと、換言すれば、「葛西様御領」は、古河公方家への取次を両者が務めるにともなって、それぞれの支配領域内に設定されたと考えられる。

なおこれに関して、佐藤氏はそれらは一括的に芳春院殿の婚姻にともなうものととらえているが、品川郷以外については、「役帳」以前に関連史料がないため、その形成時期を推定することはできない。しかも小机領に関しては、芳春院殿の婚姻時には、相模玉縄城主北条為昌（氏康の弟）の支配領域であり、為昌が天文十一年に死去した後、久野北条氏に継承されたものであった[14]。佐藤氏の見解を前提にすれば、当時においては、玉縄北条為昌が古河公方家への取次を務めていたことになる。しかしそれらが北条為昌の支配領域全体に存在するのではなく、小机領に限定されていることからすると、久野北条氏が取次に参加するにともなって設定されたと考えるほうが整合的であるように思われる。

三　義氏の関宿〜佐貫在城段階

ここでは、義氏が下総関宿城を御座所にした永禄元年（一五五八）から、上総佐貫城に在城した同七年までの状況のうち、新たにみられた状況を中心に取り上げる。

義氏は永禄元年四月に葛西城から鎌倉鶴岡八幡宮に参詣し、その後、北条氏の本拠小田原にしばらく滞在する。その時期におけるものに、（同年）五月二十八日付で瑞雲院（周興）宛の北条氏康書状（「喜連川文書」戦北五八一）がある。宛名の瑞雲院周興は古河乾亨院の院主であるとともに、足利義氏・芳春院殿の側近にあたる。後に芳春院主となり芳春院周興と号することになる。同文書の存在から、この頃から彼が北条氏への取次を務めるようになっていることが知られる。以後においても取次を務め、その役割は法嗣芳春院松嶺にも継承されることになる。

次いで同年六月二十三日付豊前左京亮（氏景）宛北条家朱印状写（「記録御用所本古文書」戦北五八六）において、その奉者として遠山隼人佐がみえている。この遠山隼人佐は、これまでも古河公方家に対して取次を務めていた江戸城代遠山綱景の嫡子にあたるから、ここで嫡子隼人佐がみえているのは、父綱景が何らかの事情によって取次を務めることができず、そのため隼人佐が父綱景の代理として、奉者を務めたと考えられる。

そして同年八月になって、義氏は小田原からそのまま下総関宿城に移座する。この関宿在城期に関して、これまでの状況と異なるものとして次のものが存在している。

まず（永禄三年）五月二十八日付で公方家宿老で下総栗橋城主の野田氏（弘朝か）に宛てられた北条氏康書状（「野田文書」戦北六三一）に、「委曲岩本（定次）可申候」と、副状発給者として北条氏の御馬廻衆岩本定次の名がみえている。彼は北条氏康の側近にあたる。しかしその後は古河公方家関係の史料にはみえないから、この時は当座的な理由で所見されたものであろうか。次に（同四年）四月二十五日付野田（弘朝か）宛北条氏康書状写（「野田家文書」戦北六二六）に、「条々義板橋申含候」と、使者として板橋氏の名がみえる。ここにみえる板橋某については詳細は不明だが、北条氏家臣と思われる。これについてもその後に古河公方家関係の史料にはみえないから、これもやはり当座的な理由で所見されたものであろう。

義氏はその頃、関東に侵攻してきた越後上杉謙信に応じた、宿老簗田氏から離叛をうけ、その簗田氏によって居城関宿城を攻撃されていた。そして同四年七月、義氏は関宿城を出城し、北条氏に従属する国衆高城氏の本拠の下総小金城に移っている。そしてさらに同六年三月までに、上総佐貫城に在城するようになっている。

この佐貫在城の時期については、まず同年四月二十七日付土肥中務大輔宛北条家朱印状写（「佐藤氏古文書・土肥氏古文書」戦北三七七三）があり、奉者として遠山綱景の名がみえている。以後において、古河公方家関係の北条家朱印状の奉者は、この遠山綱景が務めるものとなっている。次いで同七年五月二十七日付野田左衛門大夫（弘朝か）宛北条家朱印状（「野田文書」戦北八五五）からは、奉者として中村次郎右衛門尉（宗晴）の名がみえるようになっている。この中村宗晴は、もとは江戸衆太田康資の被官であったが、同年正月の太田氏の没落後は、江戸城代遠山氏の同心衆になっていた存在である。このことからすれば、彼の存在は遠山氏の取次における一環として理解することが可能である。そしてこの後、中村宗晴は同十二年十二月まで、古河公方家関係の取次として所見されている（戦北九六八・一三五九・一三六〇、戦古八八三）。

以上にみてきた、この時期における両者間の取次関係の在り方についてまとめておきたい。北条氏側では、前代に続いて「指南」クラスでは江戸城代遠山氏が務めている。なお「小指南」クラスの太田越前守家については明確な所見はないが、前代と同じく、その後の状況からすると、同様に務めていたと考えられる。さらに遠山衆のなかでも、もと江戸太田氏被官の中村宗晴が取次に参加するようになっている。その立場は、遠山氏の同心衆であることからも、「小指南」ととらえられる。なお先述したように、太田越前守家ももとは江戸太田氏の被官であったから、江戸太田氏系と古河公方家との関係の深さがうかがわれる。今後は、江戸太田氏と古河公方家との関係の在り方についても詳しく追究していく必要が認められよう。

一方で、前代にみえていた「指南」クラスの久野北条三郎についての所見がないが、それは北条三郎がこの間の永禄三年七月二十日に死去しており、その死去にともなうものであったと考えられる。ちなみにその家督は弟氏信に継承されるが、以後において久野北条氏の取次はみられていない。したがってその役割は、氏信には継承されなかったこと、そうすると久野北条氏による古河公方家への取次というのも、三郎一代のものであったことになり、三郎個人の立場に関わってのものであったと考えられ、この点に関しても、あらためて三郎と古河公方家との関係の在り方について追究が必要となると考えられる。

他方の古河公方家側では、前代まで「指南」クラスで取次にあたっていた宿老簗田氏が、永禄三年の離叛を契機にみられなくなった一方、義氏・芳春院殿の側近であった瑞雲院（のち芳春院）周興が新たに参加するようになっている。その立場は「小指南」クラスにあたるととらえられ、以後において、古河公方家側の「小指南」クラスにおける主要人物として存在するものとなっている。

四　義氏の鎌倉在所段階

ここでは、義氏が相模鎌倉を御座所にしていた、永禄七年（一五六四）から元亀元年（一五七〇）までの状況のうち、新たにみられた状況を中心に取り上げる。

義氏は、永禄七年七月に上総佐貫城から鎌倉に移座する。そして以後、元亀元年六月に下総古河城に移座するまで、同地に在住した。この時期におけるものとして、まず（年未詳）一月十一日付豊前山城守宛足利義氏書状写（「豊前氏古文書抄」戦古一〇三四）があげられる。宛名の豊前山城守は、それ以前に所見されていた豊前左京亮氏景の後身と推定される[15]。同文書の年代は、豊前氏景が永禄八年三月までは左京亮でみえ、同九年三月から豊前守で所見されること、文中に瑞雲院周興の名が所見されており、彼が瑞雲院を号したのは同十年六月までで、同年八月からは芳春院を号していることから、永禄九年もしくは同十年と推定される。

同文書には「氏政長々陣労為可被感、以御使節大たか被遣度候、罷越候者可為御悦喜候」「旧冬以来密々小田原滞留候間、被仰付義如何雖思召候、無御了簡御用共候間、罷越候者可為御感悦候」とあることから、この時、豊前山城守は前年冬から小田原に滞在していたが、義氏から北条氏当主の氏政（氏康の子）の在陣を労う使者として、わざわざ氏政の陣中への出向を命じられていることが知られる。ここでは何よりも使者の対面性が問題とされていることがうかがわれる。

以後において豊前山城守は、永禄十二年十月に相模三増合戦において戦死するまで、前代の左京亮段階と同じく、古河公方家から北条氏への取次としてしばしば所見される。それとともに、彼自身は北条氏当主とその御一家衆の治療のため、小田原に滞留する場合が多かったことも知られ、公方奉公衆のなかでもとりわけ北条氏と密接な関係にあった存在であったことがうかがわれる（戦古八九五・九〇四・九〇九・九一九・一一四一・一二二三、戦北九八五・一〇〇四・一〇七四・一〇七五・一〇九二など）。

次に（年未詳）七月十九日付豊前山城守宛足利義氏書状写（「豊前氏古文書抄」戦古一一四二）に、「太田越前守罷越候、幸之間、被仰出候」「内々氏政雖可被成御書候、能々相心得可令伝語候」とみえる。豊前山城守の名が所見されていることから、同文書の年代は永禄八年以降、同十二年以前のものとなる。ここにみえる太田越前守は二代目にあたり、初代越前守宗真の子である。これによって二代目越前守が、初代に続いて古河公方家への取次を務めたことを明確に知ることができる。

また（年月日未詳）で豊前山城守宛と推定される足利義氏書状写（「豊前氏古文書抄」戦古一一一三）には、「江城御座之儀、度々懇被申、雖然普請一向無之由」「遠山右衛門□□（政景）・越前守（太田氏）方へ普請之被付候由、相稼可走廻由、御直ニも可被仰出候」という一文がみえる。同文書の年代も、豊前山城守の所見時期から、永禄八年以降、同十二年以前のものと推定される。ここにみえる遠山政景は、遠山綱景の子であり、永禄七年一月の第二次国府台合戦における綱景・隼人佐父子の戦死により、その家督を継いだ存在である。これによって政景が、父綱景に引き続いて古河公方家への取次を務めたことが確認される。しかしながら江戸城代遠山氏が直接、古河公方家と関係するのはこれが最後の事例にあたる。

その一方、（永禄九年〈一五六六〉か）八月二十日付豊前山城守宛北条氏康書状写（「豊前氏古文書抄」戦北一〇九二）には、「猶遠山左衛門尉（康光）可申候」とあり、副状発給者として、北条氏の御馬廻衆で隠居氏康の側近の遠山康光の名がみえている。もっとも、同文書には同日付で同人宛の北条家朱印状（「豊前文書」戦北九六八）が存在しており、そこでの奉者は中村宗晴であるから、豊前氏への取次は中村宗晴であり、遠山康光はむしろ中村宗晴から氏康への取次にあたり、その関係から所見されたものととらえられる。

続いて（永禄九年か）十月十一日付で豊前山城守宛と推定される北条氏政書状（「古文書纂」戦北九八五）には、「委細助五郎（北条氏規）可申候」とあり、副状発給者として北条氏規の名がみえている。北条氏規は氏康の五男で、当主氏政の弟にあたり、相模三崎城主を務める存在である。これによってこの頃から、氏規が古河公方家への取次を務めたことがわかる。このことに関する他の事例として、次の史料があげられる。

［史料3］「義氏様御代之中御書案之書留」（『茨城県史料中世編Ⅵ』一七七頁）

一、管領　親類中へ之御書礼

謹言　日下アリ　　北条陸奥守（氏照）殿

同助五郎（氏規）殿

これは義氏が、氏照と氏規に宛てた書状の案文であるが、氏照の陸奥守受領は天正三年（一五七五）三月から同四年四月の間、氏規の仮名助五郎呼称は天正四年八月までのことであるから、この書状が両者同時に宛てて発給された場合のものであるなら、その年次は天正三年三月から同四年八月までのものになる。これによって氏規は、その後においても、古河公方家への取次を務めたことを知ることができる。

続いて（永禄十年〈一五六七〉か）一月十日付豊前山城守宛北条氏政書状（「豊前文書」戦北一〇〇四）には、「猶島津弥七郎可申候」とあり、副状発給者として、江戸衆島津弥七郎の名がみえている。島津弥七郎は江戸衆のなかでは、江戸城代遠山氏の与力（その後に同心衆化する）にあたっていたから[16]、この場合も、遠山氏関係者として何らかの事情によって所見されたものととらえられる。

そして（永禄十年）四月十七日付で簗田中務入道（晴助）・簗田八郎（持助）宛の北条氏照起請文（「簗田文書」戦北一〇一五）と、続く（同年）五月八日付で野田右馬助（景範）宛の北条氏照起請文写（「野田家文書」戦北一〇二〇）の存在から、北条氏照が公方家宿老で下総関宿・水海城主簗田氏と、同じく公方家宿老で下総栗橋城主の野田氏に対する取次を務めるようになったことが知られる。両氏はともに、それまで義氏には敵対し、越後上杉謙信に従属する立場をとっていたが、ここにきて北条氏に従属するとともに、義氏のもとに帰参した存在にあたった。その従属における取次を、氏照が務めているものとなる。以後において氏照は、両氏に対して「指南」を務めることになるが、それはこの時における従属の際に取次を務めたことにともなっている。この時点では、氏照は義氏への取次を務めているわけではないが、簗田氏・野田氏という宿老への「指南」を務めるようになったことで、古河公方家との関係があらためて形成されはじめたことが知られる。

そうして永禄十二年十二月二十一日付豊前山城殿こうしつ宛の北条家朱印状（「豊前文書」戦北一三五九）に奉者として中村宗晴の名がみえ、さらに同日付豊前孫四郎（山城守の子）宛の中村宗晴書状写（「豊前氏古文書抄」戦北一三六〇）の存在をもって、江戸城代遠山氏の関係者が、古河公方家関係への取次を務めるのは最後となる。以後において、北条氏と古河公方家との取次関係において、遠山氏関係者は全くみられなくなる。両氏の関係当初から、その取次を務めてきた江戸城代遠山氏であったが、この永禄年間を最後にして、その役割を終えたことになる。その理由についてはは明確にはならないが、江戸城代遠山氏そのものが、江戸城代の地位を元亀年間（一五七〇～七四）頃に、江戸北条氏に交替していることから、遠山氏そのものの政治的立場の変化による可能性が高いとみられる。

以上にみてきた、この時期における両者間の取次関係の在り方についてまとめておきたい。北条氏側では、前代に続いて、「指南」クラスでは江戸城代遠山氏、「小指南」クラスでは太田越前守家が務めているが、遠山氏についてはは永禄十二年十二月を最後にして、以後はみられなくなる。その一方で、北条氏御一家衆については、新たに北条氏規が取次に参加するようになっている。これは御一家衆という立場からみて、それ以前における久野北条三郎の立場を継承したものととらえられ、その立場も「指南」にあたろう。

またかつて義氏の元服式に御一家衆として唯一参加し、その後において取次の役割を予定されていたかにみえる、北条氏照が、公方家宿老簗田氏・野田氏への「指南」を務めるようになっている。これはあくまでも北条氏に従属する他国衆に対するものとして生じた事態ととらえられるが、両者がともに公方家宿老でもあるため、これによって氏照が、古河公方家関係への取次関係に、具体的に関与するようになったことを意味する。

他方の古河公方家側では、前代に続いて、「小指南」クラスとして、芳春院周興の動向のほか、公方奉公衆豊前氏の活動が顕著にみられていたが、永禄十二年十月における豊前山城守の戦死により、以後はみられなくなる。これによって天文年間末からみられていた豊前氏二代（山城守助□・山城守氏景）にわたる取次行為も、終わりをみている。

五　義氏の古河在城段階

ここでは、義氏が元亀元年（一五七〇）に、下総古河城を御座所として以降の状況のうち、新たにみられた状況を中心に取り上げる。

義氏は、元亀元年六月二十八日に鎌倉から下総古河城に移座する。以後において義氏は、基本的には同城への在城を続けることになる。この時期における状況として最も大きな変化は、北条氏照が義氏の後見的役割を担うようになることである。元亀三年(一五七二)十二月に、北条氏は下総栗橋城を攻略し、同城とその支配領域を接収する。これは北条氏が、公方領国においてはじめて支配領域を獲得したものとなる。そしてそれらの管轄には、氏照があたることとなった。これによって氏照は、公方領国における領域支配に具体的に関与することになる。

そうして(天正二年〈一五七四〉)二月二十五日付で公方奉公衆一色右衛門佐(氏久)宛の北条氏照書状(「下之坊文書」戦北一六九二)になると、氏照が古河公方家への取次を直接、務めるようになっている。それだけでなく、古河公方家への取次は、以後においてはこの氏照が全面的に担い、さらに北条氏の領国内に存在する公方家の御料所支配についても、氏照が管轄していくことになる(17)。

また前代からみられた、同じく御一家衆北条氏規については、天正三年もしくは同四年のものとなる前掲[史料3]が唯一の事例であり、その後において氏規の動向はみられていない。その一方、天正二年閏十一月に関宿・水海城主簗田氏が、最終的に北条氏に従属、義氏への帰参を遂げている。そしてそれ以降、簗田氏は再び公方家宿老として、北条氏への取次を務めるようになっている。

その後における北条氏側の取次の状況については、天正五年から、義氏が死去する同十年まで、義氏への年頭申上衆の書立が存在しているので、該当部分のみを掲げ、その内容をもとにみていくことにする(「文禄慶長御書案」『茨城県史料中世編Ⅵ』一九一~一九九頁)。

①天正五年

一、二荷五種進上　北条陸奥守(氏照)　無御返祝、御書計被成之候、

一、三種一荷進上　太田越前守　無御返祝、以代官被申上候也、

②天正六年
正月一日
一、弐荷五種進上　北条陸奥守　為代官布施（景尊）参上、御対面アリ、御書計被成候、
正八日
一、壱荷五種進上　太田弥太郎　以使進上、無御替、御書計被遣之也、

ここにみえる太田弥太郎は、前年までみえていた二代目太田越前守の子にあたる。父に引き続き、古河公方家への取次を務めたことが知られる。さらにその後、次の史料にみられるように、義氏から受領名越前守を与えられ、三代目越前守を称するにいたっている。

［史料４］（年未詳）五月十三日付足利義氏受領状写（「喜連川家文書案」戦古一一一四）
父越前守以走廻之筋目、忠信逼塞候由、感思召候、仍名国司之事、申上候、御意得候、謹言、
五月十三日
太田越前守殿

ここで三代目越前守は、義氏から直接、受領名を与えられている。こうしたことは、北条氏家臣としては極めて特異な事態といえる。これはおそらく、彼が代々にわたって古河公方家への取次を務めていたことをもとに、その存在が公方家の直臣扱いになっていることを意味しているととらえられる。

③天正七年
正月一日
一、二荷五種進上　北条陸奥守氏照
④天正八年
正月朔日

一、御太刀・折紙弐百疋・二荷五種進上　北条陸奥守氏照　但参上アリ、其上於御前御酒被下之上、御剣進上、

正月十三日

一、一荷五種進上　太田越前守　御書計被遣之候、

⑤天正九年

正月朔日

一、二荷五種進上　北条陸奥守　以布施被申上候、被遣御書候、

正月九日

一、一荷五種進上　太田越前守　御書計被遣候、無御返祝候、

⑥天正十年

正月朔日　二荷五種進上　氏照　為代官布施参上、御対面アリ、氏照へは御書計被遣之候、

正月廿一日　一荷江川五種進上　太田越前守　御書計被成候、

これらの状況から、天正五年以降については北条氏照と太田越前守家が、古河公方家への取次を担ったことが知られる。

以上にみてきた、この時期における両者間の取次関係の在り方についてまとめておきたい。北条氏側では、天正二年以降は北条氏照が全面的に担うようになっている。また前代に引き続いて江戸衆太田越前守家も務めている。その一方で、北条氏規は天正四年頃までしかみることができない。したがってそれ以降については、北条氏側の取次は、「指南」クラスとして北条氏照が、「小指南」クラスとして太田越前守家が担うものとなっている。他方の古河公方家側については、前代から引き続いて、「小指南」クラスとして公方側近の芳春院周興（次いで松嶺）が務めているほかに、「指南」クラスとして宿老簗田氏が取次に復活してきている。

おわりに

本論では、北条氏と古河公方家との政治関係において、それを媒介した取次の検出とその時期的変遷について検討した。具体的な成果については各節の最後にまとめたところであるが、それらをもとにすると、両氏の関係は大永四年（一五二四）から天正年間までの長きにわたっているなか、取次関係にも時期的変遷が存在すること、なかでも北条氏の姻戚にあたる公方義氏の時期についても、幾多の変遷がみられていることについてはあらためて注意される。それは、両氏の関係の展開が、決して平板なものではなかったことをあらためて認識させるものとなる。今後、両氏の関係とその展開の有り様については、そのことを踏まえながら追究をすすめていく必要があると考えられる。

註

（1）佐藤博信「足利晴氏・義氏とその時代―後北条氏との関係を中心として―」「北条氏照に関する考察―古河公方足利義氏との関係を中心として―」（同著『古河公方足利氏の研究』校倉書房、一九八九年）・長塚孝「足利義氏政権に関する考察」（『駒沢大学史学論集』一五号、一九八五年）など。

（2）戦古～は、『戦国遺文　古河公方編』所収文書番号を示す。以下、同じ。

（3）北条氏と扇谷上杉氏をめぐる政治状況については、拙稿「戦国期扇谷上杉氏の政治動向―朝良・朝興を中心として―」（拙著『戦国期東国の大名と国衆』岩田書院、二〇〇一年）を参照。

（4）北条氏宿老遠山氏の政治動向については、拙稿「江戸城将遠山氏に関する考察」（拙著『戦国大名北条氏の領国支配』岩田書院、一九九五年）を参照。

（5）岩付城主渋江氏の動向については、拙稿「扇谷上杉氏と渋江氏―岩付城との関係を中心に―」（註3拙著所収）を参照。なお岩付城没落後に北条氏に従った存在として、具体的には江戸衆豹徳軒の可能性があると考えている。なお同人は、これまでは扇谷上杉氏旧臣上田氏の一族ととらえられていた。具体的な考証は後日を期したい。

（6）戦北～は、『戦国遺文　後北条氏編』所収文書番号を示す。以下、同じ。

（7）公方家宿老簗田氏の政治動向については、佐藤博信「簗田氏の研究」（註1同著所収）・長塚孝「戦国期の簗田氏について」（『駒沢史学』三一号、一九八四年）を参照。
（8）江戸太田氏およびその同心太田越前守との関係については、拙稿「江戸太田康資の考察」（拙著『戦国大名領国の支配構造』岩田書院、一九九七年）を参照。
（9）取次における階層性については、拙稿「戦国大名北条氏の他国衆統制（一）—「指南」「小指南」を中心として—」（前註拙著所収）を参照。
（10）足利義氏の御座所の変遷については、拙稿「足利義氏と小田原北条氏」（特別展図録『関東戦乱—戦国を駆け抜けた葛西城—』葛飾区郷土と天文の博物館、二〇〇七年）を参照。
（11）久野北条氏の政治動向については、拙稿「久野北条氏に関する一考察—北条宗哲とその族縁関係を中心として—」（註4拙著所収）を参照。
（12）公方奉公衆豊前氏の動向については、佐藤博信「豊前氏の研究」（註1同著所収）・萩原竜夫「豊前氏と後北条氏」（同著『中世東国武士団と宗教文化』岩田書院、二〇〇七年）を参照。
（13）佐藤博信「古河公方領に関する考察—『葛西様御領』をめぐって—」（註1同著所収）。
（14）北条為昌の支配領域とその後の変遷については、拙稿「北条為昌の支配領域に関する考察」（註4拙著所収）を参照。
（15）なお註(12)佐藤論文は、豊前山城守と左京亮の関係について、別系統と理解しているが、所見状況から判断して、同一家系ととらえるのが妥当と考える。
（16）この点については、拙稿「武蔵千葉氏補考」（註8拙著所収）を参照。
（17）なお北条氏照の義氏後見化の契機について、註(1)佐藤論文は永禄十一年の氏照の下総栗橋城主化ととらえている。しかし天正二年まで両者の具体的な関係が確認されない以上、それはあくまでも仮説にとどまる。また後見化の背景として栗橋城主化を重視するにしても、最終的に北条氏に帰属した元亀三年以降にあたると考えるべきであろう。

足利義氏の元服式

平野　明夫

はじめに

元服とは、垂れ髪に童服（子供用の服）を着ていた童子が、頭髪を調えて被り物をかぶり、成人の服を着て、大人の仲間入りをする儀式である。もともと元服の「元」は首（こうべ）・頭の意味で、「服」は文字通り服装のことであるので、文字の意味からしても、そうした儀式であるといえる。したがって、元服は、個人の人生儀礼である。ところが、きわめて社会的な意味合いを持っていた。村社会にあっては、村の一員となるための通過儀礼であった。それが、権力者あるいは権力者の子供、とくに嫡子の元服となると、政治的状況を如実に反映するものであった。政治的性格の強い儀式であったといえる。(1) したがって、古河公方足利義氏の元服を検討することによって、当時の義氏をとりまく政治状況の一端が明確になろう。そうした点に留意しつつ、義氏の元服について検証していきたい。

歴史学における元服に関する研究を概観すると、古代の天皇元服を対象とする研究から始まり、古代の公家へ対象が広がり、足利将軍家、徳川将軍家と、対象が拡大していったといえる。

その嚆矢に位置付けられるのは、中村義雄「元服儀礼の研究―天皇元服について―」（『二松学舎大学論集』昭和四十年度、昭和四十一年）で、古代の天皇元服を対象として、式次第、祝詞、元服後の服装、月日について、日本と中国の儀式書を比較する。それによって、その受容の状況を述べている。その他中村は、『王朝の風俗と文学』（塙書房、昭和三十七年）において、古代の天皇・公家の元服事例を収集し、年齢、日時について分析し、天皇元服の式次第を儀式書に基づき解説した。

服藤早苗『家成立史の研究』（校倉書房、平成三年）は、家成立過程を論じるために、元服を取り上げている。「古代子ども論覚書―元服の諸相―」（初出昭和六十三年）は、成人の視覚的標識および元服年齢を検討し、「元服と家の成立過程―平安貴族の元服と叙位―」（初出平成元年）は、平安貴族の元服に際して与えられる叙位を検討して、家の成立過程に対応して子どもの元服に際して与えられる種々の権利が大きく変遷することを述べる。「転換期における王権と元服―身分秩序の転換―」（初出昭和六十三年）は、元服時の参列者、叙爵、名簿捧呈と冠下賜を検討したものである。いずれも、平安期の公家が中心対象である。

二木謙一『中世武家の作法』（吉川弘文館、平成十一年）は、第四「人生儀礼の作法」三「成人祝」として、元服儀礼の発達の過程を概観し、足利将軍家の元服、ついで徳川将軍家の元服を見て、最後に女子の元服にあたる鬢曽木《びんそぎ》について概説する。足利将軍家・徳川将軍家の元服では、足利義満・義教・義輝および徳川家綱の元服について、その次第を記した元服記を解説している。

森茂暁「足利将軍の元服―足利義満より同義教に至る―」（前掲、初出平成十五年）は、足利義満・義持・義嗣・義量・義教の元服について、加冠・理髪・打乱《うちみだり》・泔坏《ゆするつき》の諸役者および刻限を比較し、いずれも一定しておらず、幕府内の政治状況や力関係に規定されつつ、武家の儀と公家の儀との間を漂っていたと結論づけている。

菅原正子「男子の成長と儀礼」（同『中世武家と公家の「家」』吉川弘文館、平成十九年、初出平成十五年）は、公家の男子の人生儀礼を考察した中で、元服を取り上げ、山科言継を事例に、理髪・加冠・参会者を見るとともに、元服年齢と元服時叙爵について検討している。

野田浩子「徳川将軍家元服儀礼と加冠役井伊家」(『彦根城博物館 研究紀要』第一七号、平成十八年)は、徳川将軍家の元服では、加冠役を井伊家が、理髪役を会津松平家が代々つとめたことを述べたうえで、式の準備、式次第、式後の老中招請について検討し、行事遂行に対する意識の時代的変化を指摘する。

阿部綾子「将軍元服儀礼における加冠・理髪役について」(『福島県立博物館紀要』第二一号、平成十九年)は、まず会津松平家が代々つとめた理髪役を理解する前提として、足利将軍家の元服における加冠・理髪役について検討し、徳川将軍家の元服式が加冠役の家、理髪役の家を固定化することに足利将軍家との違いを見いだす。そして、家綱の元服を「御元服記」によって見たあとで、理髪役に対する会津松平家の意識を検討する。最後に、徳川将軍家の元服式の特徴として定例化を指摘する。

大藤修「秋田藩佐竹家子女の人生儀礼と名前—徳川将軍家と比較して—」(『国立歴史民俗博物館研究報告』第一四一集、平成二十年)は、近世秋田藩主佐竹家を事例として、人生儀礼を構成する諸儀礼を個別にではなく、一連のものとして系統的に分析する。そのなかで、元服についても取り上げ、加冠役・列席者の規模・氏神八幡宮との結び付きについて論究している。

これら元服の研究で重視されているのは、加冠役と理髪役である。とくに加冠役は、すでに中村義雄『王朝の風俗と文学』で、最も重要な役と指摘され、その後も踏襲されている(2)。

古河公方研究においては、佐藤博信「足利藤氏元服次第のこと」(同『中世東国の支配構造』思文閣出版、平成元年、初出昭和六十一年)があり、藤氏の元服に際しての偏諱拝領の手続きが、関東管領上杉氏—越後守護代長尾氏の手づるで行なわれたことを指摘する。その後、『総和町史 通史編 原始・古代・中世』(総和町、平成十七年、盛本昌広執筆分)が、晴氏・義氏の元服に論及し、それぞれの元服次第について、簗田氏を中心とした解説を行なっている。そのなかで、義氏の元服については、元服式の場所を問題としてとりあげ、元服式の場を葛西ではなく、鎌倉と推定している。

このように、足利義氏の元服に関する研究は、元服次第の解説にとどまっている感がある。そのため、他の元服事例との比較に基づく、位置づけが行なわれていない。少なくとも、同じく古河公方の晴氏や、鎌倉公方の元服式との比較を行なわなければならない。儀式・儀礼研究には、比較が必要不可欠の方法であろう。儀式・儀礼は、対象のみを追究しても本質は見えずらい。そのため、儀式・儀礼研究は意味のないものと捉えられがちである。しかし、儀式・儀礼研究によって、そこに参加する者の政治的立場を示すことができる。その立場は、当該儀式・儀礼のみを追究していたのでは鮮明にならない。比較によって、役職の立場が鮮明になるのである。

こうした分析が可能となる根底には、当事者が儀式・儀礼上の役職を必要とした意識がある。ある役職をつとめることによって、自らの立場を示すことができると捉えられていたからこそ、儀式・儀礼は成り立っていた。当事者たちのそうした意識がなければ、儀式・儀礼研究は成立しないであろう。

こうした点をふまえて、足利義氏の元服について検討する。義氏の元服について考えるには、義氏の元服の様相を理解しなければならない。そこで、まず義氏の元服を復元し、義氏元服式の特徴を検出する。つぎに復元した義氏元服式を基として、役者と列席者に視点をあてて、義氏元服式の人的な特質を考える。そして、これらの検証によって得られた事実によって、足利義氏と北条氏康の関係を考察する。これらを通して、義氏元服時の政治状況・権力の一端を明らかにしたい。

一　義氏元服式

ここでは、まず義氏元服式を復元する。復元に際して使用する主な史料は、義氏の元服に関する記録である「義氏様御元服之次第」（國學院大學図書館所蔵）[3]、晴氏の元服に関する記録である「足利晴氏元服次第記」（野田千弘家文書）[4]、持氏の元服事例を中心に鎌倉公方の元服について記した「殿中以下年中行事」[5]である。「義氏様御元服之次第」を基に、「足利晴氏元服次第記」「殿中以下年中行事」で補うことによって義氏の元服式を復元する。なお、以下では、煩雑を避けるため、これらの史料に基づく際には、典拠を省略する場合がある。

鎌倉公方および、その後裔である古河公方の元服に際しては、室町将軍から一字を拝領することが恒例であった。「殿中以下年中行事」に「公方様御元服ノ事、京都様へ以使節御一字ヲ御申、御代々嘉例也」と記されており、義氏も例外ではなく、関連文書が三点管見に触れている。

十月十六日付け近衛（稙家）宛足利義輝書状（喜連川文書[6]）は、近衛稙家に対して、義氏へ一字を与えるので、義氏に伝えることを依頼したものである。同日付け梅千代王丸（足利義氏）宛近衛稙家書状（喜連川文書[7]）は、将軍義輝への一字拝領を取り次いだところ、将軍が応えて、自筆で遣わしたと、義氏へ知らせたものである。そして、十月二十日付け近衛（稙家）宛足利義輝書状（喜連川文書[8]）が、一字の礼として太刀・馬・青銅が届いたことへの礼を述べ、返礼として太刀を送ることを、義氏へ伝えることを依頼したものである。

これらの文書によって、すでに栗原修「関東管領山内上杉氏の復活と簗田氏」（『野田市史研究』第一三号、平成十四年）、木下聡「鎌倉府と古河公方」（『関東戦乱―戦国を駆け抜けた葛西城―』）が述べているように、古河公方―北条氏―近衛氏―幕府というルートが想定できる。足利義氏と、その保護者である北条氏康は、近衛稙家を通じて、将軍足利義輝から偏諱を受けたのである。

当日の儀式は、北条氏康が理髪役をつとめた。「義氏様御元服之次第」に、御理髪として「北条左京大夫氏康」とあり、「公方様」との文字位置から、義氏の左前方に座したと捉えられる。

「足利晴氏元服次第記」では、「管領代官長尾新五郎参上、御具足先奏者簗田方へ相渡、御字計御遠侍へ持参申」と、管領上杉憲寛の代官長尾新五郎憲長が参上して、具足を先に奏者の簗田高助へ渡し、将軍の一字書出のみを遠侍まで持参したとある。遠侍と晴氏の座所との位置関係が不明ながら、「足利晴氏元服次第記」の最後に、遠侍で猿楽があったことが記されているので、公方が足を運ぶ場所であったと考えられ、近い位置であったと推測される。そして、長尾憲長が一字書出を遠侍まで持参した記述のあとに、「長新、御祝言以前御対面」とあるので、元服式に先立って、管領上杉憲寛の代官長尾憲長が足利晴氏と対面したことがわかる。状況から見て、一字書出を長尾憲長が晴氏へ渡したと考えられる。つまり、管領代官が一字書出を持参し、当事者（古河公方嫡子）へ渡したのである。

晴氏の場合、一字授与などの交渉が、古河公方―関東管領山内上杉氏（―代官長尾憲長）―越後上杉氏（越後守護代長尾為景）―幕府というルートで行なわれた。(9) そのために長尾憲長が管領代官として一字書出を持参したと捉えられる。義氏の場合、山内上杉氏を介していないので、管領・管領代官が持参する必要はないと捉えられる。したがって、義氏への一字書出の披露者は、不明である。

「義氏様御元服之次第」では、氏康が、どのようなことを行なったかは記されていないので、その行動は正確にはわからない。ただし、持氏・晴氏の元服式によって、推測することは可能である。

晴氏の元服に際しては、理髪役の本間近江守が、「御もとゆいのうへを紫の糸をもつてゆいはやし被申」と、元結の上に紫の糸で映えるようにしたとある。持氏元服の際には、理髪役の本間遠江守季綱が、「御鬢ヲハ鋏ヲ以テ夾申也、御髻ヲハ下ヲ紙ヨリニテシメ申テ、其上ヲ紫ノ組ノ平ヲ以菱ニ上下ニ一重ツヽ、結テ七節可結申、七節メヲハ、二重ニ解ヌ様ニ結テ可留申」と、持氏の鬢《びん》をハサミで切って髻《もとゆい》の下を紙縒でしめ、その上を紫の平組紐で、菱の形に上下一重ずつ結び、七節結ぶ。七節目は二重にして解けないように結んだとある。このように、元結に紫の紐を結ぶのが、理髪役の基本行動である。(10)

この後に、烏帽子を被せる。その役者が加冠役である。晴氏の場合、「後、別人御もとゆいにまいり、従京都之御烏帽子めさるゝなり」とあるので、理髪役の本間近江守とは別人が烏帽子を被せた。持氏の場合、「其後御立烏帽子ヲ取テ」と続くので、本間季綱が引き続きつとめたようにも読める。義氏の場合、晴氏の事例からすると、氏康以外の人が行なったと考えられる。(11)

烏帽子を被った後に装束を、大人の装束に替えたことが、「殿中以下年中行事」に記されている。(12) 晴氏・義氏の場合は、明記されていないものの、同様に、装束を改めたと考えられる。

装束を改めると、表での祝宴となる。その場について、「殿中以下年中行事」は「面ノ御妻戸ノ間」と記し、「足利晴氏元服次第記」は「二重二間之御座」と記す。足利義輝の場合も、二重二間の座であった。大きさは、南北三間、東西二間で、周りに畳を敷いて中が通路になり、この道の西側に御簾がかけられる。御座が東の縁にあり、その後ろにも御簾がかけられる（「光源院殿御元服記」[13]）。この場合の表は、二重二間の中央と考えられる。持氏の場合、元服式が常の御所[14]で行なわれた可能性が高く、晴氏が臨時の御所と想定され、義輝が臨時の御所であったことを考慮すると、義氏の場合、葛西城で挙行したと考えられる（後述）ので、臨時の御所と捉えられ、二重二間の座であったと想定される。

「義氏様御元服之次第」の「初献御荷用之次第」から「三献御荷用之次第」までは、この表での祝宴を記したものと理解できる。荷用は、配膳・給仕のことであるので、式三献の状況を記したものである。なお、持氏・晴氏とも、同様に、三献があったことが記されている。

初献は、飯を佐々木左衛門尉が、盃を本間孫三郎が、それぞれ義氏の前へ運び、酌を佐々木源五郎が行なった。飯は、「足利晴氏元服次第記」に強飯[15]で、晴氏が箸をつけたとあるので、義氏に出されたのも、強飯であり、義氏も食したと思われる。なお、晴氏の場合、式三献が過ぎてから強飯を食しており、室町将軍の元服では、義教が管領との三献の前（管領着座以前）に、飯・贄などを食している[16]。飯の時は、不定であったことが窺える。酌は、「義氏様御元服之次第」に「三々九度之御祝言」という文言が記されているので、祝言での酒の注ぎ方であったと考えられる[17]。初献の時、氏康が弓と箙を進上し、義氏が太刀を自ら返している。

二献目は、飯を簗田平二郎が、盃を佐々木源七郎が、それぞれ義氏の前へ運び、酌を簗田次郎が行なった。この時、甲と鎧が進上された。先に梶原平七が進上し、後に北条藤菊丸（氏照）が進上した。腰物（佩刀）を義氏が自ら返した。

三献目は、飯を印東大膳亮が、盃を高彦四郎が、それぞれ義氏の前へ運んだ。酌は、簗田右馬允氏助が持ってきた銚子を氏康が受け取って義氏へ酌をし、その後簗田中務大輔晴助が銚子を受け取って義氏の前に置き、その銚子を義氏が手にとって、氏康へ酌をした。つまり、三献目は氏康が義氏へ酌をし、その後義氏が氏康へ酌をしたことになる。そして、氏康から、大原実守作の太刀と一文字則宗作の腰物が進上された。氏康は、これらを持参し、お返しとして、馬が下された。

ここまでが、表の祝宴である。「義氏様御元服之次第」は、この後に、「氏康指南者簗田」と記している。『総和町史　通史編　原始・古代・中世』は、三献目の氏康による太刀進上の指南を簗田晴助が行なったと解説している。しかし、「三々九度之御祝言如斯」の後に記されているので、理髪・表の祝宴における氏康の役全般にわたって、簗田晴助が指南したと解釈すべきであろう。

表の祝宴終了後、内座で、義氏自ら氏康へ酒を下されている。この時、氏康は太刀を進上した。この太刀は、一文字助宗の作で、七尾という名があり、京都ではあらなみ（荒波カ）ともいったと記されている。

この後に、「御宿老中御座御祝言之次第」として、後宴の次第が記される。場所についての記載はない。晴氏の場合も場所は不明である。ちなみに、「殿中以下年中行事」は、十二間之御座で行なったとしている。

一番御座は、義氏の左に一色直朝・佐々木・町野が、右に野田・梶原・印東が座した。本来であれば、これに二階堂・植野が加わっていた。(18) 配膳・給仕は、飯を佐々木左衛門尉、盃を簗田平三郎が運び、酌は簗田次郎がつとめた。そして、「進上御太刀・御馬何茂同前」と、太刀と馬がいずれも前と同じように進上されたとある。「足利晴氏元服次第記」には、進上物のことが記されていないものの、「殿中以下年中行事」は、「役人管領宿老中ハ御剣・御馬等進上、依其分限御剣計進上之方々アリ、又被下之」(19)と、役人・管領・宿老が剣と馬を進上し、分相応によって剣のみを進上した者もいたとしているので、義氏の場合も、参会者六名が、太刀と馬を晴氏以前の元服式と同様に送ったと解釈される。なお、「殿中以下年中行事」は、返礼があったとするものの、義氏の場合は、返礼について記されておらず、義氏からの返礼はなかったかと思われる。

二番御座は、義氏の左に畠山・小笠原が、右に野田・簗田平三郎が座した。配膳・給仕は、飯を佐々木源七郎、盃を簗田平七郎が運び、酌は佐々木源五郎がつとめた。太刀と馬がいずれも前と同じように進上された。

三番御座は、義氏の対面に簗田晴助が座した。配膳・給仕は、飯を印東大膳亮、盃を佐々木源六郎が運び、酌は権木治部少輔(本名は二階堂)がつとめた。太刀と馬がいずれも前と同じように進上された。

以上で、後宴が終了し、義氏の元服式は終わった。

晴氏の場合、元服式の翌日、御判始が行なわれた。義氏の場合、天文二十四年(弘治元年・一五五五)十一月二十二日付けの吉書が二通残されている(喜連川文書)[20]。もし、晴氏と同様に判始を元服式の翌日に行なったならば、義氏の元服式は、弘治元年十一月二十一日に挙行されたことになる[21]。しかし、「殿中以下年中行事」では、元服式の翌日に判始を行なうとはしていない。また、室町将軍の事例でも、必ずしも元服式の翌日に判始が行なわれていない。吉書を出しているということは、十一月二十二日が元服後であることはまちがいない。また、(弘治元年)霜月十一日付け鑁阿寺衆中宛梅千代王丸巻数請取状(鑁阿寺文書[22])が、「梅千代王丸」と幼名で出されているので、十一月十一日までは元服していない。したがって、元服式の日取りは、弘治元年十一月十二日から二十一日の間である。

なお、「殿中以下年中行事」が元服式後一両日中に行なうとしているのは、鶴岡八幡宮社参である。義氏の場合、永禄元年(一五五八)四月十日に参詣しており(「鎌倉公方御社参次第」)、「殿中以下年中行事」の記述とは異なっている。これは、義氏の元服式が、鎌倉ではなく、元服当時の御座所であった葛西城で行なわれたためであろう。鎌倉で挙行したならば、一両日中に鶴岡八幡宮へ参詣したと想像される。

以上、義氏の元服式を復元した。このなかで特徴的なのは、表の祝宴と後宴との間に、内座で、義氏自ら氏康へ酒を下されたことである。これは、晴氏の元服式のみでなく、他の元服式では見られない。こうした場が設定された理由は、氏康が、後宴に出席できないことによるのではなかろうか。そこで、義氏が氏康の労をねぎらうために、特別に設けられたと考えられる。

もしそうであるならば、氏康の古河公方家内における立場を示すとともに、元服式の構造をも示していることになる。それについては、役者・列席者に基づく検討が必要であるので、つぎに役者・列席者について考察する。

二　役者・列席者

ここでは、義氏元服式における役者と列席者に着目する。

義氏元服式における役者としては、理髪役の北条氏康が、最初に記されている。したがって、加冠役は記されていない。これは、元服式では加冠役が重視されているとした先行研究の指摘と異なっているといえる。義氏以前の状況を見ると、晴氏元服式では、加冠を理髪役の本間近江守と別人が行なったとあり、持氏の場合、理髪役の本間季綱が行なったようにも読めるものの、「殿中以下年中行事」には加冠とは記されていない。関東足利氏の元服式では、加冠役が重視されていなかったといえよう。

加冠役を重視しない淵源は、鎌倉幕府にあるといえる。鎌倉幕府の将軍・執権の元服を見ると、建仁三年（一二〇三）十月八日に行なわれた将軍源実朝の元服式では、理髪を執権北条時政がつとめ、加冠を平賀義信がつとめている。この時には、理髪と加冠が分かれていた。それが、嘉禄元年（一二二五）十二月二十九日の将軍藤原頼経の元服には、執権北条泰時が理髪・加冠ともにつとめ、寛元二年（一二四四）四月二十一日の将軍嫡子藤原頼嗣の元服では、執権北条経時が理髪・加冠ともにつとめている。摂家将軍では、理髪と加冠の区別がなくなっている。そして、建治三年（一二七七）十二月二日の得宗嫡子北条貞時の元服では、引付頭人北条宗政が理髪役をつとめたことは明記されているものの、加冠役は誰がつとめたか記されていない。(23) 加冠役が重役との認識が、なくなっている。

鎌倉幕府においても、当初は加冠役がある程度重視されていたものの、理髪役と同化し、のちには理髪役のみが重視されるようになるといった変遷をたどったことがわかる。このように見てくると、関東における元服式では加冠役が重視されてこなかったといえる。このことは、書札礼にも関東独自の表現が見られること(24)と相俟って、関東における礼の表現が独自に発展したことを示している。

関東においては、加冠役は単に烏帽子を頭に被せるだけの役でしかなくなっていた。関東における礼の表現を継承した関東足利氏の元服式では、加冠役を考証する必要がないと判断される。

北条氏康がつとめた理髪役を、「殿中以下年中行事」「足利晴氏元服次第記」によって見ると、足利氏満の子である満兼・満直・満貞の元服では、いずれも海老名式部丞がつとめ、持氏元服の時は本間遠江守季綱が、晴氏元服式では本間近江守がつとめている。「殿中以下年中行事」に、満兼の元服に海老名式部丞が理髪役をつとめたのは、季高（「殿中以下年中行事」筆者）養祖父の修理亮季長が若年であり、そのために式部丞が甥修理亮の代わりに理髪役をつとめたとある。関東足利氏の元服に際しての理髪役は、本来、海老名氏がつとめる役であったことが窺える。そして、持氏以降は本間氏がつとめるようになったと考えられる。

海老名氏は、相模国高座郡海老名郷（神奈川県海老名市）を本貫地とする鎌倉御家人の出身で、すでに鎌倉末期から足利氏の被官であった。鎌倉府では御所奉行八名のうちの一人である[25]。御所奉行は、御所内、殿中の諸事を執り行なう職掌と捉えられており[26]、より具体的な職掌としては、公方の供奉、公方の使節、軍事指揮者、訴訟の取次・披露、巻数の請取が、抽出されている[27]。その立場は、鎌倉府奉公衆の上位に位置付けられるとされている[28]。関東足利氏の家としての機能を担う中枢に位置したのが、鎌倉御所奉行と捉えられる。換言すれば、関東足利氏の側近中の側近といえよう。

持氏・晴氏の元服式で理髪役をつとめた本間氏は、海老名季貞の子義忠（能忠とも）を始祖とし、相模国愛甲郡依智郷（神奈川県厚木市）を本拠とする鎌倉御家人の出身で、鎌倉府の御所奉行のうちの一人である。鶴岡八幡宮供僧中納言律師公信は、本間周防守の実子で、持氏の元服式に理髪役をつとめた季綱の養子として入寺した[29]。そのことに季綱の勢力が暗示されるとされ、持氏の重臣と位置付けられている[30]。本間氏の儀礼的な活躍を重視し、本間氏がそれを専門職能としたと捉え、季綱の活躍を専門職能に基づくと捉える見解もある[31]。しかし、儀礼的場での活躍を儀礼の場でのみ理解するのは正しくないであろう。儀礼的場は、本来、力の象徴として表現される場である。したがって、本間季綱の場合、満兼期以来の鎌倉府内部における立場を反映するものと捉えるのが妥当と思われる。

なお、「殿中以下年中行事」では、管領から進上された剣・鎧・弓・征矢・沓・行縢・鞍置馬一匹・裸馬一匹の請取役は、馬を厩別当が、剣を御一家が、弓・征矢を海老名氏が、沓・行縢を本間氏がつとめることに定まっていた。具足については、請取役は定まっていないとある。ここにも、海老名・本間両氏の立場が示されている。

このように海老名氏・本間氏の立場を理解すると、関東足利氏における理髪役は、側近の実力者と捉えられる。

義氏元服式における理髪役以外の役者を氏族別に見ると、表の祝宴では、北条氏が氏康（三献目酌）、簗田氏が平二郎（二献目飯）・次郎（二献目酌）・氏助（三献目酌）・晴助（三献目酌）、佐々木氏が左衛門尉（初献飯）・源五郎（初献酌）・源七郎（二献目盃）、本間氏が孫三郎（初献盃）、印東氏が大膳亮（三献目飯）、高氏が彦四郎（三献目盃）となる。後宴では、簗田氏が平二郎（一番御座飯）・次郎（一番御座酌）・平七郎（二番御座盃）、佐々木氏が源五郎（二番御座酌）・源七郎（一番御座盃・二番御座飯）・源六郎（三番御座盃）、印東氏が大膳亮（三番御座飯）、権木氏（本名は二階堂）が治部少輔（三番御座酌）となる。表の祝宴のみが、北条氏康、簗田氏助・晴助、佐々木左衛門尉、本間孫三郎、高彦四郎であり、後宴のみが、簗田平七郎、佐々木源六郎、権木治部少輔である。両方に加わっているのは、簗田平二郎・次郎、佐々木源五郎・源七郎、印東大膳亮である。

義氏元服式における役者は、このように分析することができる。ところが、「足利晴氏元服次第記」は「御荷用之人数」として、梶原五郎・同信濃守・同右京亮・佐々木松五郎・同源五・本間民部少輔・同修理亮・木戸兵部少輔・簗田右京亮・同右衛門尉・海老名右衛門尉・佐野大炊助・小笠原源三・殖野玄蕃・同隼人を記すのみで、それぞれの役を記しておらず、「殿中以下年中行事」にも具体的な記述がない。そのため、比較ができず、それぞれの役の意義について追究することができない。したがって、ここでは提示にとどめざるを得ない。

義氏元服式の列席者は、表の祝宴では、それとして明記されていない。ただし、物の進上者は記されており、状況からして、進上者が列席者と捉えられる。そうすると、表の祝宴初献では北条氏康が弓・箙を進上しているので氏康が列席していたことになり、二献では甲・鎧を進上した梶原平七・北条氏照、三献では太刀・腰物を進上した北条氏康が列席者となる。後宴一番御座は一色直朝・佐々木・町野・野田・梶原・印東、二番御座は畠山・小笠原・野田・簗田平三郎、三番御座は簗田晴助が、それぞれ列席した。晴氏元服式の場合は、表の祝宴での列席者は記されていない。後宴の列席者は、初献が一色直朝・野田・佐々木・二階堂・梶原・海老名・簗田・本間・印東、二献が町野淡路守・殖野中務大輔・野田式部大夫、三献が畠山・佐野である。

『総和町史　通史編　原始・古代・中世』は、晴氏元服式の列席者を解説して、初献参会者を長老クラスとし、二献参会者・三献参会者はワンランク落ちる地位にあったとする。しかし、これは正しいであろうか。そうすると、義氏元服式での列席者は、簗田晴助よりも平三郎の方が格上になる。これは常識的に考えて、誤りといわざるをえない。

実は、式三献における酌を父子三人でつとめる時は、初献を三郎子、二献を次郎子、三献を太郎子がつとめ、父は引出物の役を行なう。そうでなければ、三献目の酌を父が行なうとされていた（「了俊大草紙」[32]）。つまり、式三献では、三献目が最上位クラスとなる。このように捉えることによって、北条氏康・簗田晴助は、それぞれの最上位者となり、矛盾がない。最上位者であるからこそ、単独での同席となったのであろう。

表の祝宴は、義氏の場合、北条氏康・氏照、梶原平七の三人が、列席している。氏康は、初献と三献目の二度、単独で列席しており、表の祝宴における氏康の重要度を示している。そして、二献目には氏康の次男氏照が列席している。これについては、氏照が、のちに足利義氏の後見役をつとめるようになるので、氏照の義氏後見が当初より予定されていたためと捉えられている[33]。なお、関東足利氏の場合、義氏以外では、表の祝宴への列席者が見られない。このことは、表の祝宴が、本来元服者のみによる三献の儀式であったことを示唆している。

後宴の列席者について「殿中以下年中行事」は、「管領ヲ為始諸宿老并役人皆祗候」と、管領をはじめとする宿老および役人が全員祗候したという。また、「国ニ被渡奉公外様モ御祝言被申上」と、在国の奉公（いわゆる奉公衆か）・外様も祝言を申し上げたとあるので、彼らは式へ列席していない。「足利晴氏元服次第記」では、「互問答あつて長新宿老中へ不罷出」と、管領上杉憲寛の代官長尾憲長は、問答の結果、宿老中へは出仕しなかったとある。このことは、管領であれば出仕した可能性を示唆している。したがって、後宴の列席者は、管領を含む宿老と役人に限定されていたと捉えられる。なお、晴氏元服式で理髪役をつとめた本間近江守が、後宴に列席したかは定かでない。初献に本間とあるものの、本間近江守かは確定できない。あるいは、理髪役は後宴に列席しなかったのかもしれない。

義氏の場合も、宿老であったと考えられる。特定できるのは一色直朝と簗田晴助のみながら、二番御座の小笠原以外は、いずれも晴氏元服式の後宴への列席者と同苗であり、晴氏元服式の荷用の人数の中には小笠原源三が見られる。列席者に、古河公方家臣以外の苗字を見いだせないのである。これによって、義氏元服式後宴の列席者は、古河公方家宿老であったといえる。

三　足利義氏と北条氏康の関係

ここまで、弘治元年十一月に行なわれた足利義氏元服式を復元し、役者・列席者について検証した。その結果、元服式が、烏帽子を被せる儀式、表の祝宴、後宴という三部構成であることが明らかになった。また、関東足利氏の元服式では、加冠役は重視されておらず、それは鎌倉幕府以来の関東における礼の表現の特殊性を示す一つであり、義氏も踏襲しているとした。そして、理髪役は側近の実力者がつとめる役であり、表の祝宴は本来元服者のみによる儀式であり、後宴は管領を含む宿老が列席するものの、理髪役は列席しなかった可能性があることを指摘した。

ここでは、こうした事実を基に、当時の足利義氏をめぐる権力について考察する。

まずは、元服式の時期について検討する。義氏の元服式が行なわれたのは、弘治元年十一月十二日から二十一日の間である。北条氏康にとっては、この時期に義氏元服式を挙行しなければならない事情があった。足利晴氏の挙兵である。

足利晴氏は、北条氏康の圧力のために、嫡子藤氏を廃嫡して、天文二十一年十二月十二日、義氏へ家督を譲渡した。その後（天文二十二年五月頃）、義氏の葛西城移座に伴い、葛西城へ同行していた。ところが、天文二十三年七月二十四日、晴氏と藤氏は、葛西城から元の本拠である古河城へ勝手に入部し、氏康に反旗を翻した。氏康は、公方御一家の一色氏、宿老簗田氏・野田氏らを味方とするなど、古河公方勢力を分裂させて古河城を攻撃し、十一月初め頃には終息させた(34)。

この事件が、家督を継承したものの、いまだ元服していなかった義氏を、元服させなければならないと、氏康に決意させたと想定される。晴氏・藤氏らに対抗するには、義氏も成人でなければならないと判断したのであろう。晴氏挙兵を契機として義氏元服の準備を進め、鎮圧直後に元服式を挙行したと考えられる。

つぎに、式の特徴に基づき考察する。義氏元服式で特徴的なのは、表の祝宴と後宴との間に、内座で、義氏自ら氏康へ酒を下されたことである。これは、他の元服式では見られない。こうした場が設定された理由は、氏康が、古河公方家宿老による後宴に出席できないことによるのではなかろうか。それは、表の祝宴と後宴の性格的な違いに基づいているのであろう。表の祝宴は、本来元服者のみによる三献の儀式であるので、個人の場である。そして、後宴は、古河公方家宿老が列席しているので、家の場である。個人の場である表の祝宴への列席となるので、氏康・氏照の列席は、北条氏による元服式であることを、より強く誇示するものといえよう(35)。そして、後宴が古河公方家宿老による家の場であるため、古河公方家宿老ではない氏康は参加できない。北条氏康は、古河公方家宿老には加わっていない。あるいは加われない存在であったといえる。

この元服式については、公方の伯父にあたる北条氏康の後見の下で執り行なわれた。氏康は関東公方の継承に関わる儀式を取り仕切ることにより、関東公方の権威を手中にしていることを内外にアピールしたのである。そして新公方の下、氏康は父氏綱同様に、自らを関東管領に擬するという方策を採っていくとの評価がある(36)。

また、この元服式は、簗田・一色・野田などの「宿老中」を中核とした内なる儀式に「伯父」「従兄弟」の氏康・

氏照父子が参加するという形態であり、これが当時の古河公方と北条氏の権力関係の表現であったとの指摘もある(37)。

ここで注意しなければならないのは、氏康がつとめたのは、理髪役だということである。理髪役は、元服式の最重要役ながら、儀式を取り仕切る役とは言い難い。ましてや、氏康は簗田晴助に指南を受けているのである。理髪役が公方側近の実力者がつとめる役であることを考慮するならば、むしろ公方足利義氏との一体性によって、その権威を掌握したと捉えるべきであろう。

そして、理髪役をつとめるのは、管領ではない。また、管領は後宴に列席するものである。管領は、式前と後宴に出仕し、理髪役などの役はつとめないというのが、関東足利氏のあり方と捉えられる。このことからすると、この時点での氏康は、自らを管領に擬することをしていないといえる。

氏康の父氏綱は、天文七年十月のいわゆる第一次国府台合戦勝利の勲功として、晴氏からその御内書で、関東管領職に補任された。本来、室町将軍によって補任される関東管領職は、享徳の乱後、鎌倉府崩壊によって、関東武家勢力における政治的地位を示すものとなっており、関東管領職を家職としていた山内上杉氏の家督と一体化したものとなっていた。そして、この後、北条氏も代々管領の地位を認められ、「管領家」として存続していくとされている(38)。

このことからすると、氏康は、父氏綱が天文十年七月十七日に死去して家督を継承した時点で、関東管領職をも継承するのが自然であろう。ところが、義氏元服式に見える氏康の行動は、管領の行動ではない。儀式上で管領の行動をしていなければ、他者から管領とは認められない。氏康は、家督継承時に、関東管領職を継承しておらず、少なくとも弘治元年の義氏元服時点で関東管領職に就任していなかったのである。このことは、氏康の場合、氏綱のような関東管領職補任を示す同時代史料がないことと相俟って、氏康の関東管領職就任を疑わせる。

また、北条氏宛古河公方発給文書の書札礼が管領宛の書札礼と同様であることによって、北条氏を管領と捉える見解もある(39)。しかし、書札礼は、発給者と受給者の格差によって選択されるもので、役職によって決められるものではない。北条氏宛古河公方発給文書の書札礼が管領宛書札礼と同様であることは、北条氏が古河公方に管領と同格と認識されていたことは証明できても、北条氏が管領に就任していることの証明にはならない。

永禄十二年、越相同盟交渉の際に氏康は、上杉謙信へ宛てたと考えられる条書（伊佐早文書）(40)で、父氏綱が古河公方足利晴氏の御内書によって関東管領職に成ったことを述べたあと、氏政の実子に継承されることになったとしている。これは、氏政の子国増丸（のちの太田源五郎）を謙信の養子とすることで交渉が進行していた時期のもので、本文書の文面からすると、実子のいない謙信の家督相続者として謙信の養子となることが合意事項であったと解釈される。そして、謙信の養子となって家督相続者となることが、山内上杉家の家督相続者となり、山内上杉家家督がすなわち関東管領職を継承すると、氏康は認識していた(41)。この認識において氏康は、謙信が関東管領であることを承認しているのである。謙信の関東管領職を承認しているからには、氏康自身は関東管領ではないと捉えられる。なお、この同盟交渉において、氏康は謙信へ関東管領職を引き渡したとの見解もあるものの(42)、これ以前における氏康の関東管領職就任を認め得ない以上、引き渡したとは捉え難い。

義氏元服式を通して見た足利義氏と北条氏康の関係は、氏康が管領としてではなく、公方側近の実力者として、義氏を支えるというものであった。

おわりに

以上、足利義氏元服式を通して、北条氏康が関東管領職になかったことを見た。このような結論を得たとき、問題となるのは、関東の体制を公方―管領体制として把握してきた研究状況との関わりであろう(43)。

本稿で検討してきたことは、儀礼的な面で、実質とは異なると捉えることも、一つの見解であろう。しかし、氏康が、もし管領であるならば、儀礼の場においても管領としての立場をとらなければ、その地位を疑われることになろう。氏康は、あえて管領の立場をとらなかったと考えざるを得ない。それでは、なぜ氏康は管領の立場をとらなかったのであろうか。なぜ父氏綱が獲得した地位を継承しなかったのであろうか。

それは、氏綱が晴氏によって関東管領職に任命されたことにあるのではなかろうか。本来、関東管領職は、室町将軍から任命される。したがって、関東公方に従属するものではない。むしろ、室町将軍を背景として、公方と対立する権威と成り得た。つまり、関東では、権威が双頭化していた。それは、鎌倉府下における公方と管領の対立を見れば首肯できよう。それが、古河公方足利晴氏によって任命されるとなると、公方に従属する権威となる。氏康は、古河公方、それも足利晴氏に任命される関東管領職を忌避したのであろう。

さらにいえば、氏康は、公方―管領体制を止揚し、新たな体制を目指していたと捉えられる。管領に就任することによって、関東における権威の一極となることも、選択肢の一つであろうけれども、それでは管領を世襲してきた山内上杉氏と対抗することはできても、凌駕することはできない。公方―管領体制の中では、管領家山内上杉氏の権威を凌駕できないのである。関東域における領国の支配権を、完全に掌握するためにも、山内上杉氏の権威を凌駕する必要があった。そのために、対立的権威となり得る管領を廃して、権威を公方の下に一元化した。そして、義氏元服式において、側近の実力者がつとめてきた理髪役をつとめたのは、北条氏が公方と一体化することを示したものであり、公方の権威を背景として、山内上杉氏の権威を凌駕することを図ったと捉えられよう。

なお、氏康は、越相同盟交渉時には、謙信の関東管領職を承認している。ただし、既述したように、父氏綱が古河公方足利晴氏によって任命されたことを述べたのちに、氏政の実子国増丸に関東管領職が継承されるとしているので、謙信の関東管領職も、古河公方によって任命されたと捉えている。それは、関東管領職が、古河公方足利義氏に従属する立場であるとの認識を表明したものであり、古河公方足利義氏と一体化している北条氏康の下に位置することを求める論理であった(44)。したがって、北条氏家督が継承すべきものではなく、北条氏が継承すべき場合は庶子が継承するものとの認識である。

氏康は、時代が旧体制から動きつつあることを感じていたのであろう。今川義元が天文二十二年二月二十六日に制定した「今川仮名目録追加」で、現在は、将軍から守護を任命された時代ではなく、おおむね自分の力量で国の法度を制定する時代だと述べた流れを見極めていたのであろう。[45] 氏康は、公方―管領体制を凌駕する体制を指向したのである。[46]

氏康は、関東における礼の秩序を、足利義氏を頂点とする秩序に一元化し、再構築した。関東の権威である足利義氏を、関東管領としてではなく、一体化することによって、利用したのである。義氏元服式は、礼秩序再構築のための演出であり、表明であった。

註

（1）森茂暁「足利将軍の元服―足利義満より同義教に至る―」（同『中世日本の政治と文化』思文閣出版、平成十八年、初出平成十五年）も、「元服は一見単なる人生の通過儀礼の様相を呈しながら、実はすぐれて政治的な性格を合わせ持つ儀式なのである。とくに元服する当人が将軍の後継者であるとなると、その元服の形はやがて彼を中心にして構築されるであろう政治的権力の性格をうかがうための絶好の素材であるといえよう」と述べている（八一頁）。

（2）このほかに、天皇・親王元服の儀式書の成立を論じた所功「御元服儀式文の成立」（同『平安朝儀式書成立史の研究』国書刊行会、平成二年、初出昭和六十年）がある。また、戦国期における下総千葉氏の昌胤・利胤・親胤・邦胤の元服について検討した外山信司「戦国期千葉氏の元服」（佐藤博信編『中世東国の政治構造　中世東国論：上』岩田書院、平成十九年）がある。ただし、本事例は千葉妙見宮社参であるので、元服式そのものではなく、元服後（すでに成人の服装と指摘されている）の氏神社参であり、関東足利氏では元服後の鶴岡八幡宮社参に相当する。岡崎寛徳「幕府儀礼の裏事情と井伊家の対応」（同『近世武家社会の儀礼と交際』校倉書房、平成十八年）は、徳川家治の元服の稽古の様子を見ている。なお、論文ではないものの、山中裕編『御堂関白記全註釈　寛仁二年上』（高科書店、平成二年）は、寛仁二年正月三日に元服した後一条天皇の元服式について詳細な解説をつけている。

（3）「鎌倉公方御社参次第」に付載されている。『平成19年度特別展　関東戦乱―戦国を駆け抜けた葛西城―』（葛飾区郷土と天文の博物館、平成十九年）九六頁。『北区史　資料編　古代中世2』一六四頁。

（4）『関東戦乱―戦国を駆け抜けた葛西城―』九二頁。『千葉県の歴史　資料編　中世5（県外文書2・記録典籍）』六一四頁。

（5）喜連川文書（『喜連川町史　第五巻　資料編5　喜連川文書　上』五〇号文書。元服については、五九〇～五九一頁に掲載されている）。阿部能久『戦国期関東公方の研究』（思文閣出版、平成十八年）によれば、喜連川文書本が最も良質の写である。なお、『群書類従　第二十二輯　武家部』にも、別の写本が収録されている。

（6）『関東戦乱―戦国を駆け抜けた葛西城―』九三頁。『喜連川町史　第五巻　資料編5　喜連川文書　上』八―(一)号文書。

（7）『関東戦乱―戦国を駆け抜けた葛西城―』九四頁。『喜連川町史　第五巻　資料編5　喜連川文書　上』二七―(二)号文書。

（8）『喜連川町史　第五巻　資料編5　喜連川文書　上』八―(二)号文書。

（9）佐藤博信「足利藤氏元服次第のこと」、栗原修「関東管領山内上杉氏の復活と簗田氏」、木下聡「鎌倉府と古河公方」。

（10）元結に紫の紐を用いるのは、足利義輝の元服記である「光源院殿御元服記」にも見える（『群書類従　第二十二輯　武家部』一四〇頁）。また、中村義雄『王朝の風俗と文学』は、「源氏物語」（桐壺）における光源氏元服式に紫の組紐が用いられたことを紹介している（一三六頁）。

（11）「足利晴氏元服次第記」にあるように、古河公方の烏帽子（身分的にも、「殿中以下年中行事」の記述からしても、立烏帽子であろう）は京都から送られた。なお、「殿中以下年中行事」によれば、装束一式が、関東の政所からの要請によって、京都の政所が調達して関東へ送ったものである。

（12）「殿中以下年中行事」には、具体的な装束が記されているものの、義氏に該当するか不明であるので、装束については省略する。

（13）『群書類従　第二十二輯　武家部』一四九～一五〇頁。

（14）鎌倉での御所は、九間・四間・六間三つの御座で構成される御主殿と、それに隣り合う「十二間之御座」があり、御主殿と「十二間之御座」をつなぐのが、二間の「御妻戸ノ間」であった（山田邦明「鎌倉府の八朔」『日本歴史』第六三〇号、平成十二年）。

（15）強飯は、糯米に小豆を加えて蒸したものである。いわゆる赤飯であろうか。『総和町史　通史編　原始・古代・中世』は、赤飯と解釈している（三八五頁）。ただし、「足利晴氏元服次第記」には、「赤飯」との記述も見られ、単なる言い違いか、別物か不明である。

（16）「普広院殿御元服記」（『群書類従　第二十二輯　武家部』一三七頁）。

（17）祝言での酒の注ぎ方は、まず盃の内側に注ぎ、つぎに外側へ注いで、最後に内側に注いだ（二木謙一『中世武家の作法』一三四頁)。
(18)二階堂は一色と佐々木を嫌って祗候せず、植野は町野と争って詰めなかったと記されている。
(19)『群書類従　第二十二輯　武家部』所収本では、「役人管領宿老中ハ御剣・御馬進上、又拝領、御荷用之人数、其外奉公外様不残御剣・御馬等進上、依其分限御剣計進上之方アリ」となっている。
(20)『喜連川町史　第五巻　資料編5　喜連川文書　上』二四-㈠・二四-㈡号文書。
(21)『総和町史　通史編　原始・古代・中世』は、天文二十四年十一月二十一日に元服式が行なわれたと明言する(三九六頁)。
(22)『古河市史　資料　中世編』九二四号。
(23)源実朝元服は「吾妻鏡」建仁三年十月八日条(『新訂増補国史大系　吾妻鏡　第二』吉川弘文館、六一一頁)、藤原頼経元服は「吾妻鏡」嘉禄元年十二月二十九日条(『新訂増補国史大系　吾妻鏡　第三』四〇～四一頁)、藤原頼嗣元服は「吾妻鏡」寛元二年四月二十一日条(『新訂増補国史大系　吾妻鏡　第三』三一四～三一七頁)、北条貞時元服は「建治三年記」十二月二日条(竹内理三編『増補　続史料大成　第十巻(建治三年記・永仁三年記・斎藤基恒日記・親基日記・親元日記一)』臨川書店、一四頁)による。頼経の元服は、征夷大将軍就任以前ながら、その予定者として、将軍に準ずる元服と捉えた。なお、北条貞時の元服における加冠役については、森茂暁「足利将軍の元服—足利義満より同義教に至る—」も指摘している。
(24)たとえば、披露状の書札礼は、文面に書かれた宛名との関係であるのが京都などでの書札礼であるものの、関東では披露先との関係で表現される。
(25)海老名氏については、湯山学「鎌倉御所奉行・奉行人に関する考察—鎌倉府職員の機能と構成—」(『鎌倉』第五一号、昭和六十一年)、『海老名市史　6　通史編　原始・古代・中世』(海老名市、平成十五年)を参照した。
(26)『海老名市史　6　通史編　原始・古代・中世』第十章「中世文化」第二節「儀礼の世界」(横田光雄執筆、六六七頁)。
(27)湯山学「鎌倉御所奉行・奉行人に関する考察—鎌倉府職員の機能と構成—」。
(28)『海老名市史　6　通史編　原始・古代・中世』第十章「中世文化」第二節「儀礼の世界」(横田光雄執筆、六六七頁)。
(29)本間氏については、湯山学「鎌倉御所奉行・奉行人に関する考察—鎌倉府職員の機能と構成—」、『厚木市史　中世通史編』(厚木市、平成十一年)を参照した。

(30)『厚木市史　中世通史編』第二章「室町時代」第三節「鎌倉府と愛甲武士」（小泉宜右執筆、三三五頁）。

(31)佐藤博信「古河公方家臣本間氏に関する考察―特に本間政能を中心として―」（『茨城県史研究』第九二号、平成二十年）。

(32)二木謙一『中世武家の作法』一二六頁。

(33)『北区史　資料編　古代中世2』（北区史編纂調査会編、東京都北区、平成七年）一六六頁。

(34)晴氏反旗の動向については、黒田基樹『戦国 北条一族』（新人物往来社、平成十七年）一〇三～一〇四頁を参照。

(35)二献目に梶原平七が列席していることの意義は、梶原平七の系譜も、立場も不明なため、検討できない。後考を俟ちたい。

(36)阿部能久『戦国期関東公方の研究』第一章「戦国期関東公方とその発給文書」六七頁。

(37)佐藤博信「古河公方足利義氏論ノート―特に「葛西様」をめぐって―」（『関東戦乱―戦国を駆け抜けた葛西城―』初出平成十四年）一三九～一四〇頁。

(38)黒田基樹『戦国 北条一族』八五頁。

(39)阿部能久『戦国期関東公方の研究』など。

(40)『小田原市史　史料編　中世2　小田原北条1』八二〇号文書。

(41)市村高男「越相同盟の成立とその歴史的意義」（戦国史研究会編『戦国期東国社会論』吉川弘文館、平成二年）、註(10)にも同様の指摘がある。

(42)市村高男「越相同盟の成立とその歴史的意義」。なお、同稿では、永禄十二年八月二十六日付け由良信濃守（成繁）・同六郎（国繁）宛北条氏政書状写（『集古文書』『群馬県史　資料編7　中世3』二五二七号）に、関東管領職と上野国・武蔵国の所々岩付村までを、謙信へ「渡置」と表現されていることが、その論拠の一つとされている。しかし、氏康が関東管領に就任していなくても、「渡置」との表現は、矛盾しないと考える。

(43)公方―管領体制については、佐藤博信『古河公方足利氏の研究』（校倉書房、平成元年）付論「戦国期における東国国家論の一視点―古河公方足利氏と後北条氏を中心として―」（初出昭和五十四年）。

(44)市村高男「越相同盟の成立とその歴史的意義」は、越相同盟交渉に際して、氏康が関東管領職を謙信へ引き渡したと捉え、書札礼をその傍証とする（註10）。しかし、敵対から同盟へと関係が激変した状況下での書札礼を単純に比較することはできない。

（45）佐藤進一・池内義資・百瀬今朝雄編『中世法制史料集　第三巻　武家家法Ⅰ』（岩波書店、昭和四十年）、一三〇頁、不入地之事条。

（46）天文期が、戦国時代の画期となることについては、平野明夫『三河　松平一族』（新人物往来社、平成十四年）、同『徳川権力の形成と発展』（岩田書院、平成十八年）で述べた。

II 考古資料から葛西城を読み解く

葛西城と扇谷上杉氏のかわらけ

田中　信

はじめに

考古資料は、寡黙だと言われる。例えば、遺跡で見つかる焼物は、産地がどのあたりで、いつごろ作られたかは語りかけてくれるが、使用された時点のことになると口が重い。5W1Hで言えば、whatはそのモノで明確だが、ピンポイントのwhenやwhereは曖昧で、whyやhowもそのモノからは難しい。特にwhoは具体的にはわからない。もし、遺跡で普通に見つかる類の器から、歴史上の誰々が使った器だとか、誰が注文した器などということがわかったら、という想いは、私に限らず考古学に携わる者の偽らざる願いであろう。

実は、その可能性を秘めた器が、葛西城からは出土している。

第1図は、葛西城の本丸跡の西寄りの堀跡から出土した遺物である。この中で歴史上の人物との関係を語るのは、わざわざ海を渡ってきた舶来品の青磁の盤（第1図8）ではなく、1と2の「かわらけ」と呼ばれる在地で焼かれた粗末な素焼きの皿である。この二つのかわらけは、図からもわかるように、器の内面に渦巻き状の線が見られる。これが重要なポイントである。

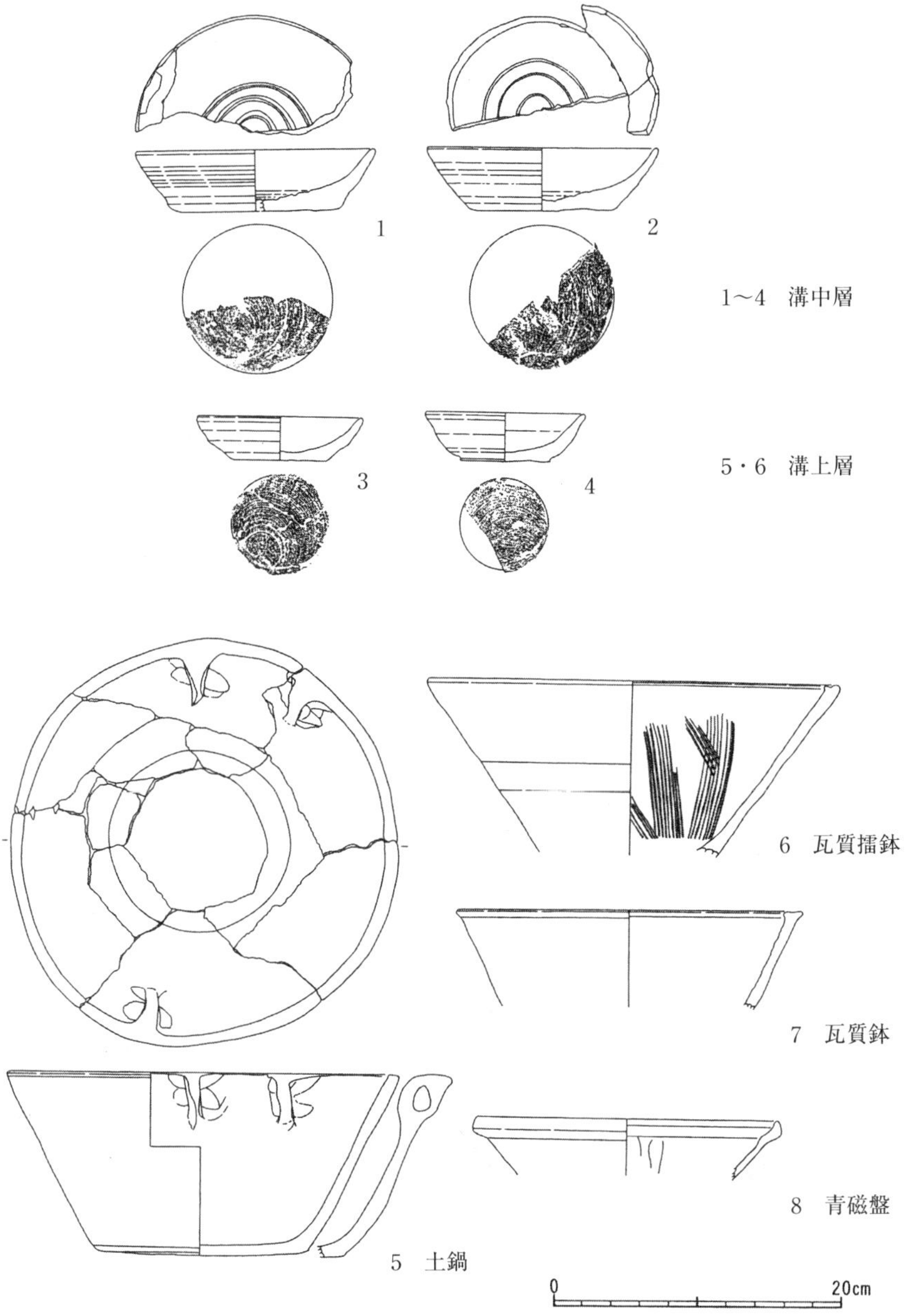

第１図　葛西城跡（青戸7丁目14番地第２地点）出土遺物

結論から先に言えば、この二つのかわらけは、十六世紀初頭に葛西城が扇谷上杉氏の勢力下の城であったことを語っている遺物なのである。

葛西城は、享徳の乱前後に、山内上杉氏の重臣大石石見守が築城した城とされるが、天文七年（一五三八）に北条氏綱に落とされるまでの間、どの勢力によって支配された城であったのか不明な部分が多かった。近年、長塚孝が、その時期の葛西城及びその周辺の歴史的な変遷について明らかにしている。

長塚によれば、葛西地域は、南北朝時代から山内上杉氏の支配下に置かれていたが、明応六年（一四九七）山内上杉氏の重臣大石石見守が円城寺平六に討たれたのを契機に、扇谷上杉方の千葉守胤に制圧され、扇谷上杉氏の支配地域に組み込まれる。その後永正二年（一五〇五）頃までは、武蔵千葉氏が葛西地域を知行したが、古河公方家の内紛から永正の乱が勃発すると、伊勢宗瑞は両上杉氏の領国に侵攻、江戸城へもその手が伸びるに及び、扇谷上杉氏は葛西地域の直接支配に乗り出す。大永四年（一五二四）、太田資高の内訌で江戸城が北条氏の城となると、葛西城は扇谷上杉方として大石氏が再び守備する城となる。しかし天文六年（一五三七）、河越城が北条氏綱に落とされると、続いて翌七年には葛西城も北条氏に落ちる。以後、葛西城は上杉氏の城として回復することなく北条氏の支城として小田原合戦を迎えることになる。このように、明応六年（一四九七）から天文七年（一五三八）の四〇年あまりの間、葛西城は扇谷上杉氏が支配する時期があったと長塚は指摘している（長塚二〇〇七）。

では、何をもって、この二つのかわらけが、扇谷上杉氏と直接かかわる遺物と言い得るのか。そこでまず、かわらけとは何かから、話を始めたい。

一　かわらけとは

かわらけとは、古代から中世への転換期に出現し、中世的な社会の終焉と共にその役割を終えていく、中世を特徴付ける土器食器のことである。

土器（かわらけ）が、饗宴や儀式の場で使用されていたことは、文献史料で確認されているが、そのような非日常的な場に限り使用されていたのか、日常的にも使用していたのかは　いまだ意見の一致を見ていない。

私見では、その出現が、都の貴族社会において九世紀に淵源するケガレ観念が肥大化する十世紀、ちょうど「辟邪としての武」としての「都の武士」が出現する頃、「一回限りの使い捨て」の土器食器として成立してくることから、かわらけの祖形にすでに求められていたのは「非日常的な空間と時間の辟邪性＝清浄性」であったと理解している。

中世前期、京都と鎌倉のかわらけの出土が他を圧倒するのは、西の王と東の王をケガレから護るためと考える。王の存在が都市を生み、都市故にケガレが充満する中で、かわらけは、東西の王をケガレから護るために、年中行事や臨時の儀式で、頻繁に使い捨てられた。都市民にとって、それは上下を問わない共同作業であったと思われる。

また、かわらけが使われる場は、非日常的な場における、参会者の「アイデンティティー」と「序列」を確認する場であった。かわらけの大小は、その序列を確認する上で、視覚的な役割を果たした。そして関東において中世最大のかわらけを生み出すのが戦国時代であった。

戦国時代の文献史料に登場してくる武士の饗応儀礼の式三献では、最上位者に位置づけられるのが将軍であった。しかし、私はその先に、おそらく天皇が意識されていたと考えている。そうでなければ、戦国時代、特に将軍権力が低下する中で、天皇の権威の再浮上と同時におこる京都系かわらけの全国的な展開は説明できない。

つまり天皇―将軍―大名という連関が、かわらけと戦国大名をつなげる要因となっていると考えられる。

かわらけには、ロクロなどの回転台を使わない手づくねかわらけと、ロクロなどの回転力を利用して形をつくるロクロ使用のかわらけの二種類がある。それぞれをローマ字表記の頭文字に「種」をつけて、手づくねかわらけをT種、ロクロ使用のかわらけをR種とする。

これは資料操作上の分類だが、かわらけが使用された当時においても、はっきり区分けされていたと考えられる。特にT種の手づくねかわらけは、作り手や使用者が、勝手に選択し得るものではなく、社会的な制限の中で作られ使用されていたと考えられる。少なくとも京都以外では。

膨大な量のかわらけを消費した都の京都は、古代から一貫してT種の手づくねかわらけを使い続けた。それに対し、鄙である地方では、ロクロ使用のR種を少量使い捨てるのが一般的であった。そこから、T種を「都のかわらけ」と呼び、R種を「鄙のかわらけ」と呼ぶことができる。

「都のかわらけ」であるT種には、京都産のT種の外に、それを京都以外の地で模倣した京都系T種がある。その京都系T種は、中世社会の動乱期に、地方の特定の場に忽然と姿を現すかわらけでもある。十二世紀中頃からおよそ百年間、古代的な権威が崩壊し、武士の台頭により新たな秩序が形成されようとする過渡的な時代に、東日本の拠点的な場所で、京都産のT種を真似た京都系T種が使われた。

その後再び京都産のT種が、京都以外の各地で模倣されるようになるのは、戦国時代、十六世紀に入るころの下克上の時代である。

ところが戦国時代、「都のかわらけ」である京都産のT種が各地で模倣される少し前に、「鄙のかわらけ」にも大きな変化が現れる。それが、戦国大名とかわらけとの直接的な結びつきである。

三　戦国時代の関東のかわらけ

戦国時代のかわらけと特定の大名との関係を指摘し、その意味を明らかにしたのは、小田原城やその支城から出土する手づくねかわらけと北条氏の関係を明らかにした服部実喜である（服部一九九八）。

私は、服部の研究に導かれ、河越館跡周辺の調査の中で、小田原北条氏の成立以前に、山内上杉氏と関係するかわらけの存在に気づき、その後その一群を「山内上杉氏のかわらけ」と呼んだ（田中二〇〇五）。

平成十七年、埼玉県立歴史資料館で行われた企画展「埼玉の戦国時代の城」で展示を担当した栗岡眞理子は、先の「山内上杉氏のかわらけ」に加え、「扇谷上杉氏のかわらけ」と「古河公方のかわらけ」を比較分類し、小田原北条氏以前の、関東の勢力圏とかわらけの関係を示し反響を呼んだ。

栗岡の分類に基本的に従い、私見を交えまとめたのが、第2図の「関東のかわらけの類型」で、それを時間軸の中に落としたものが第3図である。両図では、前後の系譜関係を見据えるために、十四世紀後半から十七世紀初頭までのかわらけを類型化してみた。ここでは、小田原北条氏の成立以前に出現するかわらけについて説明したい。

在来系R種は、十一世紀中頃出現する「新規R種」の系譜のかわらけ(1)。地域的な変異が認められる。このかわらけは、出現期から京都産のT種と対照的な関係にあるかわらけで、土器の中にロクロ挽きの白木の器を意図するような意匠、たとえば木地製品に見られる同心円状の鑿痕を表現したり、底部に意図的に板目を付けたりして、木製品の特徴を取り込んでいる。またロクロ目を強くつけて土製のロクロ製品という面も必要以上に強調するものもある。

鎌倉公方のR種は、十三世紀の中頃、東国の首都鎌倉において、京都系T種・「在来系R種」と入れ替わるように成立したかわらけである。その後、得宗権力の伸長とともに、分布範囲を広げる。そのような現象に対し、馬淵和雄は「宗教界における畿内系旧仏教の排除及び禅律の庇護と同じような得宗勢力の介入がある」と指摘する。そこで鎌倉時代のものは「得宗のR種」とし、足利基氏の鎌倉公方就任以降を、「鎌倉公方のR種」と呼び、併せて「鎌倉系R種」とする。いわゆる「薄手丸深」といわれるタイプを祖型とする系譜の一群で、見込みにナデ、底部に板状圧痕を持つ。鎌倉では、胎土が赤を基調とする。

東関東系T種は、「鎌倉系R種」と消長をほぼ同じくする京都系T種のかわらけである。分布は、「鎌倉系R種」と対照的に東関東、特に筑波山麓周辺の常陸や下野東部に出現し展開する。

古河公方のR種は、中世前期から東関東を中心に分布する、体部が直線的に開き、底径に較べ器高の高い逆三角形型の「在来系R種」を祖形とするものである。この土器の特徴は、白色胎土、体部のロクロ目の強調、底部の板状圧痕。時代が下るに従い底径と見込みをさらに小さくする傾向がある。

山内上杉氏のR種は、十五世紀の後半、享徳の乱の頃に出現するR種。武蔵北西部から上野の「在来系R種」を土

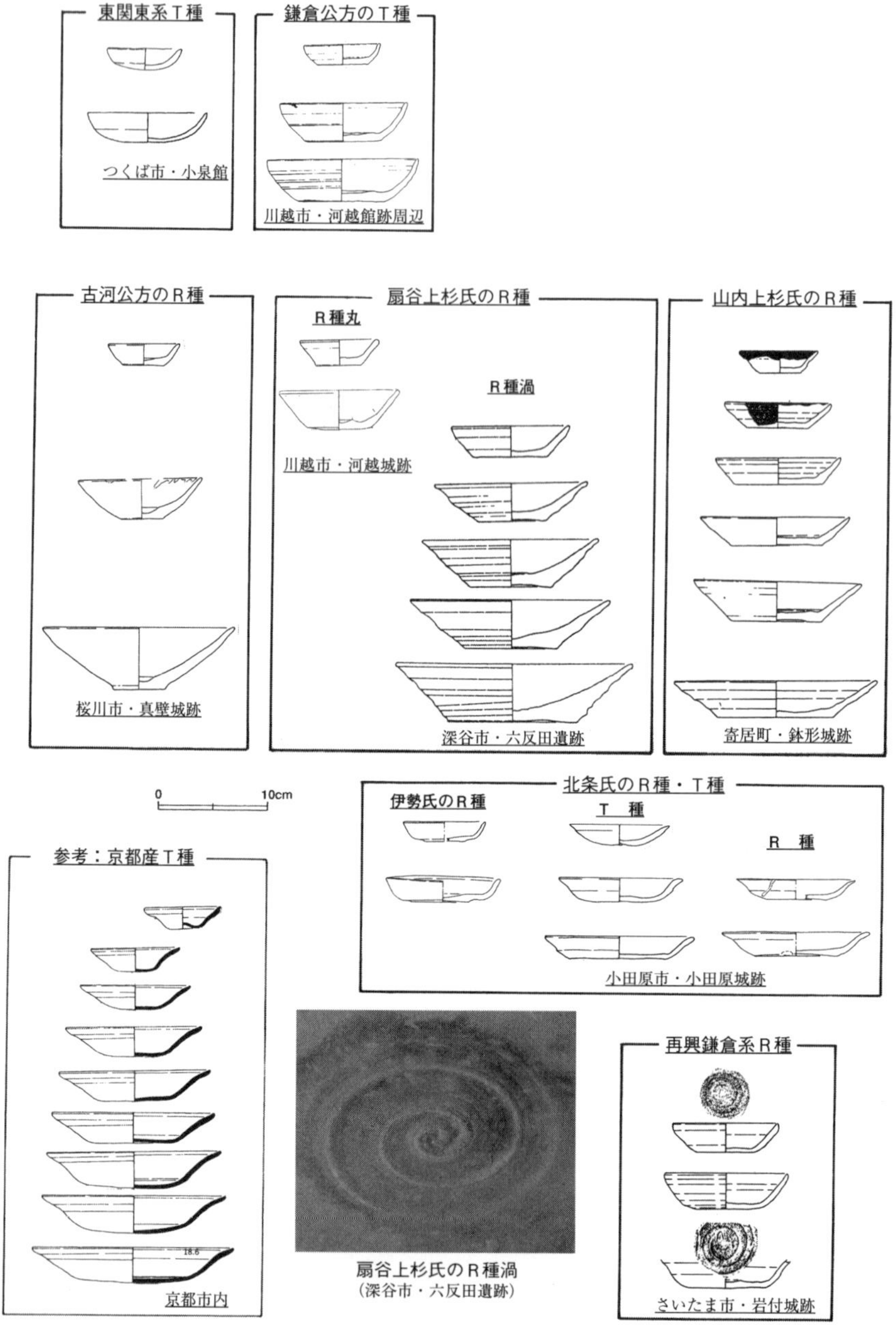

第2図　関東のかわらけの類型

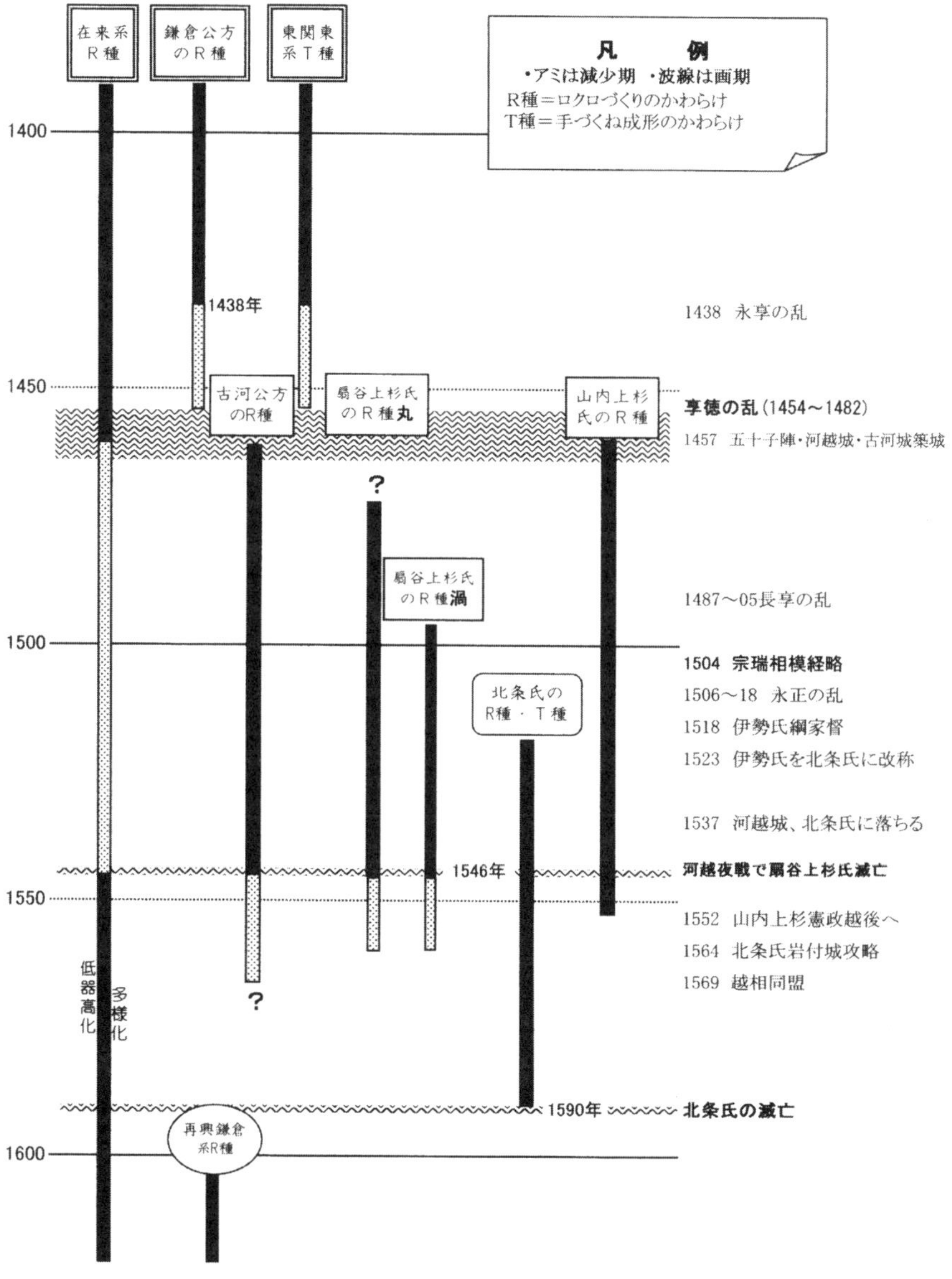
在来系R種
鎌倉公方のR種
東関東系T種
凡　例
・アミは減少期　・波線は画期
R種＝ロクロづくりのかわらけ
T種＝手づくね成形のかわらけ
1400
1438年
1438　永享の乱
1450
古河公方のR種
扇谷上杉氏のR種丸
山内上杉氏のR種
享徳の乱（1454〜1482）
1457　五十子陣・河越城・古河城築城
?
扇谷上杉氏のR種渦
1487〜05長享の乱
1500
1504　宗瑞相模経略
北条氏のR種・T種
1506〜18　永正の乱
1518　伊勢氏綱家督
1523　伊勢氏を北条氏に改称
1537　河越城、北条氏に落ちる
1546年
河越夜戦で扇谷上杉氏滅亡
1550
1552　山内上杉憲政越後へ
1564　北条氏岩付城攻略
1569　越相同盟
?
低器高化
多様化
1590年
北条氏の滅亡
再興鎌倉系R種
1600

第3図　関東のかわらけ変遷試案

台に、越後を経由し入った京都産T種のかわらけ観が加味され成立したと考える。特徴は、大小さまざまな法量（口径七センチ前後〜一九センチ前後）の器からなるという多法量性。器形では、浅く、大きめな底部から体部が斜めに直線的に開く。口唇部がやや尖るものが目立つのも特徴。多法量性は使用者の階層差による使い分けを示し、形は同時期の京都産T種を模倣していると考えられる。

河越館跡の一帯は、山内上杉顕定が扇谷上杉氏の河越城に対抗するために、明応六年（一四九七）から永正二年（一五〇五）までの一〇年足らずの間、陣（上戸陣）を構えたとされている。このタイプのかわらけは、河越館跡及びその周辺に広がる上戸陣の時期に限って出土する。つまり、陣所以前に、その先行タイプのかわらけはなく、陣所以後にもその流れを汲むかわらけはない。また、上戸陣跡から東に直線距離で三・五キロの近距離にある川越城跡では、これまでに三〇次以上の調査が行われていながら、一点も出土が確認されていないかわらけである。

扇谷上杉氏のR種丸は、長禄元年（一四五七）に、扇谷上杉持朝が河越城を築城し「河越」と通称されるようになる以降に出現したと考えられるかわらけである。京都産T種の見込みに見られる調整痕の丸い圏線を意図して、見込みに、窪みや隆帯、沈線で丸を表現している。

分布の傾向から「扇谷上杉氏のR種」とするが、「山内上杉氏のR種」に較べ成立が遅れ、また「在来系R種」の域を充分に脱し切れていないという印象を受ける。しかし、武蔵南部の「扇谷上杉氏のR種渦」は、「扇谷上杉氏のR種丸」をベースに成立したと考えられる。

扇谷上杉氏のR種渦は、「扇谷上杉氏のR種丸」に遅れて十五世紀末に出現するかわらけである。両者は、「扇谷上杉氏のR種」として共存し、十六世紀の後半まで命脈を保つ。R種渦の特徴は、棒状工具等を使って見込みに意図的に渦巻きを表現することである。

三　扇谷上杉氏のR種渦が語る

ここから、葛西城で出土している「扇谷上杉氏のR種渦」の位置を見定めるために、その成立と変遷を追ってみたい。分析のための分類として、渦の回転方向、巻き数、施し方の渦の3要素を基に分類した。

扇谷上杉のR種渦の分類

要素1：渦の回転方向。

R＝ロクロの回転が右回転でできる渦。渦は「e」の字状。

L＝ロクロの回転が左回転でできる渦。渦は「の」の字状。

要素2：渦の巻数。

Ⅰ＝三回転以上。多重渦。

Ⅱ＝三回転未満。単純渦。

要素3：渦の施し方による断面形状。

a＝棒状工具で複数回なぞり、断面が「カマボコ状」を呈するもの。

b1＝先細の棒状工具により一回で渦を描き、断面形状が「V字状」の沈線になるもの。

b2＝木口状の棒状工具を右へ傾けて使うことで断面が「レの字状」の波線になるもの。

b3＝木口状の棒状工具を左へ傾けて使うことで断面が「逆のレの字状」の波線になるもの。

c＝巾広の先が丸い棒状工具か指先を使い、断面が浅い「波頭状」になるもの。いわゆるロクロ目。

第4図は「扇谷上杉氏のR種渦の分類と変遷」である。併せて出土遺跡も示してみた。

時期区分は、「扇谷上杉氏のR種渦」が使用されたと考えられる概ね四分の三世紀をⅠからⅢ期に分けた。

西暦	1498年			1520年頃			(1537)	1546年　1564年
RⅠa	六反田	茅ヶ崎城	深大寺城 山口城					
RⅠb1	韮山城	下糟屋 茅ヶ崎城 河越城F区	葛西城 深大寺城 山口城					
RⅡb1				山口城 杉山城	河越城18次 石戸城	岩付御茶屋 9〜7面 難波田城堀 城山1次	八幡台10次 岩付御茶屋 6・5面	岩付御茶屋4〜2面
RⅡb2				山口城 杉山城				
RⅡb3							小倉城 長宮22次 難波田城堀	岩付樹木屋敷2堀
RⅡc					河越城18次			岩付本丸1地5井 岩付樹木屋敷2堀
LⅡb1							松山城2層	
LⅡc								岩付樹木屋敷2堀
時期区分	Ⅰ期			Ⅱ期 前半			Ⅱ期 後半	Ⅲ期

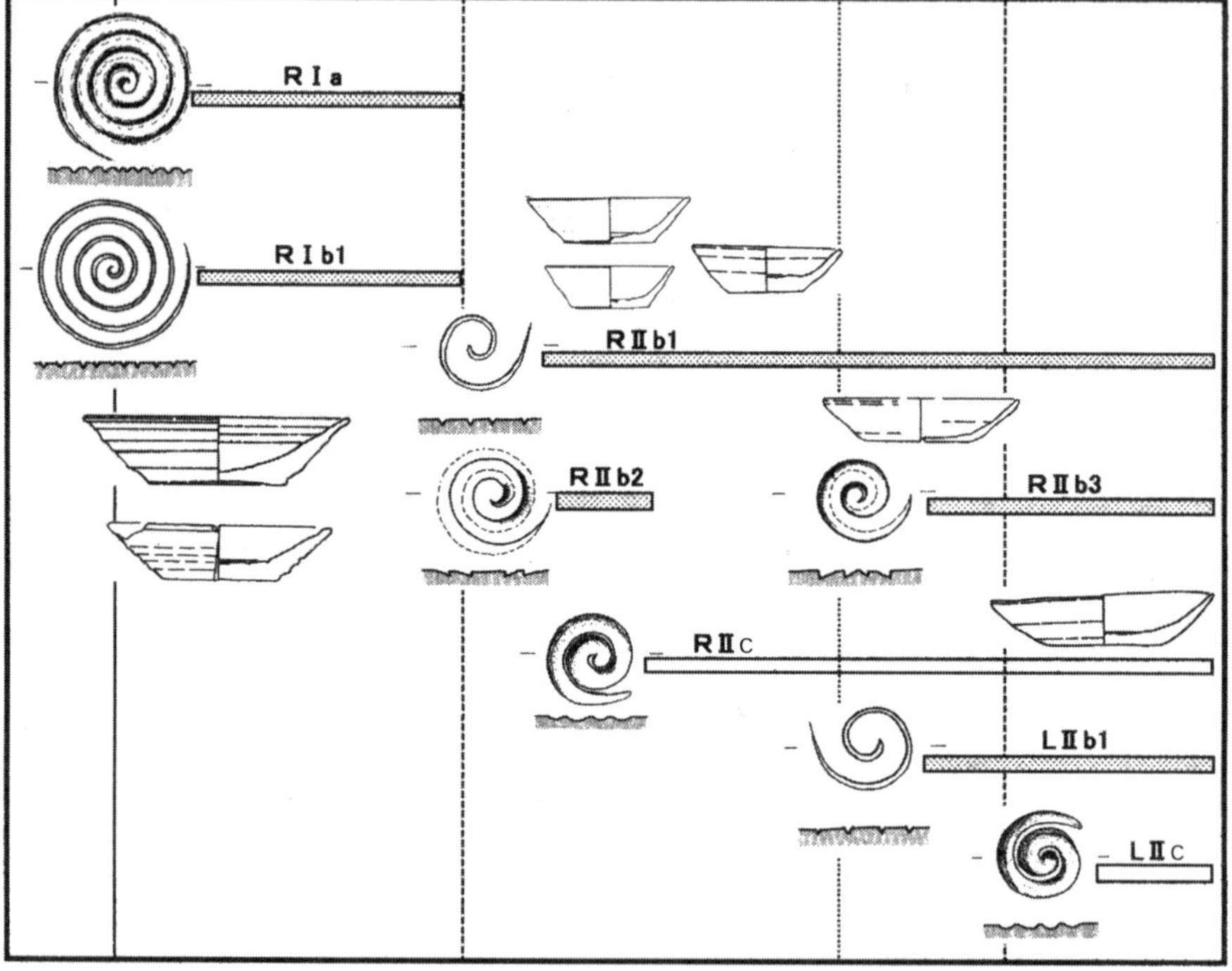

第４図　扇谷上杉氏のＲ種渦の分類と変遷

Ⅰ期　ロクロ右回転、多重渦の時期。六反田遺跡では五法量、渦の無い小皿まで含めれば七法量。茅ヶ崎城では四法量、小皿も含めれば六法量と、多法量性が見られる。器形は、体部が一直線に開く皿形や坏形。口唇部がやや外反するものもある。大型品は、内底面から体部への立ち上がりが滑らかで腰の部分が肥厚する。今のところⅠ期の始まりは、伊勢宗瑞の伊豆平定の明応七年（一四九八）頃で、終わりは一五二〇年頃。

Ⅱ期　単純渦が主体を占める時期。後半には左ロクロも出現するようである。法量は口径一三センチ前後と七センチ前後の二法量が主体となる。大型品は減少するが、逆に他の中小型品から隔絶した存在となる。器形は、大型品に外反皿形が残るが、中型品には坏形が多くなる。Ⅱ期後半からⅢ期にかけて、白色胎土の内湾皿形が出現する。松山城のように左回転で占められる城がある一方で、共伴するR種が左回転主体の中で「扇谷上杉氏のR種渦」だけ右回転という例も見られる。[2] Ⅱ期は、前半と後半に分けられる。前半が一五二〇年頃から、扇谷上杉朝興が没し北条氏綱に河越城を奪われる天文六年（一五三七）頃まで、後半は、河越夜戦で朝定が戦死し扇谷上杉氏が滅亡するまで。

Ⅲ期　分布範囲が限られる。「北条氏のR種・T種」を除き、「在来系R種」に大型品が消える中で、岩付城では「北条氏のT種」に匹敵するような口径が一六センチを超える大型品がある。器形は、体部が内湾する皿が多くなる。Ⅲ期は、河越夜戦の直後から、最後に残された松山城が落ち、岩付城の北条氏の支配が確立する永禄七年（一五六四）頃まで。

Ⅰ期はⅠ類の多重渦巻きの時代で広範囲に展開。Ⅱ期からは、Ⅱ類の単純渦巻きの時代。Ⅱ期後半からロクロ左回転のL類が出現する。Ⅲ期は、分布範囲が限定される時代で大型品や多重渦巻きに近いタイプの復活が見られる。

変化の傾向としては、多重の渦巻きから単純な渦巻きへ、器形的には、外反皿形から坏形、さらに内湾皿形という変化の傾向が指摘できる。

ところでⅠ～Ⅲ期の年代を見ると、Ⅰ期が朝定、Ⅱ期前半が朝興、後半が朝定と、それぞれが扇谷上杉家の当主の時期にほぼ対応しており、Ⅲ期が、扇谷上杉氏の滅亡後、その再興を画策した岩付太田氏の時代に対応する。このことから、かわらけが代替りに変化している可能性が指摘できる。

現段階で認識しうる「扇谷上杉氏のR種渦」とは、「ロクロ使用のかわらけの見込みに棒状の工具で意図的に渦を施したかわらけ」といえる。ところがRⅡc類とLⅡc類の渦には、棒状の工具を使わないで指先で渦を施した、いわゆる「ロクロ目」と呼べる一群がある。器形や胎土を見ると、棒状工具で渦を施すかわらけと差がなく、共伴する例もあることから、同時期に同じ場所で作られたかわらけと考えられる。そこでRⅡc類とLⅡc類の棒状工具を使わない一群を「手抜きされた扇谷上杉氏のR種渦」と理解したい。

ロクロ目の強調のために棒状工具を使用し、綿密な多重の渦を描いたⅠ期の「扇谷上杉氏のR種渦」に比べ、Ⅱ期のそれは、渦の単純化へと手抜きの方向に向いている。その変化の中で出現したのが棒状工具を使わないc類の出現であろう。その結果、見込みを見る限り「在来系R種」と見分けが付かないかわらけを生むことになった。しかしそれでも両者は生まれた場所が違う。つまりこれは他人の空似である（失笑）。

第5図は、扇谷上杉氏のR種渦が出土した遺跡を齋藤慎一が作成した戦国期の街道要図に落とした図である。十分な分析に耐える資料数ではないが、おおよその傾向は指摘しうると思われる。Ⅰ期では、渦の形態は多重渦のⅠ類で、相模から中武蔵まで分布が見られる。①深谷市六反田遺跡と②韮山城跡が、Ⅰ期の分布の範囲から外れるのは、①が扇谷上杉軍の遠征によるもので、②は伊勢宗瑞と扇谷上杉氏の関係が良好な時期に韮山城に持ち込まれた可能性が考えられる。

渦が単純なⅡ類となるⅡ期では、相模での出土が無くなり、河越城ないし松山城を中心に、分布域が縮小してくる。さらにⅢ期になると、現在のところ、岩付城とその周辺に限定される。

Ⅱ期後半とした松山城本丸の二層では、三層以下で出土していた河越城と同胎土の右ロクロが消え、胎土の異なる左ロクロが主体を占めるようになる。その現象は、扇谷上杉氏の領国の後退に伴いそれ以前の生産地からの供給が困難になったことを物語っているといえる。

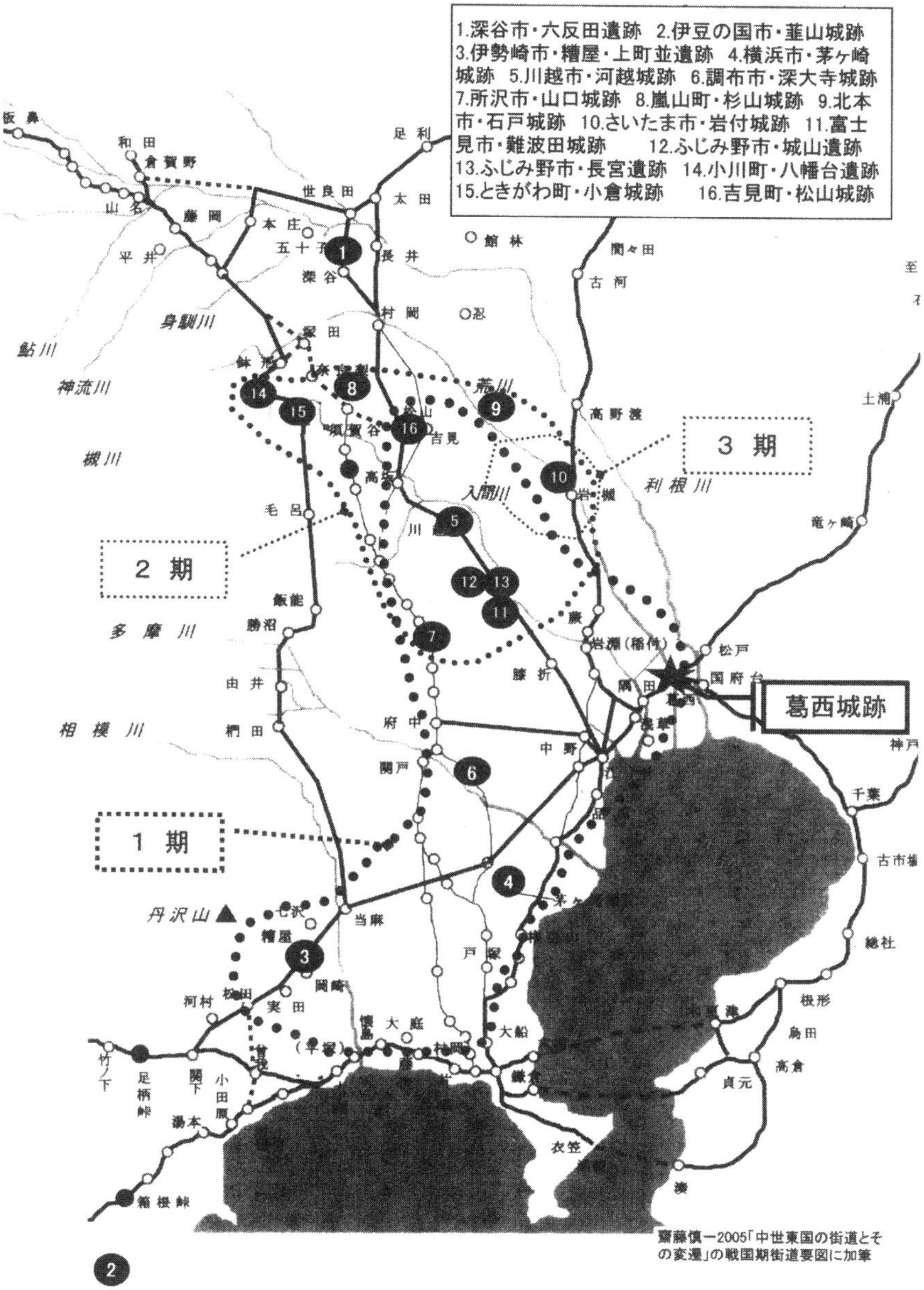
1.深谷市・六反田遺跡 2.伊豆の国市・韮山城跡 3.伊勢崎市・糟屋・上町並遺跡 4.横浜市・茅ヶ崎城跡 5.川越市・河越城跡 6.調布市・深大寺城跡 7.所沢市・山口城跡 8.嵐山町・杉山城跡 9.北本市・石戸城跡 10.さいたま市・岩付城跡 11.富士見市・難波田城跡 12.ふじみ野市・城山遺跡 13.ふじみ野市・長宮遺跡 14.小川町・八幡台遺跡 15.ときがわ町・小倉城跡 16.吉見町・松山城跡
3 期
2 期
1 期
葛西城跡
足利
世良田
太田
館林
本庄
深谷
長井
村岡
古河
吉見
高野渡
利根川
荒川
入間川
岩付
毛呂
飯能
多摩川
勝沼
松戸
国府台
隅田
由井
府中
相模川
中野
関戸
千葉
丹沢山
当麻
糟屋
戸塚
岡崎
実田
河村
大磯
大船
鎌倉
衣笠
湊
小田原
湯本
足柄峠
箱根峠
高倉
貞元
総社
古市場
齋藤慎一2005「中世東国の街道とその変遷」の戦国期街道要図に加筆

第５図　扇谷上杉氏のＲ種渦の分布と変遷

各城館跡の調査もその一部であり、必ずしも資料分布の全体像が明らかにされているわけではないが、ⅠからⅢ期への変化の傾向は、扇谷上杉氏とその跡を引きついだ者たちの勢力範囲の変化に近い様相を示しているといえる(3)。

四　戦国時代のかわらけは語る

関東の戦国時代は、応仁の乱に始まる畿内のそれに先んじて、鎌倉公方足利成氏が　関東管領山内上杉憲忠を謀殺したことに始まる。これにより、成氏は古河に移り、元荒川・利根川以東の東関東の伝統的な勢力と組み、山内・扇谷の両上杉氏と全面戦争に入る。この享徳の乱で、関東の政治的なバランスは一気に崩れ、同時に、長く鎌倉にあった権威・権力、さらに技術やそれを保有する集団までもが、ビッグバンのごとく各地に拡散したと思われる。この時が、関東のかわらけにとって大きな画期となった。

足利成氏が古河に移ると、主を失った「鎌倉公方のR種」は、鎌倉で僅かに命脈を保つのみとなって姿を消していく。また、同じ時期に「東関東系T種」も消える。この二つのかわらけは、消滅だけでなく出現もほぼ同時である。鎌倉に東国の都があった時代、ふたつのかわらけは関東の東西にあって、特別な関係性を持っていたようである。そして二つのかわらけは、鎌倉公方と命運を共にし、享徳の乱を境に消えてゆく。

それに代わり登場するのが、「古河公方のR種」、「扇谷上杉氏のR種」、「山内上杉氏のR種」である。

公方を中心とする鎌倉府の崩壊は、関東における求心力の喪失を意味した。そのような状況の中で、鎌倉公方に代わる求心力はどこに求められたのか。その答えは「鎌倉公方のR種」に代わり出現したかわらけにある。それは京都、つまり室町将軍、さらにその先の天皇である。「山内上杉氏のR種」は、R種でありながら、器形の上で、「京都産T種」にかなり似せている。さらに多法量という、「京都産T種」に特徴的に見られる、階層的な使い分けの上で必須な特徴も採り入れている。

「扇谷上杉氏のR種丸」は、法量の上では、「在来系R種」と差はないが、かわらけにとって重要な要素である内底面（使用者にとってまず目に入る部分で、「京都産T種」もその部分の表現に特に意を注いでいる）において積極的に「京都産T種」を採り入れている。それが「京都産T種」の内面にみられる調整痕の圏線、つまり「丸」の表現である。それらに対し、東関東の伝統的なR種を引き継ぎ、どちらかといえば京都に背を向けたのが「古河公方のR種」である。また、扇谷上杉氏のかわらけは、長享の乱の頃、今度は一転して、京都のかわらけとは反対の「鄙のかわらけ」、つまりロクロ使用のかわらけに特徴の「ロクロ目＝渦」を、わざわざ器の内底面に意図的に付けるようになる。それが「扇谷上杉氏のR種渦」の出現である。

「鎌倉公方のR種」の消滅後に現れるこの三者のかわらけは、いずれも直径が一七センチを超えるような大型のかわらけを持つ。「山内上杉氏のR種」と「扇谷上杉氏のR種」は、「京都産T種」に近い細かい法量分化があり、複雑な身分秩序に対応できる器の使い分けが行われていたと考えられる。それに対し、古河公方のそれは、今のところ細かい法量分化は確認できないが、「在来系R種」も含めて使い分けをしていたとすれば、全体としては多法量と同じような使い分けができていたのではないかと考えられる。

おわりに—王権と大名とかわらけ—

戦国大名は、大名ごとに、自らの立場と意思を示すかのようなかわらけを、形や色、そして意図的につける調整痕等を使って具現化し、その領国内で作らせ、貢納させていたと考えられる。それは、西と東の二つの王権だけが、かわらけを代表する時代とは明らかに異なる有り様である。

本郷和人によれば「戦国大名は、自らを「公儀」、もしくは「公方」と呼んだ。既存の権力に依拠しない、自立した領国を形成したのである。他の権威を排除し、自らの力量をもって存立する権力、それが戦国大名＝公方であった。」「そして彼らこそまさにその地の王であった。」という（本郷二〇〇七）。

享徳の乱以降、関東で大名や古河公方が、それぞれの名を冠するようなかわらけを作らせ、使用し、使用させてい

たのは、まさに、本郷が指摘するような、「この地の王」たらんとする意思の現われであったと言える。(4)

しかし一方で、信長や秀吉が、天皇を担ぎ出し自らの権威付けをしたように、戦国大名は、天皇を頂点とするシステムの中でしか自らの位置が定められないことも自覚していた。それが明確に表れるのは、十六世紀の京都系T種の全国的な展開であろう。

山内上杉氏や扇谷上杉氏、古河公方は、その支配域では、本郷が指摘するように、既存の権力に依存しないで、自らの力量をもって存立する権力として、まさに王であったが、その王の権威は、京都の王、天皇との関係に求めざるを得ない存在であった。自らのかわらけを創案しながら、そのモデルは京都の王のかわらけを模倣するか、それと対置される鄙のかわらけを主張するかわらけにするかのいずれかであった。いずれにしろ、それは王権の中心としての「京都産T種」の体系の一部としての立場を否定し乗り越えるようとするものではなかった。

最後は横道に逸れてしまったが、十五世紀末頃関東に出現した、見込みに棒状の工具で意図的に渦を付けたかわらけは、扇谷上杉氏と強いつながりがあるかわらけで、はじめに挙げた葛西城本丸で出土した二点のかわらけは、扇谷上杉氏が、葛西城の直接支配に乗り出した時期のかわらけであることがわかった。それは、支配関係が次から次へと変わるまさに激動の時代に、確かに扇谷上杉氏が葛西城を守っていたことを示す、文献史料でない考古資料なのである。

本稿を草するに当たり、青木文彦氏、浅野晴樹氏、池谷初恵氏、石川安司氏、太田賢一氏、齋藤慎一氏、村上伸二氏、根本靖氏には、資料提供及びご教示をいただいたことを記して感謝したい。

註

（1）旧稿で、西関東を中心に須恵器の後に出現する酸化炎焼成の土器食器を仮称で「新規R種」としたが、その後の継続性を考慮すると全体を呼ぶ名称としては適正を欠くと考える。しかし「在地」とすると、一般的に使用されている在地土器と誤解が生ずるので、あえて「在来系R種」とする。

（2）戦国時代のロクロ使用のかわらけの回転方向に注目した研究として宇留野主税、北條ゆうこの研究がある。北條ゆうこは、小田原のⅡa期中段階に左ロクロが出現し、Ⅱa期新段階に左ロクロがR種の主流をなすことを明らかにしている。特に、Ⅱa期新段階の薄手内湾型のかわらけ（私見では「伊勢氏のR種」）の全てとT種模倣かわらけに多く見られるという。十六世紀中頃から小田原において左ロクロが顕在化してくることは、やや遅れて関東各地で左ロクロが広く顕在化してくる現象と相関関係があると考える。その中で、「扇谷上杉のR種渦」が右回転のロクロにこだわる意味は、興味深い。

宇留野主税「中世後期における南武蔵・相模地域の様相」『Archaeo-Clio』1号　二〇〇〇

北條ゆうこ「小田原城出土のかわらけ」東国中世土器研究会交流会資料　二〇〇七

（3）平成19年度特別展「関東戦乱」記念シンポジウムでは、岩付城御茶屋曲輪跡第1地点2～4面出土の遺物を河越夜戦の天文十五年までとしたが、秋本太郎（秋本二〇〇八）により時代が下る資料との指摘を受けた。再検討の結果、「扇谷上杉氏のR種」は、扇谷上杉家宗家滅亡後、その再興を願う岩付太田氏によって継承されたのであろうとの認識に至った。

（4）本稿では、かわらけの分類名称として「（個人名・役職名）」の（かわらけ・R種・T種）」という用語を使用している。これまでの中世土器研究の用語に従えば、「○○産」とか「○○系」という用語を使用すべきところであろう。私は、発掘調査や遺物の管見の中から「王たらんとするヒトが関わる儀式や酒宴等において、特定のかわらけが使用されていた」のではないかという仮説を立てた。そこで、この仮説を前提として、かわらけを分類し、その有り様から仮説が成り立つかどうかを検証しようとする拙い試みが本稿である。考古資料から特定の個人、役職に直接関わる遺物を明らかにしていこうとするのであれば、このような仮説を立てた研究方法も、一つの方法としてあってしかるべきと考える。いずれ仮説の当否は、今後の作業の中で明らかにされるはずである。なお、異なる分類概念を同じテーブルの上で扱うのは適当ではないという批判もあろうが、現時点では暫定的な方法と考えている。遺物の消費の場における使用の実態を明らかにしようとするのであれば、研究者の分類を当時の使用者が意識していた区分けに近づけていく努力を怠ってはならないであろう。

参考・引用文献

長塚　孝　二〇〇七「山内・扇谷上杉氏と葛西」『平成19年度特別展　関東戦乱―戦国を駆け抜けた葛西城―』葛飾区郷土と天文の博物館
黒田基樹　二〇〇四『扇谷上杉氏と太田道灌』岩田書院
服部実喜　一九九八「小田原と周辺地域の土師質土器」『小田原市史　通史編　原始古代中世』小田原市
田中　信　二〇〇五「山内上杉氏の土器（かわらけ）とは」『戦国の城』高志書院
田中　信　二〇〇七「土器（かわらけ）から見る関東の戦国時代と河越」『第30回企画展図録　後北条氏と河越城』川越市立博物館
秋本太郎　二〇〇八「戦国期北関東のかわらけ」『中世東国の世界3　戦国大名北条氏』高志書院
永越信吾　二〇〇四『葛西城XXⅡ』葛飾区教育委員会
本郷和人　二〇〇七『武士から王へ―お上の物語』ちくま新書
馬淵和雄　一九九八『鎌倉大仏の中世史』新人物往来社

第4図・第5図出典資料（番号は第5図の遺跡番号に対応）

1　岡部町六反田遺跡調査会　一九八一『六反田』
2　静岡県埋蔵文化財調査研究所　一九九七『韮山城跡・韮山城内遺跡』
3　伊勢原市教委　二〇〇一『いせはらの遺跡』
4　横浜市ふるさと歴史財団　二〇〇〇『茅ヶ崎城Ⅲ』
5　川越市教委　二〇〇八『河越城跡　第18次発掘調査報告書』
埼玉県埋蔵文化財調査事業団　二〇〇一『川越城　小在家Ⅱ』
6　調布市教委　二〇〇七『東京都調布市　深大寺城跡』
7　所沢市教委　一九九八『山口城跡-第7次調査―下安松遺跡-第4次調査』
8　嵐山町教委　二〇〇五『埼玉県指定史跡　杉山城跡　第1・2次発掘調査報告書』
9　北本市教委　一九九四『石戸城跡第1～3次調査』

10 青木文彦　二〇〇五「岩槻（岩付）城趾」『埼玉の城』高志書院
11 富士見市教委　一九九九『難波田城趾』
12 上福岡市教委　一九八一『埋蔵文化財の調査　17』
13 上福岡市教委　一九九七『長宮遺跡第22次調査』
14 小川町教委　一九九八『台ノ前遺跡（1次）・八幡台遺跡（6次）』
15 玉川村教委　二〇〇五「埼玉県指定史跡　小倉城趾　第1次発掘調査報告書』
16 吉見町教委　二〇〇五『町内遺跡1』

小田原のかわらけと漆器

佐々木 健策

はじめに

小田原城および城下では、これまでに三五〇箇所で発掘調査が行われている。[1] この数字には試掘調査後に本格調査となったものも重複して含まれるため、調査地点数としてはのべ数ということになるが、遺構・遺物未検出の調査地点は含んでいないため、全ての調査件数を取り上げると、その数はさらに上回るであろう。

このように多くの調査が行われている小田原ではあるが、そもそも小田原における中・近世遺跡の調査は一九八〇年代になって飛躍的に増加した。そして、その結果得られた所見を基に編まれた編年は、「小田原編年」として整理されている（塚田ほか一九八八・大島一九九〇・塚田ほか一九九五・諏訪間ほか一九九八）。この「小田原編年」は、小田原におけるかわらけ・陶磁器研究の礎となるとともに、いまだ中・近世遺跡の調査が希であった時代において、広く周辺地域においても基準となり得る編年案として用いられている。

「小田原編年」の中で、本稿で対象とする十六世紀代のかわらけについての研究を概観すると、山口剛志氏が小田原城および城下出土のかわらけ研究を踏まえて「小田原編年」へかわらけを帰属させたことを契機とし（山口一九九九一)、服部実喜氏は歴史的事象や儀礼的な要素を加味して小田原のかわらけの系譜を示している(服部一九九八a)。また、戦国期に京都の土師器と共通する器形や成形技法を持つ京都系土師器(手づくね成形かわらけ)が全国的に拡散する状況が見られる中で、小田原に存在する京都系土師器についての出現・伝播・変化について検討を加えている(服部一九九九)。その後、宇留野主税氏は南武蔵・相模という範囲でそれぞれの地域のかわらけを取り上げ、小田原産のかわらけについても、その成形方法や調整痕、地域的様相からみえる系譜関係などについて考察を行っている(宇留野二〇〇〇)。また、金箔かわらけや「天文廿」銘手づくね成形かわらけなど、多くのかわらけが出土した藩校集成館跡第Ⅲ・第Ⅳ地点が調査され、その発掘調査報告書が刊行されたことは小田原におけるかわらけの資料数を大幅に増加させ(小林二〇〇二)、北條ゆうこ氏によるかわらけの成形技法による分析を可能とした(北條二〇〇七)。

しかしその反面、「小田原編年」が示されてから二十年あまりが経ち、これまでの「小田原編年」では矛盾が生じる部分も垣間見えており(佐々木二〇〇五)、かわらけについての時期区分も再調整が必要となっている。また、服部氏の指摘以降、小田原に系譜が求められる手づくね成形かわらけの出土事例が、北条領国内の各城館跡で報告され、「移動する土器」としての性格が明らかになったにも拘わらず、それらの資料を小田原からの視点で評価・検討するような相対的な研究が進んでいない点は大きな課題となっている。本来は在地産としての特徴が強いかわらけではあるが、各地への伝播が確認された以上は、他地域との比較検証を行っていくことが重要であろう。

そこで本稿では、葛西城を事例として検討する機会を得たことから、小田原産のかわらけを検証するとともに、同じく在地産と考えられながらも地域伝播が垣間見える漆器椀を取り上げ(2)、小田原城と葛西城の出土事例を中心に比較検証を試みてみたい。なお、本稿は平成十九年十二月に葛飾区郷土と天文の博物館で行われた、シンポジウム『葛西城と古河公方足利義氏』において発表した「小田原北条氏のかわらけと漆器」を基に書き改めたものである。

一　集散地としての小田原

北条氏の関東進出と北条氏綱

かわらけや漆器についての具体的な検討に入る前に、まずは検討の前提としての小田原略史を紹介し、その中から十六世紀のかわらけや漆器がどうして小田原から各地へと発進し得るのかという点について述べておきたい。

中世後期の小田原は、応永二十三年（一四一六）の上杉禅秀の乱の功績により大森氏の所領となっていたが、文亀元年（一五〇一）までに伊勢宗瑞（北条早雲）の領するところとなった。しかし、宗瑞は引き続き伊豆の韮山（静岡県伊豆の国市）を本拠地としていたため、小田原城が北条氏の本城として位置づけられるのは、永正十五年（一五一八）に宗瑞の跡を継いだ氏綱の代からということになる。宗瑞の跡を継いだ氏綱は、本拠地としての小田原を整備するとともに相模統治に向けての様々な施策を進めており、その一つとして有力社寺の造営事業を挙げることができる。大永元年（一五二一）に箱根湯本（神奈川県箱根町）に早雲寺を建立したのを手始めに、翌大永二年には相模国一宮寒川神社宝殿（同県寒川町）、同三年には箱根権現宝殿（同県箱根町）、続いて六所神社（同県大磯町）・伊豆山権現（静岡県熱海市）、同六年からは伊豆国一宮である三嶋神社（同県三島市）の造営に着手している。そして、天文元年（一五三二）からは鶴岡八幡宮（神奈川県鎌倉市）の造営を開始する。黒田基樹氏によると、このような造営事業は、神社仏閣の庇護者としての立場を主張することで政治的権威を確立しようと努めた方策と考えられている（黒田二〇〇五）。

また、氏綱は「相模国主」「相州太守」を名乗り、大永三年には姓も伊勢氏から北条氏へと改めている。この時、相模には守護職を継承する扇谷上杉氏がおり、伊豆より相模に侵攻した北条氏は、「他国の逆徒」とも称される他所者であった。そのため、「相模国主」「相州太守」の名目は、相模統治の正当性を主張したい北条氏にとっては必要不可欠な肩書きであり、「豆州」として伊豆国主と認識されていた宗瑞についても「相州故太守」と表現することによって、前代からの相模との縁故を主張している。同様に、北条改姓についても鎌倉幕府執権の北条氏を引き合いに出すことで、関東管領山内上杉氏に対抗するための大義名分を主張することが主たる目的であったと言える。これにより関東の副将軍である関東管領山内上杉氏に対し、前代の日本の副将軍である執権北条氏の名跡を主張することで相模支配の正統性を示したのである（黒田二〇〇五）。

さらに、天文七年（一五三八）には、本来は室町幕府に任命権があり、すでに山内上杉氏が勤めていた関東管領職を古河公方足利晴氏により補任され、翌八年には氏綱の娘が足利晴氏に入嫁して関東公方足利氏の一族としての地位をも獲得している。同様の施策は京に向けても行われ、享禄三年（一五三〇）に氏綱は左京大夫に任官される。左京大夫は、京職の長官として本来は管領細川家の右京大夫に対して足利氏一門の侍所頭人の称号を意味するものであったが、都の管理を担当する官職であったことから、戦国大名のステータス・シンボルとしての意味合いの強い官職であったと考えられている（今谷二〇〇一）。そして、氏綱による左京大夫の獲得は、既に左京大夫を称していた武田信虎、修理大夫を称した上杉朝興などと比肩すべき政治的位置づけとステータスの獲得を目的としたものに他ならず、北条氏は朝廷内においてもその家格を位置づけることができたということになろう。

同じ頃、氏綱は室町将軍家の相伴衆にも列せられており、これにより北条氏は、関東公方・朝廷・室町幕府といったそれぞれの世界の身分秩序の中に自らを位置づけることに成功したのである。

このように、北条氏は北条姓・相模国主などを称し、関東管領職・左京大夫などの官職を得ることによって、旧体制の中での肩書きを自らの家格に補っていったと言える。北条氏は、このような肩書きを「威信」とし、相模、更には関東における自らの支配の正当性を主張し得たと言うことができよう。

「小田原物」の誕生

さらに氏綱は、京・上方との交流を利用し、多くの文物の入手に力を入れている。牧渓法常筆の「寒山一幅一対」

は、氏綱が力を尽くして入手し、越後の長尾為景への贈答品として用いたことは著名であり（市史Ⅱ六一）、北条氏が多くの文物を小田原へと移入し、それらを領国経営に用いていたことを示す事例と言えよう。

なお、他にも第１表のような文物を入手し、所持していたことを確認することができる。管見の限りで不十分な表ではあるが、所有者の系譜を見るとこれらが北条氏の手を離れて以降も権力者や有力寺院に所蔵されていることがわかり、資料の持つ価値・威信財的な力をうかがい知ることができる。

一方、「小田原」という名称そのものがブランドを意味することもあった。後に「小田原物」とも呼ばれた小田原産の製品は、早雲寺創建事業や鶴岡八幡宮造営事業において動員された各地の職人の小田原居住がもたらした技術・文化により成立したものである。今のところ、湯釜の「小田原天命」、刀剣の「小田原相州」、甲冑の「小田原鉢」、絵画の「小田原狩野」、染物の「小田原藍」「小田原染」、木地・木工の「小田原彫」、漆器の「小田原塗」「小田原漆器」などが知られている。これらの製品の幾つかは現代にも伝わってお

<table>
<tr><th>資料名</th><th>作　者</th><th colspan="4">略　歴</th><th>現　蔵</th></tr>
<tr><td>「遠浦帰帆」</td><td>僧玉礀</td><td>今川義元</td><td rowspan="15">小田原北条氏</td><td colspan="2"></td><td>徳川美術館</td></tr>
<tr><td>「五百羅漢図」</td><td>林庭珪
周季常</td><td rowspan="3">寿福寺</td><td rowspan="5">早雲寺</td><td rowspan="4">豊臣秀吉</td><td>ボストン美術館
大徳寺</td></tr>
<tr><td>「十王図」</td><td>陸信仲</td><td></td></tr>
<tr><td>「十六羅漢図」</td><td>一山一寧</td><td>大徳寺</td></tr>
<tr><td>「三祖師像」</td><td></td><td>建長寺</td><td></td></tr>
<tr><td>文台硯箱</td><td></td><td>（南宋）</td><td></td><td>早雲寺</td></tr>
<tr><td>「阿毘達磨大毘婆沙論」</td><td></td><td rowspan="2">極楽寺</td><td colspan="2">称名寺</td><td>金沢文庫</td></tr>
<tr><td>「宋刊文選」</td><td></td><td colspan="2">九華瑞興</td><td>足利学校遺跡図書館</td></tr>
<tr><td>北条氏本『吾妻鏡』</td><td></td><td></td><td rowspan="2">黒田如水</td><td>徳川幕府</td><td>内閣文庫</td></tr>
<tr><td>「日光一文字」</td><td></td><td>日光権現</td><td>黒田家</td><td>福岡市立美術館</td></tr>
<tr><td>今川本『太平記』</td><td></td><td></td><td colspan="2"></td><td>陽明文庫</td></tr>
<tr><td>「倶利伽藍龍図」</td><td></td><td></td><td colspan="2">大長寺</td><td>大長寺</td></tr>
<tr><td>「酒伝童子絵巻」</td><td>狩野元信</td><td>―</td><td rowspan="2">督姫</td><td rowspan="2">池田輝政</td><td>サントリー美術館</td></tr>
<tr><td>「後三年合戦絵詞」</td><td>飛騨守惟久</td><td>宮中</td><td>東京国立博物館</td></tr>
<tr><td>「寒山二幅一対」</td><td>牧渓法常</td><td>東山御物</td><td>長尾為景</td><td></td><td></td></tr>
</table>

第１表　小田原北条氏所蔵資料の系譜

り、例えば「小田原相州」では、天文七年（一五三八）に北条氏綱が鶴岡八幡宮に奉納した三振の太刀は重要文化財に指定されている。

また、「小田原鉢」とは、阿古陀形の頭成で鉢の前後に篠垂を設けて斎垣をめぐらす大ぶりの兜のことであるが、小田原で活躍したのは小田原明珍・相州明珍と呼ばれる一派であった。埼玉県吉田町の椋神社には北条氏邦所用と伝え、「小田原住明珍義□」の銘がある三十三間筋兜が伝わっており、明珍一派には明珍信家のように下野国栃本（栃木県田沼町）や上野国白井（群馬県子持村）などで活躍するものも存在することから、小田原からモノ・ヒトが各地へと伝播している様子を垣間見ることができる。

そして、本稿で取り上げる漆器との関わりが想定される「小田原塗」「小田原漆器」については明確な資料はないが、木地については箱根町畑宿で挽物が行われていたことは間違いなく（市史Ⅱ三四九・三五〇）、小田原市早川には「木地挽」との字名が残る。また、早川には神宝として二点の木地椀を伝え、木地師の祖とされる惟喬親王を祭神とする紀伊神社も所在している。漆については北条氏が田名（神奈川県相模原市）などから漆を徴収していることが知られるほか（市史Ⅱ六五三）、小田原城および城下からは後述するように多数の漆器が出土している。また、伝世品としては北条氏政が百客作らせたという「芹椀」の一部が早雲寺や東京芸術大学に残されてもいる[3]。

このような「小田原物」が、どれほど流通していたかという点については不明瞭であるが、伝世品として伝わる「小田原物」の分布状況などを見る限り、「小田原物」が北条氏の「威信財」として用いられていた可能性は極めて高いと言えよう。これらは小田原産としてのブランド力を保持して各地へと伝播し、用いられていたということになるが、そのように考えると出土傾向が特異な小田原産のかわらけも「小田原物」として認識できるのではなかろうか。

前置きが長くなったが、このような状況を鑑み、小田原城と葛西城のかわらけと漆器について考えていきたい。

二　小田原のかわらけ

小田原城および城下出土のかわらけ

小田原におけるかわらけの研究については、前述したように山口剛志氏・服部実喜氏によるものが基礎となっており、その分類・年代観は「小田原編年」の骨子を為している。特に京都系とされる手づくね成形のかわらけについては、服部実喜氏により詳細に検討されており、十六世紀第2四半期頃（Ⅱa期中段階）より出土し、北条氏の滅亡と共に姿を消す状況から、北条氏の影響下にあるかわらけとして位置づけられている（服部一九九八・一九九九）。

このような手づくね成形のかわらけを中心とする小田原産のかわらけについては、近年関東各地でその出土事例が報告され、北条領国内において小田原との関係を示す考古資料として評価されている。以下、各地域の分類で小田原との関わりが指摘されている一例を概観すると、東京都では葛西城の事例から長瀬衛氏が六種にかわらけを分類し（長瀬一九七五）、その後、手づくね成形のかわらけ（E・F類）は小田原からの搬入品と位置づけられている（谷口一九九四・江上二〇〇二など）。また、宇留野主税氏は八王子城（東京都八王子市）などの事例からロクロ成形のものをA類、手づくね成形のものをB類とし、「BⅠ類」と「AⅠ類（薄手・底部凹型・体部は丸く立ち上がり口縁外反・胎土精良軟質）」は小田原からの搬入品であろうとする（宇留野二〇〇〇）。さらに埼玉県では、田中信氏が「北条氏のT種（手づくね成形のかわらけ）」「北条氏のR種（ロクロ成形のかわらけ）」（田中二〇〇七a）、群馬県では秋本太郎氏が「OⅠ群（小田原産手づくね成形かわらけ）」「OⅡ群（OⅠ群模倣の小田原産ロクロ成形かわらけ）」として取り上げるなど（秋本二〇〇八）、それぞれの地域で様々に分類され、別々の特徴表記で捉えられているのが現状である。

では、このように各地へと伝播している小田原産と言われるかわらけは、小田原におけるかわらけ分類の中では、どのタイプに位置づけられるのであろうか。これまでの分類を見ると、山口剛志氏はロクロ成形（A類）四種、手づ

く ね成形（B類）三種に分類し、服部実喜氏はロクロ成形をⅠ群土器と名づけて三種（A類・B1類・B2類）、手づくね成形をⅡ群土器と位置づけて提示している（第2表）。また、北條ゆうこ氏はかわらけの器形的特徴とロクロの回転方向が連動しているとの仮説に基づき、ロクロ右回転の糸切り痕を持つものを一タイプ、左回転の糸切り痕を持つものを七タイプ、手づくね成形のものを六タイプに細分した分類試案を提示している（北條二〇〇七）。

この北條ゆうこ氏による分類は、これまでの服部氏による検討が手づくね成形のかわらけに重点が置かれていた中で、ロクロ成形のかわらけについても詳細な観察を行ったものであり、小田原城および城下で出土するかわらけの様相をよく表した分類となっている。また、成形方法や製作者の系譜を重視し、ロクロの回転方向を基準に分類した点は卓見であり、ロクロ成形のかわらけについての検討が不十分であった服部分類を補うとともに矛盾点も整理されている[4]。そこで、ここでは北條ゆうこ氏の分類試案を基に後掲の第3〜5表を作成した。細かい分類基準は北條ゆうこ氏の論考に譲り、まずは〝小田原で出土するかわらけにはどのようなものがあるのか〟という点を明確にしておきたい。なお、今回は北條分類試案の内、「小田原編年」においてⅡ期に位置づけられるもののみを提示し、ロクロ右回転糸切り痕を有するもの七種、ロクロ左回転糸切り痕を有するもの五種、手づくね成形のもの六種を取り上げた。

以下、簡単に概要を示すが、右回転の糸切り痕を持つかわらけの内（第3表）、1〜4は相模在地の特徴を有するものである。坏型で厚手、逆台形型を呈することを特徴とし、小田原においてはⅠ期・Ⅱa期古段階に多い。また、5〜7は坏型であるが薄手のものであり、5は6・7に比べて底径が小さい。服部分類では、坏形で逆台形を呈するこれらの一群は同一視されていたが、器壁の薄・厚と後述する左回転の糸切り痕を残すものは別に考えるべきであろう。

8・9は、薄手で内底と体部との境界が明瞭なものである。9には、これまで手づくね成形かわらけの模倣品として位置づけられていたものを含む。改めて検討してみると、手づくね成形のかわらけとの直接的な模倣関係には疑問があるが、これらの盛期がⅡb期である点は重要である。10は8・9に比べて底部と体部の厚みが大きく異なり、

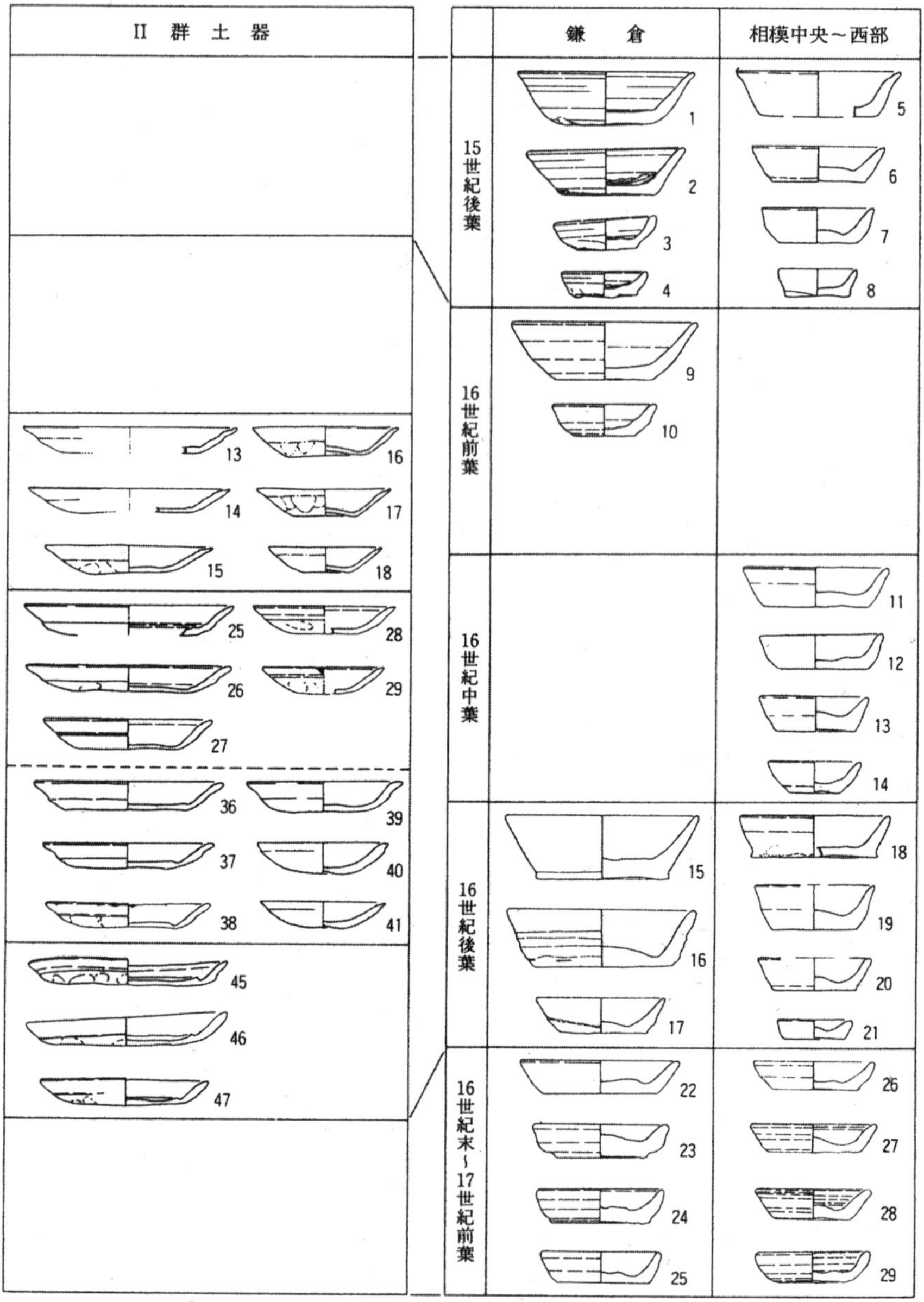
II 群土器
鎌倉
相模中央～西部
15世紀後葉
16世紀前葉
16世紀中葉
16世紀後葉
16世紀末～17世紀前葉

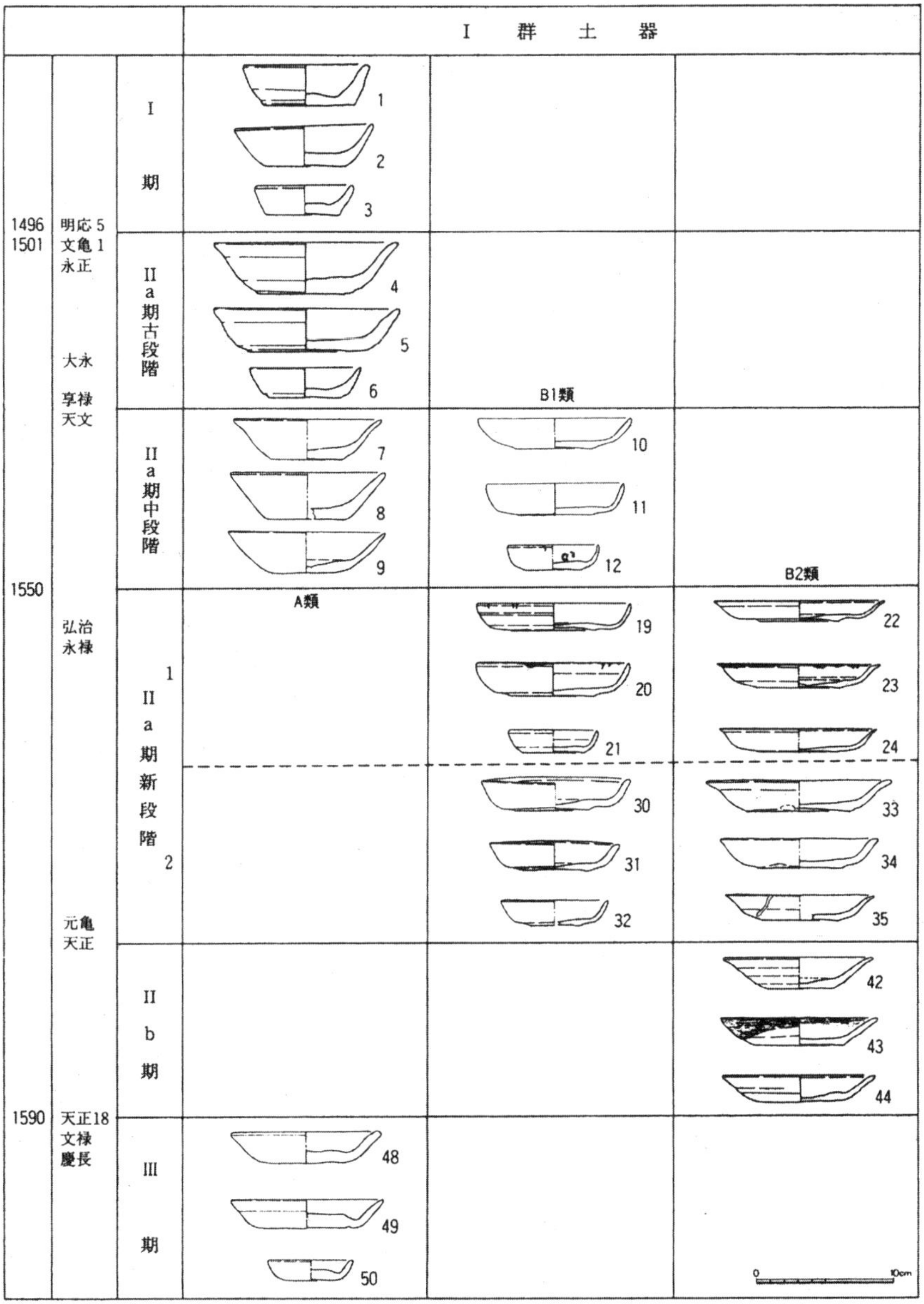

第２表　服部実喜氏によるかわらけの分類・編年表（服部1999より）

		器形	器壁	底部中央断面形態	内底と体部との境目	体部から口縁の形態	主な事例			
							Ⅱa古段階	Ⅱa中段階	Ⅱa新段階	Ⅱb期
ロクロ成形	右回転	坏形	厚手	凸型	不明瞭	斜め上方向	1		2	
		坏形	厚手	平坦	不明瞭	斜め上からやや外反	3	4		
		坏形	薄手	凹型 底径小	不明瞭	斜め上		5		
		坏形	薄手	凹型	不明瞭	斜め上		6		7
		皿形	薄手	凹型	明瞭	斜め上からやや外反			8	9
		皿形	体部厚手	凹型	明瞭	斜め上				10
		皿形	薄手	平坦	不明瞭	やや内彎	11		12	

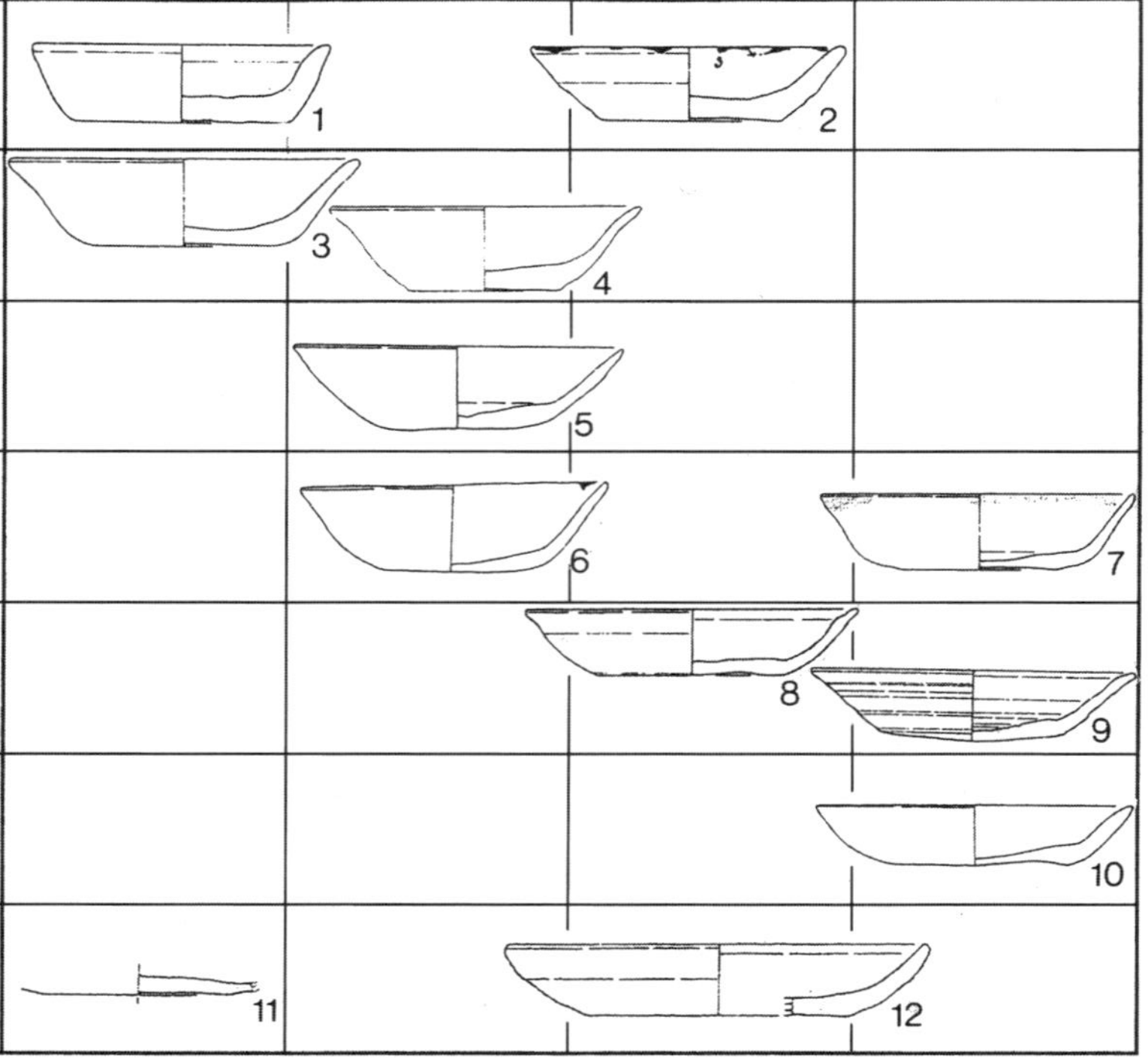

第3表　小田原城および城下出土のロクロ成形かわらけ分類（右回転）

		器形	器壁	底部中央断面形態	内底と体部との境目	体部から口縁の形態	主な事例 Ⅱa古段階	主な事例 Ⅱa中段階	主な事例 Ⅱa新段階	主な事例 Ⅱb期
ロクロ成形	左回転	坏形	薄手	凹型	不明瞭	内弯から斜め上 内弯から外反		13		14
		皿形	薄手	凹型	不明瞭	内弯		15	16	17
		小皿形	薄手	凹型	不明瞭	内弯		18	19	20
		皿形	薄手	凹型	不明瞭	内弯から外反			21	
		皿形	やや厚手	凹型	不明瞭	内弯から外反			22	

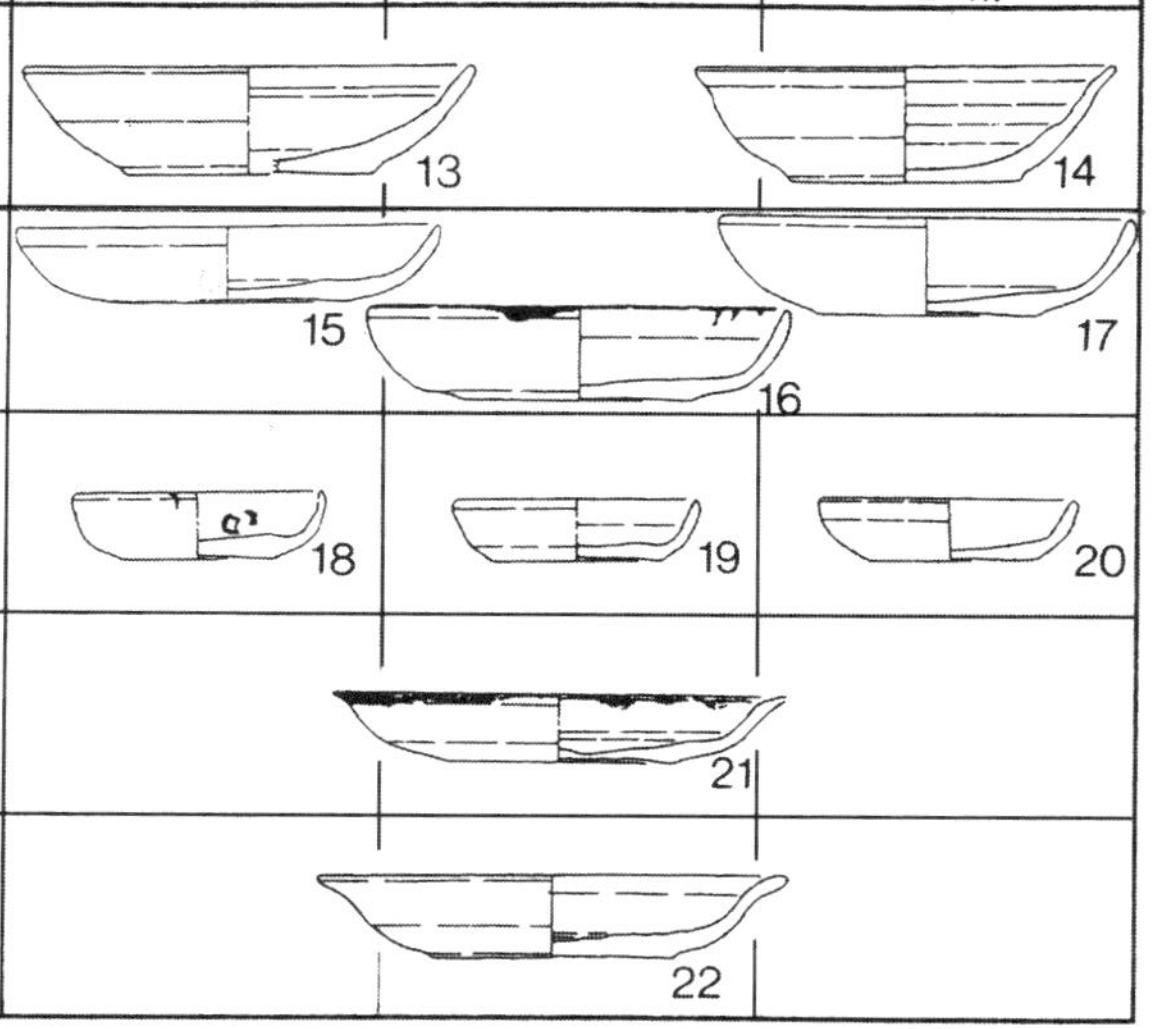

表3～5掲載かわらけ出土地点
藩校集成館跡第Ⅲ地点44号土坑：1・11、藩校集成館跡第Ⅲ地点3号玉石敷遺構：2・12、新道遺跡第Ⅰ地点9トレンチ2号土坑：3、法雲寺跡第Ⅰ地点2号溝：4・5・6、欄干橋町遺跡第Ⅳ地点129号遺構：7、山本内蔵邸跡第Ⅷ地点かわらけ土坑：8、藩校集成館跡第Ⅲ地点29号溝：9、大久保雅楽邸跡第Ⅰ地点3号井戸：10、欄干橋町遺跡第Ⅳ地点176号遺構：13、藩校集成館跡第Ⅲ地点29号溝：14、法雲寺跡第Ⅰ地点2号溝：15・18、欄干橋町遺跡第Ⅳ地点333号遺構：16・19・21、欄干橋町遺跡第Ⅳ地点129号遺構：17・20、山本内蔵邸跡第Ⅷ地点かわらけ土坑：22、藩校集成館跡第Ⅲ地点27号溝：25、山本内蔵邸跡第Ⅷ地点かわらけ土坑：23・27・28・30・31・33、藩校集成館跡第Ⅲ地点29号溝：24・26・29・32・34

参考：ロクロ糸切り痕に見る回転方向の例

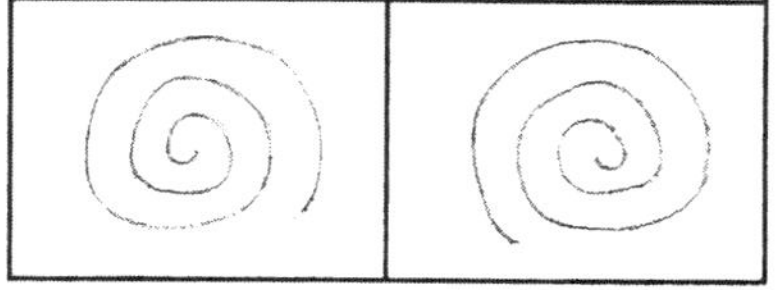

第4表　小田原城および城下出土のロクロ成形かわらけ分類（左回転）

	器形	器壁	内底部の調整	体部の形態	主な事例			
					Ⅱa古段階	Ⅱa中段階	Ⅱa新段階	Ⅱb期
手づくね	皿形	概ね薄手から厚手へと推移	不定方向のハケ 一方向のナデ	外反		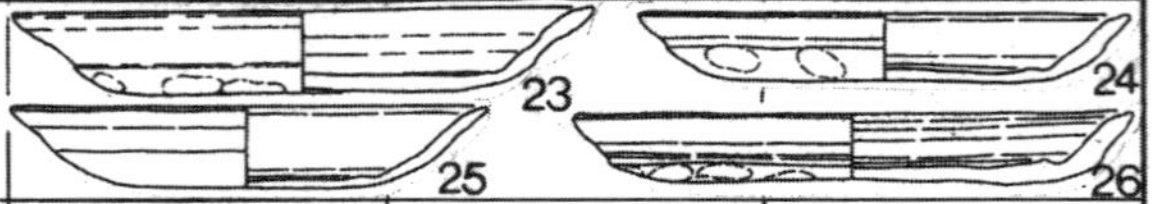 23 24 25 26		
	小皿形		ヘソ皿型 指ぬきを伴うナデ	外反			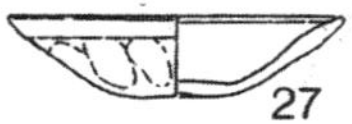 27	
	皿形		ナデ	直立			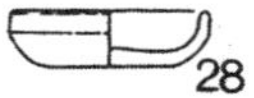 28	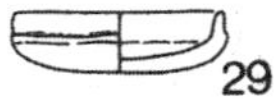 29
	皿形		ナデ	内弯			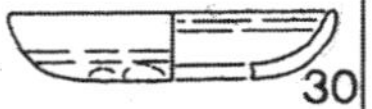 30	
	不整形		指頭による成形のみ	内弯			 31	 32
	耳皿形						 33	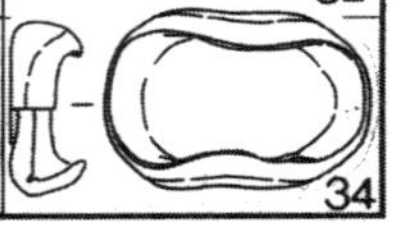 34

※　本表は、北條ゆうこ氏の分類試案を一部加筆して表形式に作り直したもので、「小田原編年」で16世紀代に相当するⅡ期についてのみ提示した。

※　本表におけるかわらけ実測図は1/4スケールである。

第５表　小田原城および城下出土の手づくね成形かわらけ分類

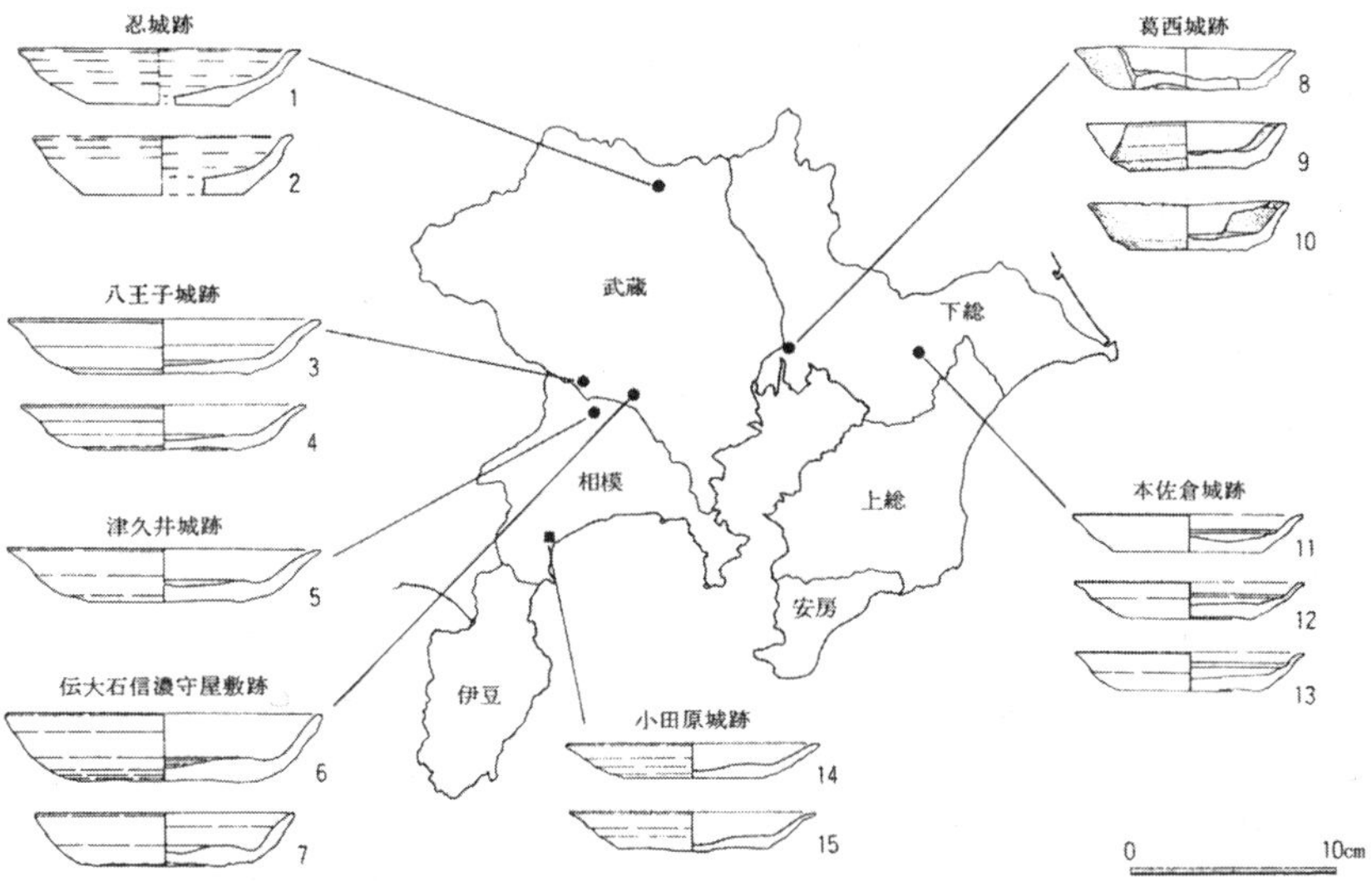

第１図　小田原産手づくね成形かわらけの模倣品出土地点（服部1999より）

体部が厚くなる点に特徴がある。なお、これらの中で異質なのが11・12である。胎土が緻密で白みがかった色調を呈する点は他のかわらけとは明らかに異なり、今のところ搬入品である可能性を考えている一群である。

次に左回転の糸切り痕を残すかわらけについてである（第4表）。13・14は右回転5〜7の薄手の一群と器形的には同等ながら、左回転の糸切り痕を有するものである。そのために分類した一群であるが、細分してみると5・6よりも若干後出であることがわかる。15〜20は、これまで「小田原かわらけ」と称されていた体部が内湾する一群であり、18〜20は15〜17の小型品として位置づけられる。小田原および相模在地において前後の系譜を辿ることのできない特異な一群であり、田中信氏は「伊勢氏R種」として伊勢に系譜を求めている（田中二〇〇七b）。

21・22は、右回転の9と同様に手づくね成形のかわらけの模倣品として位置づけられていた一群である。薄手の21が22に先行し、薄手から厚手へと系譜を辿る点は手づくね成形のものと同等である。前述の8・9に対してⅡa期新段階に盛期がある点は重要であり、モデルとコピーの関係があると仮定するならば、「手づくね成形かわらけ↓21↓22・8↓9」という系譜関係が成り立つことになろう。

右回転の糸切り痕を有する8・9とは異なり、左回転の糸切り痕を有するかわらけには金箔を施したものなども見られることから、使用形態には相違があり、特異性が感じられる。

なお、これまでは、手づくね成形のかわらけに近似したロクロ成形のかわらけは、安易に「小田原模倣」として類型化され、「模倣」の示す範囲は増幅していたものと思われる。小田原においてもロクロ成形のかわらけに手づくね成形のかわらけを模倣した一群があるとは言われていたが、整理すると「模倣」としての明確な根拠は得られず、左回転ロクロ成形という製作技法や使用形態を考慮して、21・22の一群に可能性を含ませる程度である。宇留野氏も「模倣の内容についての差異」を指摘しているが（宇留野二〇〇〇）、他地域においても成形痕や使用形態・系譜関係などを検討し、「模倣」問題を検証していくべきであろう。

次に、手づくね成形のかわらけは六種に分類した（第5表）。23～26は最も出土量が多い代表的な一群である。特大（一五センチ前後）・大（一二センチ前後）・中（一〇センチ）・小（九センチ）の四法量で捉えられ(5)、それぞれの調整方法には若干の相違が見られる。27はヘソ皿状の形態となるものが多い一群で小型品のみが確認されている。23～26とは異なり、内径部に目立った調整痕がない点に特徴がある。28・29は体部が直立する小皿、30は体部が内弯するもの、31・32は指頭のみで成形されたもの、そして33・34は耳皿である。なお、耳皿には28・29を用いたものも少量確認されている。

このように、十六世紀における小田原城および城下出土のかわらけについては、ロクロ一二種、手づくね六種に分類することが可能である。これは、およそ普遍的に確認できるかわらけを簡易的に取り上げたものであり、全てを網羅したものではないが、現時点ではこの分類をもって小田原のかわらけは論じられよう(6)。

葛西城出土のかわらけ

では、この小田原のかわらけ分類をもとに葛西城で小田原に系譜があるとされている資料について見てみたい。

葛西城出土のかわらけの内、小田原に系譜が求められるものとしては、第八一号井戸出土のかわらけがよく取り上げられる（谷口報告一八三頁参照）。これらを前掲の第3～5表の分類に合わせて考えると、手づくね成形のものとロクロ成形のものを確認することができる。まず小田原系譜の可能性が高い手づくね成形のかわらけから見ると、第八一号井戸には第5表の23～26・27の二種類のタイプがあり、27が主体であることがわかる。時期的には、口縁部はシャープに引き上げられているが、やや肥厚する傾向が見られることから、「小田原編年」のⅡa期新段階に位置づけられ（第2表）、胎土の特徴からも小田原産の手づくねかわらけが搬入されたものと判断される。一方、ロクロ成形のかわらけについて見ると、服部氏は「小田原模倣」と位置づけているが（服部一九九九）、いずれも右回転の糸切り痕を有するものである。小田原産とするならば、第3表の9の類型として捉えることとなるが、9の一群の盛期はⅡb期であるため、共伴の手づくねかわらけとは時期的に相違が生じることとなる。また、胎土も異なっていることから、小田原からの搬入品ではなく、葛西在地産のかわらけと位置づけられ、手づくね成形かわらけの模倣品とするのであれば葛西で模倣されたかわらけと考えるべきであろう。

しかし、第八一号井戸の事例をもって葛西に小田原産のロクロ成形かわらけが移入していないとは言い切れず、葛西城では左回転の糸切り痕を有する一群も散見される。これらの中には第4表の22・23に近似した資料も見られ、胎土の共通性からも小田原産のかわらけが持ち込まれている可能性が高い。また、内面から口縁部にかけて金箔が施された金箔かわらけ（Ⅳ区堀出土）も出土しており、やはり左回転の糸切り痕を有し、金箔という特殊な加工が施された特異性からも22・23に近似した小田原産の手づくね模倣かわらけと位置づけることができよう。

以上のような点からも明らかなように、小田原からの視点では右回転の糸切り痕を有するものについては模倣関係を明確にし得ない部分はあるが、左回転の一群の中には小田原に系譜を求められるものが存在する可能性は想定し得

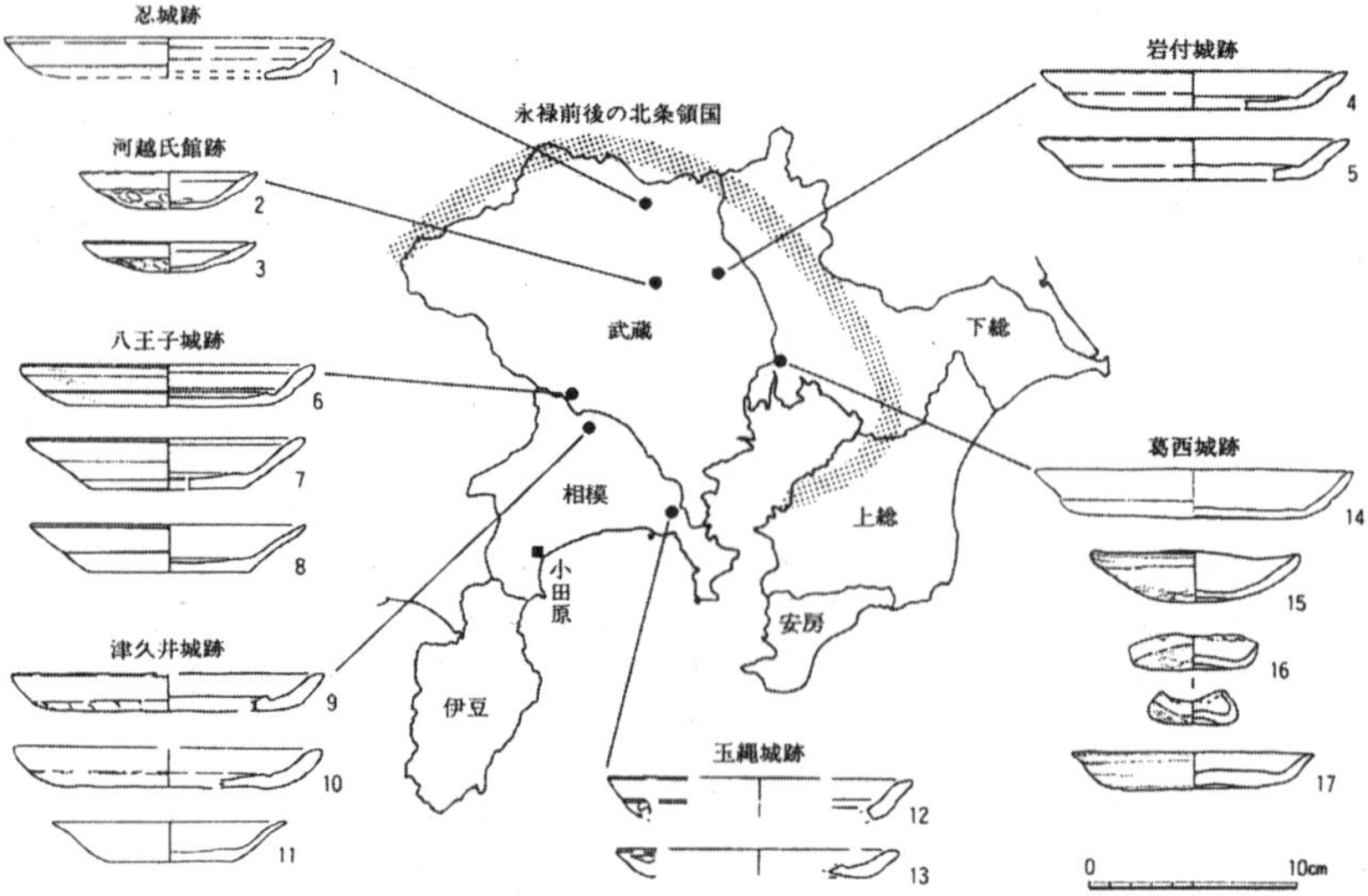

第２図　小田原産手づくねかわらけ出土地点（服部1999より）

る。関東地方における左回転の糸切り痕を有するかわらけの特異性については宇留野主税氏も述べられており（宇留野二〇〇〇）、器形のみならず成形方法と製作者の相違を視野に入れたかわらけの観察が重要と思われる。

なお、以上は葛西城の事例から得た仮説であり、今後は各城館跡出土の手づくね模倣かわらけについても検証し、小田原産、在地産などの系譜を明確にしていくことが課題と言えよう。

葛西城出土の小田原産かわらけの意味

上図は、服部実喜氏による関東各地の小田原産手づくね成形のかわらけ分布状況である。図では、永禄年間前後の北条領国が版図として示されているが、図中のかわらけを見ると、各地で出土する小田原産の手づくね成形のかわらけの大半はⅡｂ期に位置づけられる特徴を有している。第２表からも明らかなように、Ⅱｂ期は天正年間に位置づけられるものであり、天正十年（一五八二）以降に北条領となった箕輪城（群馬県高崎市）からもⅡｂ期に位置づけられる七点の手づくね成形のかわらけが出土している。このことから、小田原産の手づくね成形かわらけの領国内への伝播が天正年間に存在することは間違いないと言える。

一方で、前述のように葛西城出土の手づくね成形のかわらけが、永禄年間を中心とした時期に位置づけられるⅡａ期新段階の特徴を有していることは重要である。また、第八一号井戸では手づくね成形のかわらけが一括して出土しており、点的に出土するという他地域の城館跡の傾向とは異なりを見せている。

葛西城の略史については本書別稿を参照されたいが、葛西城は天文七年（一五三八）以降に北条氏の領するところとなるが、永禄三年から五年（一五六〇～六二）までは一度北条氏の傘下からは離れることとなる。そして、その三年を挟んだ前後の時期では北条領国下での葛西城の政治的位置づけは大きく異なることとなるが、第八一号井戸のかわらけの特徴を見ると、それらは天文七年から永禄三年までの間に使用されたものと考えることができよう。そして、さらに絞り込むとすれば、その期間に小田原産のかわらけがもたらされる契機として考えられるのは、足利義氏が葛西に在城していたとされる天文二十年十二月から永禄元年四月までが有力であろう。第八一号井戸は葛西城本丸に二基しかない石組井戸の一つであり、井戸からは蒲鉾台と考えられる木製品や折敷も出土している。このことから、谷口榮氏はこれらのかわらけを饗応後の一括廃棄と位置づけており（谷口ほか二〇〇七）、その饗応が足利義氏が在城していた時期に行われた可能性は高いと言えるのではなかろうか。

小田原城を中心に葛西城のかわらけを見てきたが、前述のように小田原産のかわらけの編年的な組み立てては、各地の城館跡で出土が報告されているかわらけとの比較検証が疎かなまま行われていた。しかし、各地のかわらけの出土状況は極めて重要なメルクマールとなり得るものであり、葛西城の資料からは天文二十年から永禄元年（＝Ⅱａ期新段階）、そして箕輪城の資料からは天正十年から十八年（＝Ⅱｂ期）を定点の一つとして示すことができよう。

三　小田原の漆器椀と葛西の漆器椀

小田原城および城下では、一九二点の漆器（椀・皿・鉢・蓋）が出土している。そのうち一一二点が十七世紀前葉までに廃絶した遺構から出土した椀であった。そのため、今回は椀に特化して話を進めたい。

なお、これまでのところ、小田原城下において十六世紀に漆器を作成していたことを示す遺構・遺物は確認できていない(7)。しかし、前述したような「小田原物」としての「小田原漆器」の存在や北条氏が漆を徴収していることなどを考慮すると小田原周辺で漆器を作成していた可能性は極めて高いと言えよう。

一方、葛西城でもこれまでの調査で多くの漆器が出土している。そして、前述のかわらけや箱根以西にしか自生しないヒコサンヒメシャラの種子が出土したことなどとともに、小田原の影響を示す遺物として取り上げられてきた（谷口二〇〇二）。しかし、かわらけと同様に小田原からの視点で葛西城の漆器について考察を加えたことはないため、改めて小田原城および城下出土の漆器椀をベースに葛西城出土の漆器について検討を加えてみたい。

なお、小田原・葛西どちらの遺跡出土の漆器椀においても理化学的分析は十分に行われていないため、理化学的な分析が伴わない範囲での検討であることを付記しておく。

小田原城および城下出土の漆器椀

漆器椀一一二点の内、全体像を確認できるものは必ずしも多くはない。

器形的には厚手で高台内をあまり抉らない脚高高台を有し、身と高台の比が二対一程度のものが最も多く、高台が低い四対一程度のものが少量確認される状況である。おそらく前者が一の椀、後者を二の椀として捉えることができるが、三ツ組椀とした場合の三の椀には、報告書上で皿・蓋などとして報告されている浅めのものが該当するものと思われる（第3図）。

また、これらとは別に器壁が薄く、高台内の削り込みが深い一群も存在している。高台内の抉りの深さについては、器壁の厚い椀は厚手であるがゆえに身の部分が重くなるため、高台を抉らないことで重心を低く置き、自立させるとの目的が想定でき、このことが両者の高台内の抉りの相違となって表れているものと推察される。これらの椀では漆の彩色方法も異なっており、厚手のものは内面赤色漆（朱・ベンガラ）で外面黒色漆（以下「外黒内赤」）、薄手のものは内外面ともに赤色漆を施している（以下「皆赤」、第3図）(8)。

四柳嘉章氏によると、三条西実枝（一五一一～一五七九）の『三内口決』には、内外面ともに朱塗りのものが上物であったことが記されており、十六世紀になると赤色の漆器は農村部にまで普及するが、朱塗りの漆器への憧れは舶載漆器に起因するとされている（四柳二〇〇六）。また、やや時代は遡るが、応永七年（一四〇〇）の『播磨国清水寺塔供養導師方経営注文』に朱椀一具（五〇個）五〇〇文、墨椀一具四〇〇文とあることを踏まえると、厚手外黒内赤の漆器椀よりも薄手皆赤の漆器椀の方が上物であった可能性は高い。

漆の塗布方法としては、理化学的な分析例が乏しいために肉眼による観察にとどまるが、炭粉下地（炭粉＋膠か柿渋）の上に黒色あるいは赤色漆を一層もしくは二層塗布するものが大半のようである。また、布着せを行っている事例は確認されていない(9)。これは、唯一小田原城下で分析が行われている山本内蔵邸跡第Ⅷ地点出土の漆器椀（十七～十八世紀）の分析結果とも共通しており（難波二〇〇六）、山本内蔵邸跡第Ⅷ地点出土の分析結果では赤色漆の主体はべ

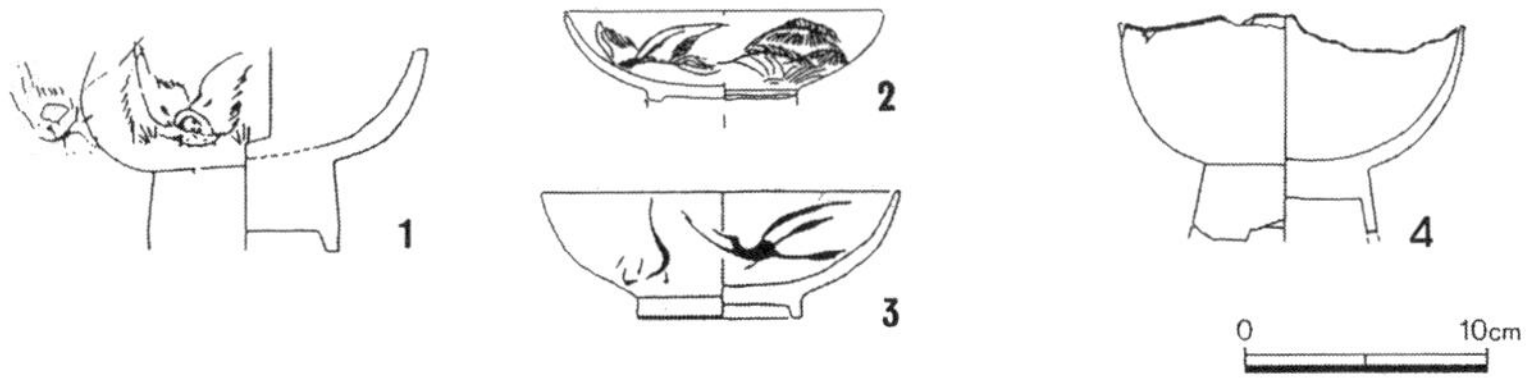

1：外黒内赤一の椀（欄干橋町遺跡第Ⅳ地点326号遺構） 2：外黒内赤三の椀（御組長屋遺跡第Ⅱ地点18号井戸）
3：外黒内赤二の椀（中宿町遺跡第Ⅱ地点4号溝状遺構） 4：皆赤一の椀（山本内蔵邸跡第XⅠ地点1号堀）

第3図 小田原城下出土の漆器椀（1/6）

ンガラであった。また、木取りは横木取りがほとんどであり、縦木取りのものは確認できていない。木材は広葉樹を使用しており、箱根・伊豆で産するケヤキなどを主に用いているものと思われる。

伝統工芸品「小田原漆器」の製作工程

以上が、小田原城および城下出土の漆器椀の概要である。漆器については出土した時点で既に歪みが生じている場合が多く、出土資料が製作時の状況をどこまで残しているかは疑問である。また、出土資料を保存するための科学処理を施した場合においても詳細な観察ができないものがあり、製作時の姿を垣間見ることは難しい。

そこで、漆器椀の製作当初の姿を検討するため、小田原漆器伝統工芸師の方々の協力を得て、今日における漆器椀の製作過程を見学させていただいた。(10)まずはその製作工程を示し、出土資料に見られる特徴を検証していきたい。

なお、製作過程には大きく①木取り②木地製造③塗り④火造り（道具鍛造）の四つのサイクルがあるという。

木地師による鉋鍛造作業が、製作過程の一部として位置づけられている点は極めて重要である。木工を生業とする職人が鍛造を行うということであり、石工が鑿の鍛造をしてから仕事を行うとの事例と同様の事象である。しかし、今回の検討対象は漆器であり、鍛造作業を取り上げると焦点が呆けることから、①から③の作業についてのみ紹介する。

写真１　出土品に見る横木取り・炭粉下地

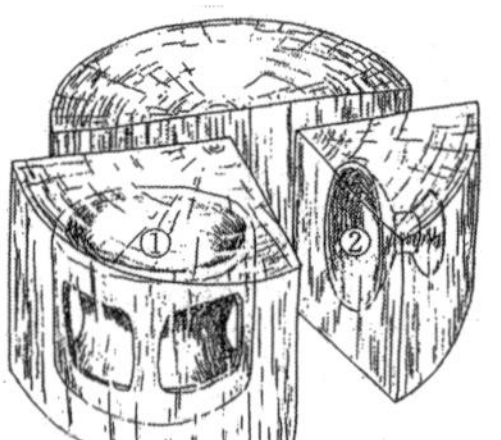

第４図　木取り方法の一例（潮見1988より）

① 木取り

イ　寸決め　↓　サイズに合わせて材料を採取する。
ロ　玉切り　↓　原木の先端を切り、虫食い・ワレ等を確認する。
ハ　墨付け　↓　芯を避け、材料を割り出す位置を決める。
ニ　挽き割り　↓　墨付けした範囲を大割りする。
ホ　こばおとし　↓　大割りした材を粗加工する。
ヘ　荒挽き　↓　木表を見込みとして削り込む。
ト　割れ止め　↓　木口にショウフ粉などを付けて急激な乾燥を防ぐ。
チ　乾燥　↓　見込みを下にして積み上げ（船積み）乾燥させる。
リ　煮沸　↓　里材などの急成長した材は煮沸してゆがみを補整。
ヌ　ねかす　↓　乾燥させて二週間程度放置し、水分を調整。

使用する木材は箱根や伊豆天城のケヤキやシオジが主体とのことであり、ケヤキは硬質であることから布着せを行う必要がなかったとのことである。この後、「保持爪作り」や「芯出し」という作業がある。「保持爪作り」はロクロに固定するための爪作りであり、「芯出し」とはロクロを回して削る際の中心位置を決める作業である。遺跡出土の木地椀には、高台内に爪の痕跡が残るものもあり（第5図）、十六世紀段階においても同等の作業が

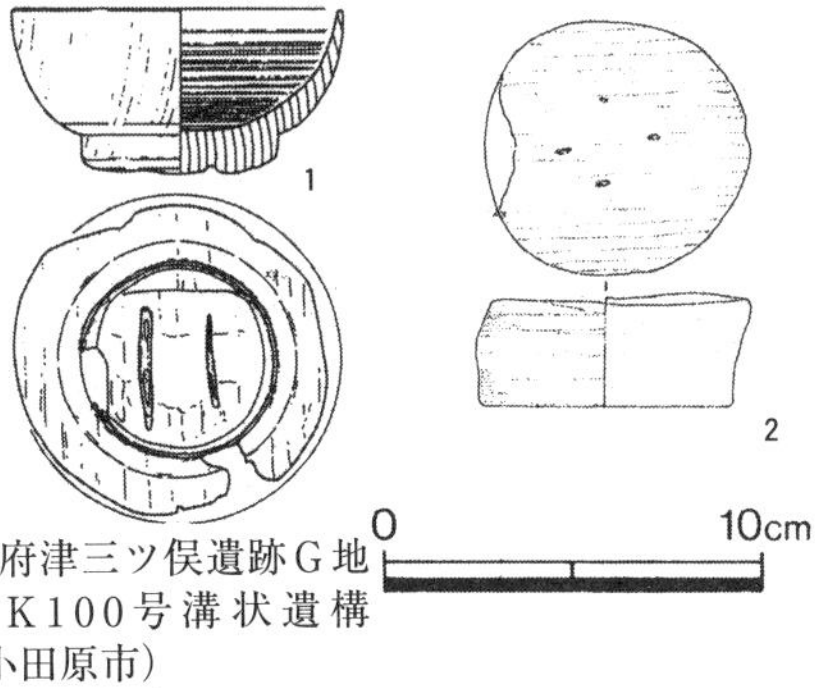

1：国府津三ツ俣遺跡Ｇ地区Ｋ100号溝状遺構（小田原市）
2：葛西城濠覆土

第5図　高台内に残る爪跡（1/4）

あった可能性は高い。

②　木地製造

イ　中挽き　→　鉋棒（カンナ棒）を使って粗加工を行う。

ロ　ねかす　→　放置し、自然乾燥させてゆがみを取る。

ハ　仕上げ挽き　→　器面を平滑に仕上げる。

ニ　木地磨き　→　鮫皮等を用いて鉋目・逆目等を磨き取る。

ホ　水磨き　→　刷毛で水を塗り、トクサ（稲束）で磨く。

木地を挽く際は、外面から内面の順で行うとのことである。そのため、内側を削る際の爪痕が高台内に残り、遺跡出土資料中にも確認できるのであろう。また、木取り方法はデザインを重視して縦木で行うものもあるが、現在も基本的には横木取りとのことであった。横木取りが主体であるという点は、小田原城および葛西城出土の漆器椀とも共通する。

また、ロクロはもともとは右回転（現在は、粗削りは右、仕上げは左回転で行うとのこと）、鉋は手前から奥へ向けてかけていくとのことであった。なお、木取りを縦木にするか、横木にするかではロクロ挽きの際の削り方や鉋棒の形態が異なるとの指摘があり、縦木取りと横木取りとでは木地師の系統が異なる可能性も指摘される。このような視点は、考古資料だけでは理解できない点であるため、極めて重要な指摘であると言える。

③　塗り

イ　木固め　→　漆錆などをすり込み、目止めをして下地を強化。

写真３　木地製造作業風景

写真２　鉋（カンナ）棒

ロ　研ぎ　↓　砥石等で木固めした下地を研磨する。
ハ　地付け　↓　砥粉と漆を混ぜたものを塗布。
ニ　下塗り　↓　漆を塗布。
ホ　下塗研ぎ　↓　炭（朴の木・桐の木）・砥粉などで磨く。
ヘ　中塗り　↓　漆を塗布。
ト　中塗研ぎ　↓　炭・砥粉・鹿粉（鹿角を焼いた粉）などで磨く。
チ　上塗り　↓　麻布紙や濾殻で濾過した生渋を塗布。
リ　ふし上げ　↓　ホコリを刷毛等で取り除く。
ヌ　かえし　↓　乾燥、漆垂れを防ぐため、天地を返しながら行う。

写真４　上塗用の漆濾し

現在の「小田原漆器」は、木目を透けて見せる「木地呂塗り」「摺り漆塗り」が特徴であるため、黒色漆や赤色漆を用いることは少ない。そのため、遺跡で見られるような炭粉（柿渋や膠に炭を混ぜたもの）は彩色漆塗りの時のみに用いるため、あまり使用しないとのことであった。ニ～トは数回繰り返される場合があり、チの際に用いられた麻布紙の屑が濾殻である（写真４）。

以上が、現在の小田原における大まかな漆器の製作過程である。前述のように、出土漆器の器形的特徴は埋没時の歪みなどにより観察し難いところがあるが、このような製作過程を頼りとし、出土資料の検討に入りたい。

北条領国の漆器椀

まずは領国内の漆器椀を取り上げ、その特徴から類似する漆器がどの程度「移動」しているかを確認してみたい。

小田原城・葛西城との比較対象としては、浅野晴樹氏による陶磁器分析の結果から（浅野二〇〇八）、北条領国内で

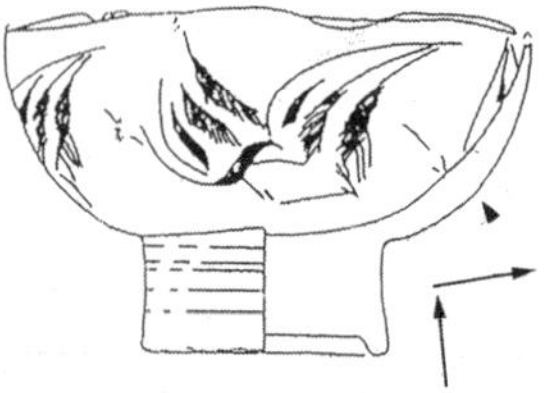

小田原城：山本内蔵邸跡第ＸⅠ地点１号堀

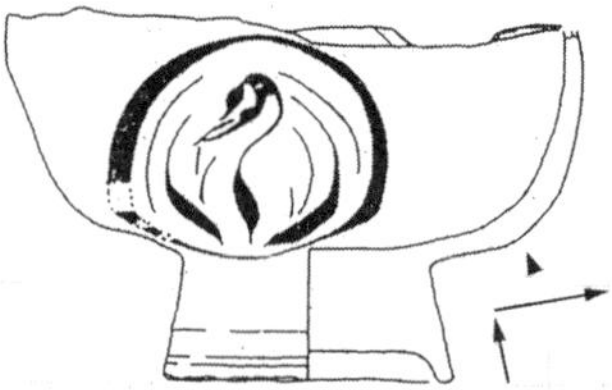

小田原城：本町遺跡第Ⅲ地点堀下層

葛西城：葛西城Ⅱ濠跡

葛西城：葛西城ＸⅡ１号堀

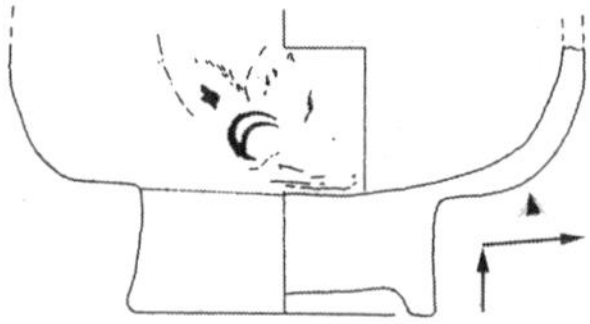

韮山城：外池第Ⅰ地点堀２・堀３

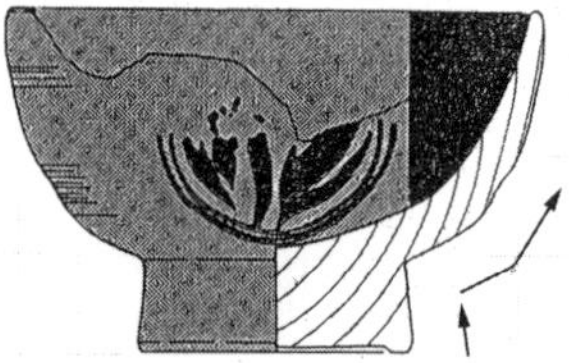

深谷城：11次Ａ区２号井戸

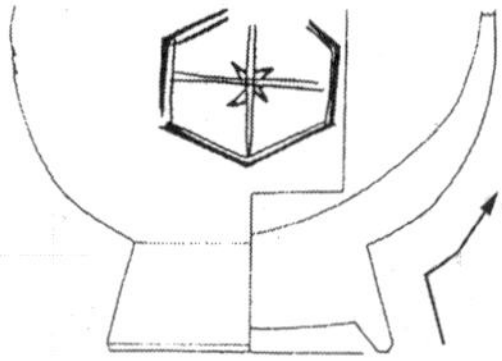

忍　城：第２次調査

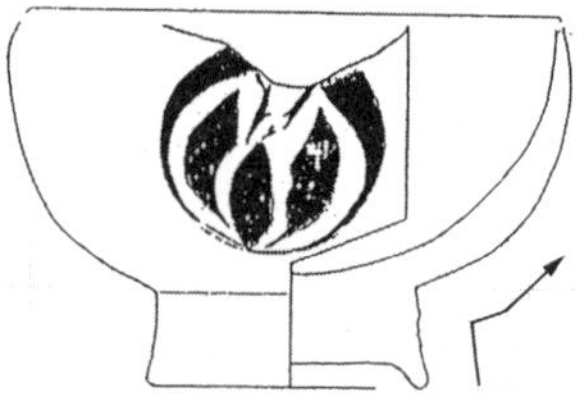

騎西城：第19区障子堀

第６図　北条領国内の漆器椀とその器形的差異（1/4）

拠点城館・準拠点城館と位置づけられている北武蔵の城館跡を基準とし、一定量の漆器椀の出土が確認されている遺跡として深谷城（埼玉県深谷市）・忍城（同県行田市）・騎西城（同県騎西町）の事例を抽出した。また、視点を西に向け、伊豆国の拠点城館である韮山城（静岡県伊豆の国市）の資料についても取り上げた（第6図）。なお、今回は最も出土量が多い一の椀を対象としている。

全体を概観すると、同一スケールで提示した第6図からも明らかなように一の椀の規格がほぼ共通している点については異論はないであろう。そして、それぞれの特徴を見ると、北武蔵の製品は体部が高台脇から腰を張らずに斜め上方に向かって内湾気味に立ち上がり、最大径が口縁部より若干下位に位置するものが多いという特徴が見られる。一方、小田原城・葛西城・韮山城出土資料は高台脇から一度横に広がってから器壁が立ち上がる腰の張った器形を呈するものが多く、全体的に身の形が扁平な印象を受ける。比較資料が少ないため、ここで抽出した資料のみでは不明瞭な部分もあるが、これらの器形的な差異は地域的な相違である可能性が考えられよう。

遺跡出土の漆器椀には既に歪みが生じている場合が多いため、以上の結果だけで判断するのは早計とも思われるが、前節の製作技法を考慮して見た場合、高台脇から鉋棒を横に挽くことと斜め前方に押すように挽きだすのでは、作業における手送りは明らかに別であり、器形的な差異のみではなく、加工工程からも異なるタイプのものと位置づけられるのではなかろうか。この点については、相違が個体差としてのみでなく地域的差異として確認できた点は重要であろう。

小田原城・葛西城出土漆器椀の文様

さて、前述のように歪みを持つ出土資料の器形的特徴だけで小田原城と葛西城を同一視することは、論拠としては心細いため、次に漆器椀に描かれた文様から検証してみたい。

それぞれの遺跡で出土する漆器椀の文様としては「鶴・亀・松・笹」などを組み合わせた蓬莱文様が目に付き、同

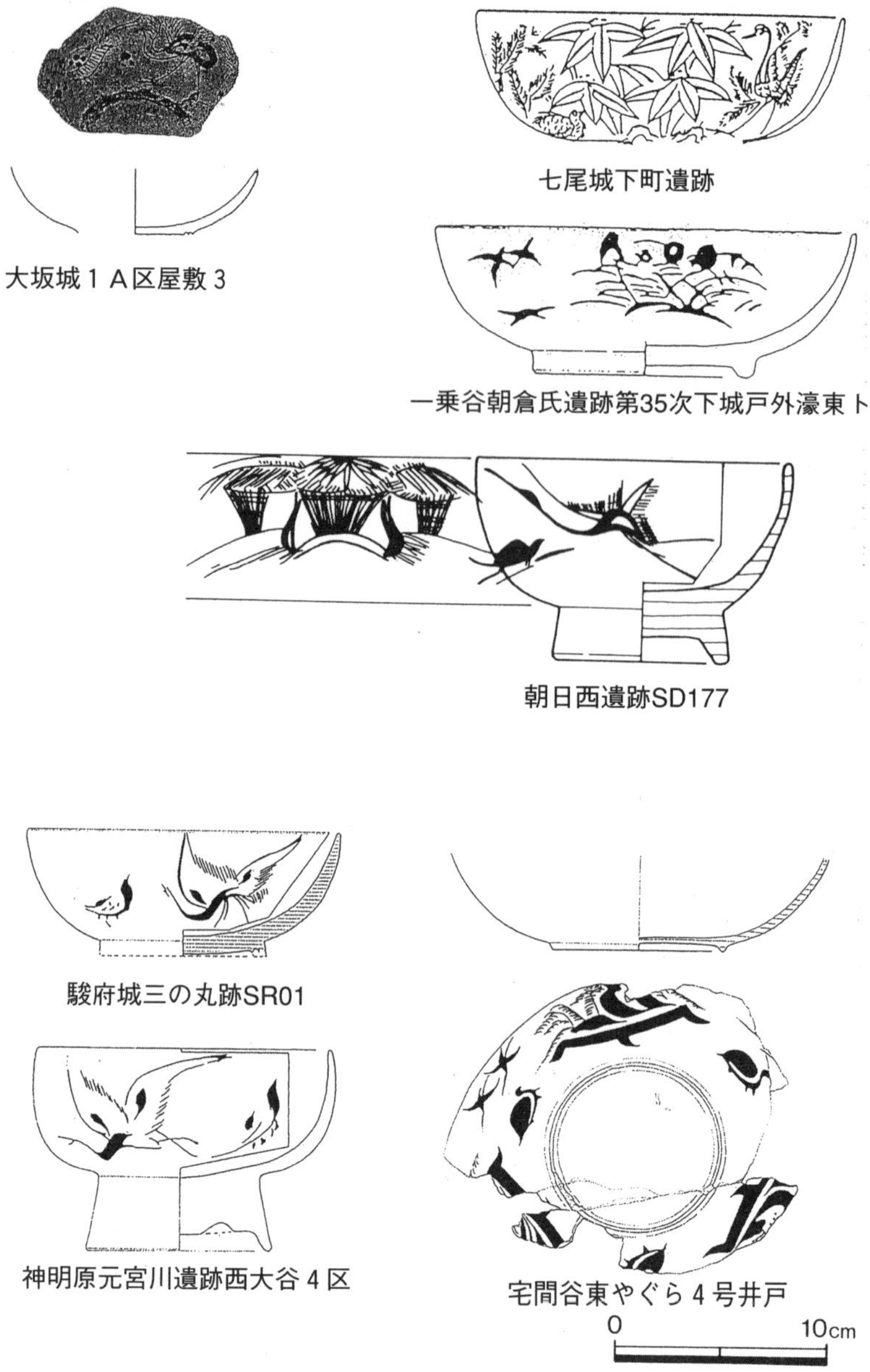

第７図　各地で観察される「蓬莱文様」を持つ漆器椀（1/4）

様の文様は十六世紀代を代表する各地の遺跡でも見ることができる。ここでは、豊臣前期大坂城（大阪府大阪市）や七尾城（石川県七尾市）・一乗谷朝倉氏遺跡（福井県福井市）・朝日西遺跡（愛知県名古屋市）・駿府城三の丸跡（静岡県静岡市）・神明原元宮川遺跡（静岡県静岡市）などで出土したものを取り上げたが、神奈川県内では宅間谷東やぐら（鎌倉市）のように十四世紀代の製品にも同じ文様を確認することができる（第7図）。そのため、これらの文様は漆器の文様としては、広く定型化していたものと考えることができよう。

そこで、蓬萊文様及び同じように類例が散見される「丸に鶴」文について詳細に見てみたい。蓬萊文様は、立ち姿の鶴二羽と亀を描くものや飛鶴と亀を描くものがあり、それに松や笹で州浜を表現した文様構成となっている。第8図に示した小田原城および葛西城の文様と第7図の大坂城や七尾城の描写の違いは明確であるが、逆に小田原城と葛西城の鶴・亀の描写には共通性が見られる。

第8図A～Cは二羽の鶴と亀を描いたものであるが、A・Bが小田原城、Cは葛西城出土のものである。鶴は二本の線で体を表現し、肩羽は一本の線で弧を描くことで描写、風切羽は細かい線を烈点状に並べ、中に一本線を落とすことで羽を表現している。脚は二本の線で表現し、脚先には三～五本の線で指・爪を表現している。また、亀は省略される傾向もあるが、右側を頭としてやや太くした線を引いて胴体とし、甲羅の輪郭は弧で描き、亀甲と脚は烈点で表現している。これら三点の図柄の共通点は明白であるが、第6図に示した韮山城の一の椀にも共通する図柄があり、類似する描写が多数存在していることがわかる。また、D～Gは飛鶴と亀の文様であるが、これらの中にも共通点が多く見受けられよう。全体的に、身の深い一の椀には前者、身の浅い二の椀・三の椀などには後者の図柄が描かれる傾向がある。

同様に、「丸に鶴」文様についても他地域のものと比較することで、より一層小田原城と葛西城の文様の類似性が顕著となろう。例として、器形的特徴の比較で用いた北武蔵の資料を合わせて提示したが（第9図）、小田原城および葛西城のものは、細い線で丸を描き、その中に羽を広げた鶴を描いている。顔は左を向き、太線で描いた羽から上

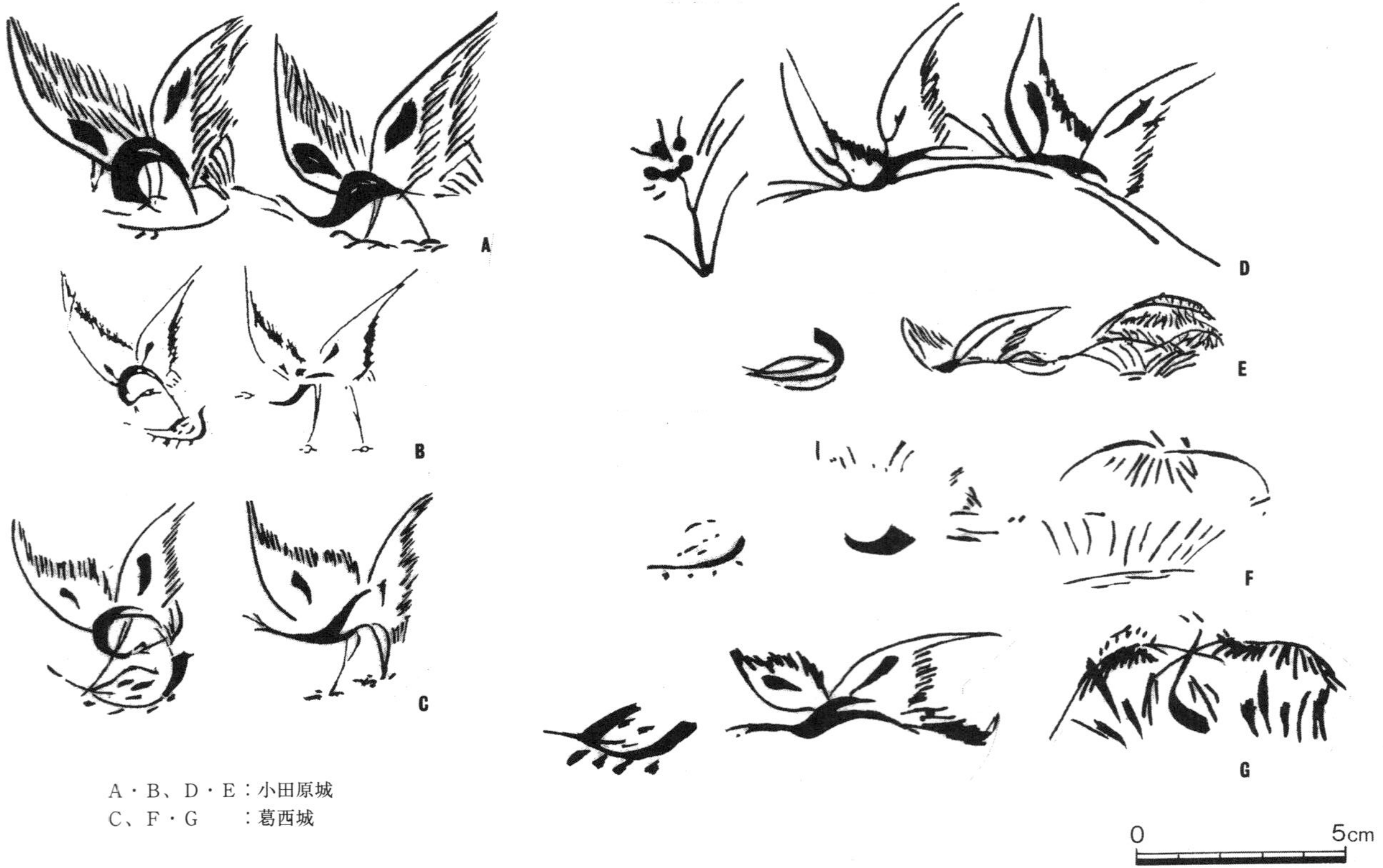

第８図　小田原城・葛西城出土漆器にみる「蓬莱文様」(1/2)

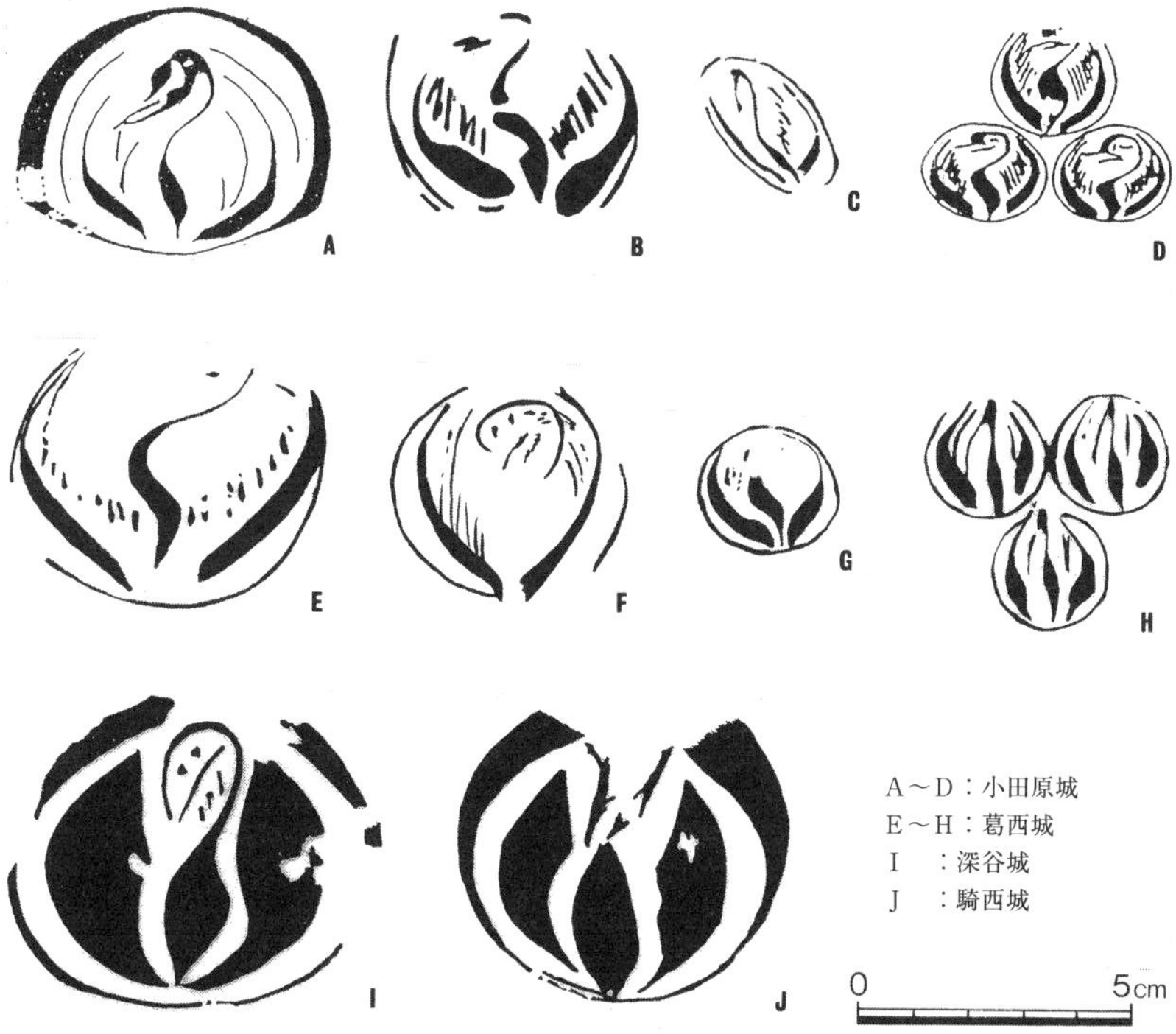

第９図　小田原城・葛西城出土漆器碗にみる「丸に鶴」文様（1/2）

向きに細い線で風切羽を表現している。それに対し、北武蔵のものは丸文自体の上部を太めにして羽の一部とし、内側はベタ塗りとしている。これらの描写方法を見た場合、小田原・葛西と北武蔵の製品との相違は明確であろう。

　このように、小田原城および葛西城の出土漆器における類似性は、他遺跡出土の漆器椀と比べると明らかであり、前節で述べた器形的特徴から見た成形方法と合わせて考慮すると、小田原城および葛西城の漆器椀は産地を一にする可能性さえ考えられ、北武蔵地域とは生産集団に違いがあるものと推察される。

　今回は取り上げきれなかったが、第7図に示した駿府城や神明原元宮川遺跡でも近似した資料が見られることから、韮山城とともに今後は駿河以西の資料とも比較しながら、その系譜を考えていく必要があろう。

まとめにかえて

本稿では、伝世品を中心に文献史料等から動きがわかる事象を確認し、小田原を集散地と位置づけて話を進めてきた。そして、それらの文物の入手と文化の移入から発した小田原産ブランドである「小田原物」を例に、考古資料の中からかわらけと漆器椀を取り上げて小田原城と葛西城の関係について考えてきた。

これらの作業を通じて垣間見えた課題を記し、まとめにかえたい。

かわらけについては、北条領国内の各城館跡で確認される手づくね成形のかわらけが、Ⅱb期を主体としているのに対し、葛西城出土のものはⅡa期新段階という古手の様相を示す点に特徴があった。その中で、足利義氏の在城を根拠に葛西城出土の手づくね成形のかわらけを天文二十年（一五五一）十二月から永禄元年（一五五八）四月に用いられた可能性があることが指摘できた。この結果はⅡa期新段階の年代を考える基準となり得ることを示しており、同時に取り上げた箕輪城出土のⅡb期のかわらけなどとともに今後とも検討を加え、「小田原編年」の中に位置づけていくことが必要であろう。「小田原編年」では、Ⅱa期は古・中・新の三段階に区分されているが、一括資料としては明確にⅡa期中段階と新段階を区分できるような成果は得られていない。しかし、かわらけの器形的特徴からは時期区分が設定できる様相があることは明確であり、天文年間から天正年間に至る間の編年的画期の設定が課題となっていた。今回の葛西城および箕輪城の事例は、その期間の混乱を整理する契機とすることができるのではなかろうか。

服部実喜氏は、既に十六世紀第3四半期に位置づけていたⅡa期新段階を1・2として永禄年間の中で区分して捉えている。そして、Ⅱa期新段階2を元亀年間を経て天正年間の前半までに位置づけ、Ⅱb期は天正年間後半に下がる可能性があると指摘している（服部一九九九）。服部氏が細分した際の論拠は、組成や法量・整形上の特徴からの細分であったが、今回の検証からも、Ⅱa期新段階が細分できる可能性は十分に考えられ、服部氏の指摘については改めて検討し、位置づけていく必要があると思われる。

また、漆器椀については小田原城出土の漆器椀と葛西城出土の漆器椀との間には多くの共通点が見られ、それは北武蔵の漆器椀と共通するものではないことがわかった。小田原城・葛西城と共通する文様構成の漆器椀が韮山城・駿府城などでも確認できた点を考慮すると、これからはその技術系譜や産地の推移、分布範囲などについて検討していく必要があろう。(11)そのような中で本稿では、これらの漆器が小田原で生産された可能性があるとの仮説を示したものであり、北武蔵の城館跡出土の漆器椀とは器形や文様の描写方法に相違があることは十分に提示できたであろう。

また、伝統工芸師の方々からは、木取り方法によって成形過程に違いがあるとの貴重な情報も得ることができた。現代の加工技術をそのまま十六世紀に遡らせて考えることは乱暴であるが、遺跡から出土する木製品については遺存状態の問題などもあり、考古資料だけで議論を進めていくことは困難であると考える。その際、木地を加工し、漆を塗布する技術を有する現代の工芸師の意見を参考にしていくことは、重要な作業ではないかと思われる。漆器椀については、文様や器形的変化などとともに加工技術からも検討していくことが重要であろう。

最後に小田原城と葛西城との関係である。両城には足利義氏を通じて、蜜月な関係があったことが推察された。それは天文二十年（一五五一）十二月から永禄元年（一五五八）四月という限られた期間のことであり、永禄元年の四月に義氏が小田原に赴いて以降、義氏が葛西に戻ることはなく、北条領国の拡大とともに葛西城の役割も前線基地から後衛の中継基地として推移することになる。そのような状況の中で見える小田原との接点・共通性は、政治的な背景が考古学という分野に示す重要なファクターであった。

近年の研究動向を見ると、考古学の分野における時期決定は、歴史事象に振り回されている部分が多く見え、考古資料としての出土遺物の位置づけが混乱している事例も多く見受けられる。そのようなことがないよう、考古学の研究者は考古資料を積み上げることにより特徴を抽出し、その結果で歴史を組み立てていくのが本来の役割であろうと思われる。小田原と葛西との関係は、そのような歴史的な背景が考古資料から語り得る希有な事例であり、シンポジウム「葛西城と古河公方足利義氏」は、葛西城を媒体として文献史学と考古学の研究者の間で充実した検討が行われたシンポジウムであったと認識している。このような研究活動の積み重ねにより、地域の歴史を明らかにしていくことが我々に課せられた責務と言えるのではなかろうか。

註

（1）本町遺跡第Ⅲ地点の発掘調査報告書（諏訪間ほか二〇〇八）で集計された数字に、平成十八・十九年度の調査件数（渡邉二〇〇七・佐々木二〇〇八）を加えた数字。

（2）小田原城および城下出土の漆器椀については、宮坂淳一氏（宮坂一九九六）・服部実喜氏（服部一九九八b）により取り上げられて以降、目立った研究は行われておらず、「小田原編年」においても明確に位置づけられてはいない。しかしその一方で、葛西城出土漆器との共通性が指摘されていた（谷口二〇〇二）。

（3）芹椀と同一あるいは近似した椀の出土は確認できていないため、芹椀自体が小田原産かどうかは不明である。

（4）服部氏による成形方法の分類は、基本的にロクロ成形と手づくね成形による2種分類であるため、細かい分類は行われていない。そのため、製作者の相違が明らかなロクロの回転方向の差異を考慮して見ると様々に齟齬があり、全体的な変遷は捉えていながらも、その系譜関係は曖昧となっている。その結果、後述する「模倣土器」については特徴・系譜に混乱が生じることとなった。

（5）第3・4表に示したロクロ成形のかわらけについては、特徴的であるために18～20を15～17の小型品に位置づけながらも別立てとした。他のかわらけについても、ほぼ大小二法量を確認することができる。

（6）現時点での分類案は試案の段階に留まるため、ここで分類記号等を用いて示すことは控えた。分類記号のみが先行し、今後整理していく際の妨げになることを避けるためである。また、時期区分は現状の「小田原編年」に準拠している。今後、検討を重ねることでより充実した分類・編年案を提示したい。

（7）箱根口跡第Ⅱ地点では十七世紀前葉廃絶の三号堀から、小田原城下中宿町遺跡第Ⅶ地点では十九世紀の十六号土坑から、小田原城下本町遺跡第Ⅰ地点では十九世紀の包含層からそれぞれ朱漆を濾した濾殻が出土している（写真4参照）。しかし、明確に十六世紀代に遡る遺構からの出土事例はない。

（8）外黒内赤の場合、外面に施される文様は赤である。また皆赤のものについては、高台内のみ黒漆を用いている場合があり、高台内に赤漆で銘や記号等が記されるものもある。また、本稿では理化学的な分析を伴わない視覚的色彩表現でのみ漆器椀の色合いを表現しているため、原料特定をイメージさせる「朱漆」との表現は用いずに「赤漆」「皆赤」とのみ表現することとした。

（9）八王子城御主殿跡出土の漆片の分析では、布着せの痕跡があるものが一点確認されている。しかし、これは調度品の可能性が指摘されており（上条二〇〇二）、北条領国内において椀・皿で布着せが行われている漆器は確認できていない。八王子城では、赤色の部分からは水銀の反応が認められているため、朱が用いられていた可能性が指摘されている。

（10）「小田原漆器」伝統工芸師である石川満氏（木地師・塗師）・池谷元弘氏（塗師）にご協力をいただいた。作業を見学させていただくと共に、多くのお話をうかがうことができた。

（11）伊勢宗瑞が駿府・韮山を経て小田原城を攻略した歴史的背景を考えると、漆器椀の技術系譜も西に祖型が求められる可能性は高い。しかし、駿府城や神明原元宮川遺跡出土の漆器は、小田原城・葛西城よりも後出である可能性があるため（報告書上ではあまり明確ではない）、製作・流通・使用・廃棄との流れを見た場合には前後関係を決定するほどの情報はない。そのため、現時点での系譜関係は明確にし得ないことから、資料の紹介のみに留めた。

引用文献

秋本太郎　二〇〇八「戦国期北関東のかわらけ」『中世東国の世界3　戦国大名北条氏』高志書院

浅野晴樹　二〇〇八「北条領国の城館と陶磁器」『中世東国の世界3　戦国大名北条氏』高志書院

今谷　明　二〇〇一『戦国大名と天皇―室町幕府の解体と王権の逆襲―』講談社学術文庫

宇留野主税　二〇〇〇「中世後期における南武蔵・相模地域の様相」『Archaeo-Clio』第1号、東京学芸大学考古学研究室

宇留野主税　二〇〇六「東西溝、かわらけ土坑出土かわらけの編年的位置」『小田原城三の丸遺跡―山本内蔵邸跡第Ⅷ地点』東京学芸大学考古学・文化財科学研究室

永越信吾　二〇〇二「葛西城及びその周辺のかわらけ」『中近世史研究と考古学』岩田書院

江上智恵　二〇〇二「葛西地域の土師質土器―葛飾区出土遺物を中心に―」『中近世史研究と考古学』岩田書院

大島慎一　一九九〇「小田原城下とその城下出土遺物」『小田原城とその城下』小田原市
小田原市　一九九八『小田原市史』通史編原始古代中世、小田原市
上条朝宏　二〇〇二「出土漆片の分析について」『八王子城御主殿』八王子城XⅢ、八王子市教育委員会
黒田基樹　二〇〇五『戦国北条一族』新人物往来社
小林義典　二〇〇二『小田原城三の丸藩校集成館跡第Ⅲ・第Ⅳ地点』小田原市文化財調査報告書第一〇〇集、小田原市教委
佐々木健策二〇〇五「相模における近世への転換」『海なき国々のモノとヒトの動き―16～17世紀における内陸部の流通』
　第1回内陸遺跡研究会シンポジウム資料集、内陸遺跡研究会
佐々木健策二〇〇八「平成19年度小田原市内の発掘調査」『平成20年小田原市遺跡調査発表会　発表要旨』小田原市教委
潮見　浩　一九八八『図解　技術の考古学』有斐閣選書
諏訪間順　一九九八「小田原城出土の中・近世陶磁器」『貿易陶磁研究』No.16、日本貿易陶磁研究会
諏訪間順ほか　二〇〇八『小田原城下本町遺跡第Ⅲ地点』小田原市文化財調査報告書第146集、小田原市教委
田中　信　二〇〇七ａ「土器から見る関東の戦国時代と川越」『後北条氏と川越城』第三十回企画展、川越市立博物館
田中　信　二〇〇七ｂ「武蔵における戦国前期の武士勢力とかわらけ」平成19年度特別展『関東戦乱―戦国を駆け抜けた
　葛西城―』に伴う記念シンポジウム「葛西城と古河公方足利義氏」葛飾区郷土と天文の博物館
谷口　榮　二〇〇二「葛西築城とその終焉」『中近世史研究と考古学』岩田書院
谷口　榮ほか　二〇〇七『平成19年度特別展　関東戦乱―戦国を駆け抜けた葛西城―』葛飾区郷土と天文の博物館
塚田順正ほか　一九八八「小田原城及び城下における陶磁器群の変遷」『貿易陶磁研究』No.8、日本貿易陶磁研究会
塚田順正ほか　一九九五「発掘調査にみる小田原城」『小田原市史』別編城郭、小田原市
長瀬　衛　一九七五「かわらけ」『青戸・葛西城址調査報告』Ⅲ、葛西城址調査会
難波道成　二〇〇六『小田原城三の丸遺跡―山本内蔵邸跡第Ⅷ地点』東京学芸大学考古学・文化財科学研究室
服部実喜　一九九八ａ「土器・陶磁器の流通と消費」『小田原市史』通史編原始古代中世、小田原市
服部実喜　一九九八ｂ「南武蔵・相模における中世食器様相（5）―中世後期の様相Ⅲ―」『神奈川考古』第34号、神奈川
　考古同人会
服部実喜　一九九九「戦国都市小田原と北条領国の土師質土器」『中近世土器の基礎研究XⅣ』日本中世土器研究会

北條ゆうこ　二〇〇七「小田原市域出土のかわらけ」『東国中世考古学研究会　交流集会発表資料』東国中世考古学研究会
宮坂淳一　一九九六「小田原城下出土の漆器について」『神奈川考古』第32号、神奈川考古同人会
山口剛志　一九九一「小田原城とその城下出土のかわらけについて」『小田原市郷土文化館研究報告』27、小田原市郷土文化館
四柳嘉章　二〇〇六a『漆Ⅰ』ものと人間の文化史131-1、法政大学出版局
四柳嘉章　二〇〇六b『漆Ⅱ』ものと人間の文化史131-2、法政大学出版局
渡邉千尋　二〇〇七「平成18年度小田原市内の発掘調査」『平成19年小田原市遺跡調査発表会　発表要旨』、小田原市教委

※　引用した史料番号は『小田原市史』中世編によるものであり、その巻数と資料番号を記した。
※　図を引用した発掘調査報告書については紙幅の都合により割愛したが、地点名まで付記することに努めたので、各発掘調査報告書を参照されたい。
※　資料の作成に際しては島崎麻理氏や北條ゆうこ氏の協力を得た。末筆ながら記して謝意を表する。

脱稿後、二〇〇九年度に行った小田原城三の丸東堀第X地点の調査で、十六世紀前葉の遺構から漆のパレットとして使われたと思われる瀬戸大窯1段階の灰釉皿が出土した。小田原城下における漆器生産を考える上で重要な資料となる可能性がある。また、同じく二〇〇九年度に調査を実施した小田原城下宮前町遺跡第Ⅲ地点では、多量の漆器椀が出土している。

小田原北条氏と葛西城

谷口　榮

はじめに

葛西城は、東京都の東端、葛飾区青戸に所在している。大きく見ると関東平野の最南端に位置し、海抜二メートル足らずの、南関東でも最も低いところに築かれた戦国の城といえる。そのためにか識者でも、葛西城は規模の小さな砦的な施設のように思われてきた。たとえば昭和六〇年に刊行された『増補　葛飾区史』上巻には、「葛西城の規模は通常城郭とよばれているものと違い、おそらく「砦」あるいは「館」程度の小規模のものであったに違いない。」とか、「青戸に城塞がつくられたのは、小田原北条氏の時代になってからのことで、天文・永禄両度に起きた房総里見氏との国府台合戦に備えて急きょ築造されたとみるのが妥当のようである」としている。[1] 城としての立地からすれば、一見さほど重要な土地柄でもなさそうな場所に築かれているためにか、従来葛西城の重要性を低く見誤るイメージを与えていたのかもしれない。

葛西城の築かれた、東京低地と呼ばれる武蔵野台地と下総台地の間に広がる低地帯は、関東諸河川が東京湾に注ぐ全国的に最も河川の集中する地域である。その河川環境を洪水の頻発地域としてマイナス面で評価する向きがあるが、

写真1　環状7号線道路建設に伴う発掘風景（小田原北条氏時代の本丸北側の堀）

東京低地を南北に流れる河川は、古代より関東の内陸と海とを結ぶ水運の利便が良く、さらに東西方向に古代から東海道などの幹線が貫く、水陸交通の交わる交通の要衝であった。その面影は東京低地に残る、江戸をはじめとして、青戸・奥戸・亀戸・今戸・花川戸など「戸」のつく地名が教えてくれる。(2) これらの「戸」のつく地名は、「津」が転訛したものであり、東京低地が水陸交通の要衝であることを物語っている。青戸の地に築かれた葛西城は、海と内陸を結び、陸路をも視野に入れた水陸交通のおさえとしても重要な役割を担う位置にあった。

また東京低地は、古代から中世において隅田川が武蔵国と下総国の境となり、近世以降は江戸川が境となる境界地域でもあった。隅田川以東は下総国に属し、隅田川から江戸川までの東京低地の東部を、平安時代の終わり頃から下総国葛西郡（葛飾・江戸川・墨田・江東区域）と呼ぶようになる。葛西の要として築かれたのが葛西城であり、葛西城は境目の城という面も兼ね備えていたのである。

そのような地勢を備えた葛西城の重要性が、ようやく最近になって認識されるようになってきた。その契機となったのは、昭和四七年からはじまる環状七号線道路建設に伴う発掘調査である。葛西城が低地遺跡であるという特性から、普通の遺跡では朽ちてしまう木製品などの有機質の遺物が良好に保存され、戦国という世を物語る多種多様な「モノ」資料が出土している。なかでも今回の特別展では、堀から出土した女性の斬首の復顔を試みている。出土したのが本丸の表にあたる北側の橋近くの堀の中で、なぜそのような「ハレ」の場から出土したのか興味深いものがあるが、今となってはどのような謂われで斬首され、堀の中に至ったのかは知るすべもない。この斬首は葛西城の出土資料の中でも、武勇のイメージに彩られる戦国の時代というものが、実は血生臭い悲惨な時代であることを現代の我々に物語ってくれる貴重な資料といえよう。そして、葛西城から出土する「モノ」資料を通して、今まで明らかにされていない東京下町地域の歴史を解き明かす資料が、まだ地下に豊富に眠っていることをも現代の我々に教えてくれている。

ここでは、発掘調査からうかがえる小田原北条氏時代の葛西城の様相と、葛西城と小田原北条氏との関係などについて、今少し詳しく検討し、これからの葛西城研究についても展望を述べられればと思っている。

一　小田原北条氏時代の問題点

謎の二〇余年

葛西城は、享徳三年（一四五四）の享徳の大乱前後に、山内上杉方の所領であった下総国葛西の軍事的な拠点として、青戸に築城されたものと考えられる。葛西城には、武蔵守護代大石氏の一族大石石見守が在城し、山内上杉方の関東最南端の前線となった葛西の守備をしていた。なぜ青戸に城が築かれたのか。それは山内上杉氏が葛西を治めるための政所が青戸にあったためであると長塚孝氏によって指摘されている(3)。

文明一四年（一四八二）享徳の大乱は和睦によって一応の収束をみるが、太田道灌が主君扇谷上杉定正に謀殺されるなど、両上杉氏の抗争で関東は不安定な状況であった。大永四年（一五二四）小田原に本拠を構える北条氏綱は、関東に勢力を張っていた上杉氏の内紛に乗じ、関東進出を企てた。氏綱は、江戸城を攻略し、葛西に迫ったが落とすことはできなかった。この時の緊迫した状況を物語る史料が、特別展で陳列した米沢市上杉博物館所蔵の「大永五年三戸義宣書状」（国宝　上杉文書）である。今回は主題から外れるので、上杉氏時代の葛西城の様相について紹介する時間がないが、この書状は、葛西城が上杉氏の領国経営にとっていかに重要な位置にあったかを示す史料として貴重なものであるということを強調しておきたい。

北条氏綱は、この時には葛西城を落とすことができなかった。しかし、大永五年から一三年後の天文七年（一五三八）に葛西城はついに攻略されてしまう。『快元僧都記』は葛西落城の日を二月二日と記している。同年一〇月、小田原北条氏は、下総国西部へ侵攻してきた小弓御所足利義明・里見義尭の軍勢と国府台において合戦に及ぶ。葛西地域は、この第一次国府台合戦に勝利した小田原北条氏の勢力下に組み込まれ安定したかにみえたが、永禄三年（一五六〇）に状況は急変する。長尾景虎（後の上杉謙信）が関東に進攻し、反北条勢力を結集して北条氏の本拠地である小田原城下まで軍を進めたのである。この景虎の進攻によって葛西城も、反北条勢力の手に落ちてしまう。相模国鎌倉で関東管領に就任し、上杉家の名跡を継いだ景虎（上杉政虎と名乗る）が、翌永禄四年に越後に帰ると、小田原北条氏は反攻に転じる。永禄五年、葛西城も太田康資らによって再び奪取され、小田原北条氏に帰属する。

以上、葛西城をめぐる大永から永禄期までの攻防を早足で追ってみた。その後、北条氏康と里見義弘は、永禄七年に再び国府台で合戦となった（第二次国府台合戦）。葛西地域は、勝利した小田原北条氏の領国として天正一八年（一五九〇）まで維持されていく。

詳しくは年表を参照いただくとして、葛西城の謎のひとつとして、小田原北条氏が天文七年に葛西城を奪取した後から永禄二年の「小田原衆所領役帳」までおよそ二〇年余りにかけて、葛西城の様相を語る史料もなく、状況が不明であったことが挙げられる。天文七年から天正一八年に至る、小田原北条氏が葛西城と関わる五二年という歳月を考えると、空白の二〇余年というのはあまりにも長すぎる時間ではないだろうか。

しかし、一五世紀後半から一六世紀代の遺物や遺構が確認されていることから、考古学的には空白期というわけではなかった。考古学側からは、出土している遺物のなかにどうしてこのような品物が砦的な葛西城から出土するのだろうという疑問があった。そのことについては後で触れることにしたいが、今回特別展で紹介しているように、佐藤博信氏によって古河公方足利義氏が葛西城に御座していたことが明らかにされた(4)。まさにこの謎の二〇余年の空白期のなかに古河公方足利義氏との関わりがあったのである。今明らかとなっているのは、足利義氏が天文二〇年頃から永禄元年まで葛西城を御所としていたということである。

戦国城郭としての整備

もうひとつ大きな問題は、小田原北条氏による葛西城の改修の時期である。葛西城は、環状七号線道路建設に伴う発掘調査によって、小田原北条氏が上杉氏による葛西城に大幅に手を加えて、戦国の城郭として改修を行っていることがわかっている。

従来は、小田原北条氏が天文七年に上杉氏の大石石見守から葛西城を奪取してから、永禄三年に敵方に奪われるまでは、葛西城は上杉氏時代の城に大きく手を加えることは行わなかったのではないかと思われてきた。大規模な改修の契機となったのは、永禄五年四月二四日に小田原北条氏が葛西城を再び手中にした後と考えたのである(5)。つまり、長尾勢の関東進攻によって落とされた葛西城は、鉄砲への備えとして大規模な堀を構えるなど、その縄張りを刷新し、さらに対岸に交通と開発の拠点として葛西新宿を築くなど戦国城郭として大改修され、城下の整備も行ったものと判断したのである(6)。

しかし、今回特別展を開催するにあたり、準備段階で葛西城の遺構・遺物を再度検討してみたところ、発掘によって明らかとなった幅およそ二〇《メートル》の堀がめぐる本丸が構えられ、戦国城郭として整備されたのは永禄五年ではない可能性が高くなった。従来、Ⅱ区E号など大規模な本丸の堀の構築時期を永禄五年以降としたが、第八一号井戸の時期

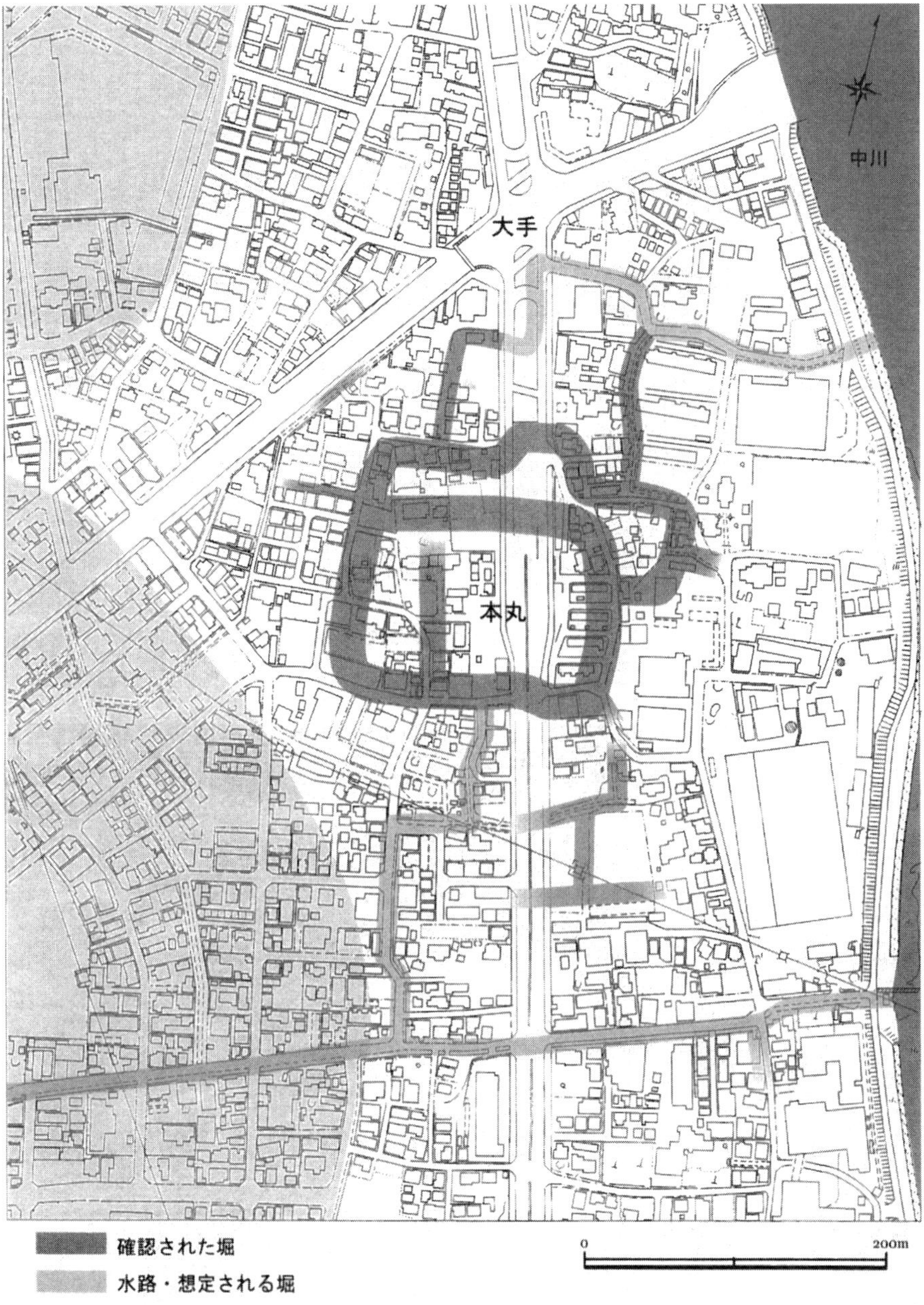

第１図　葛西城縄張り復元図

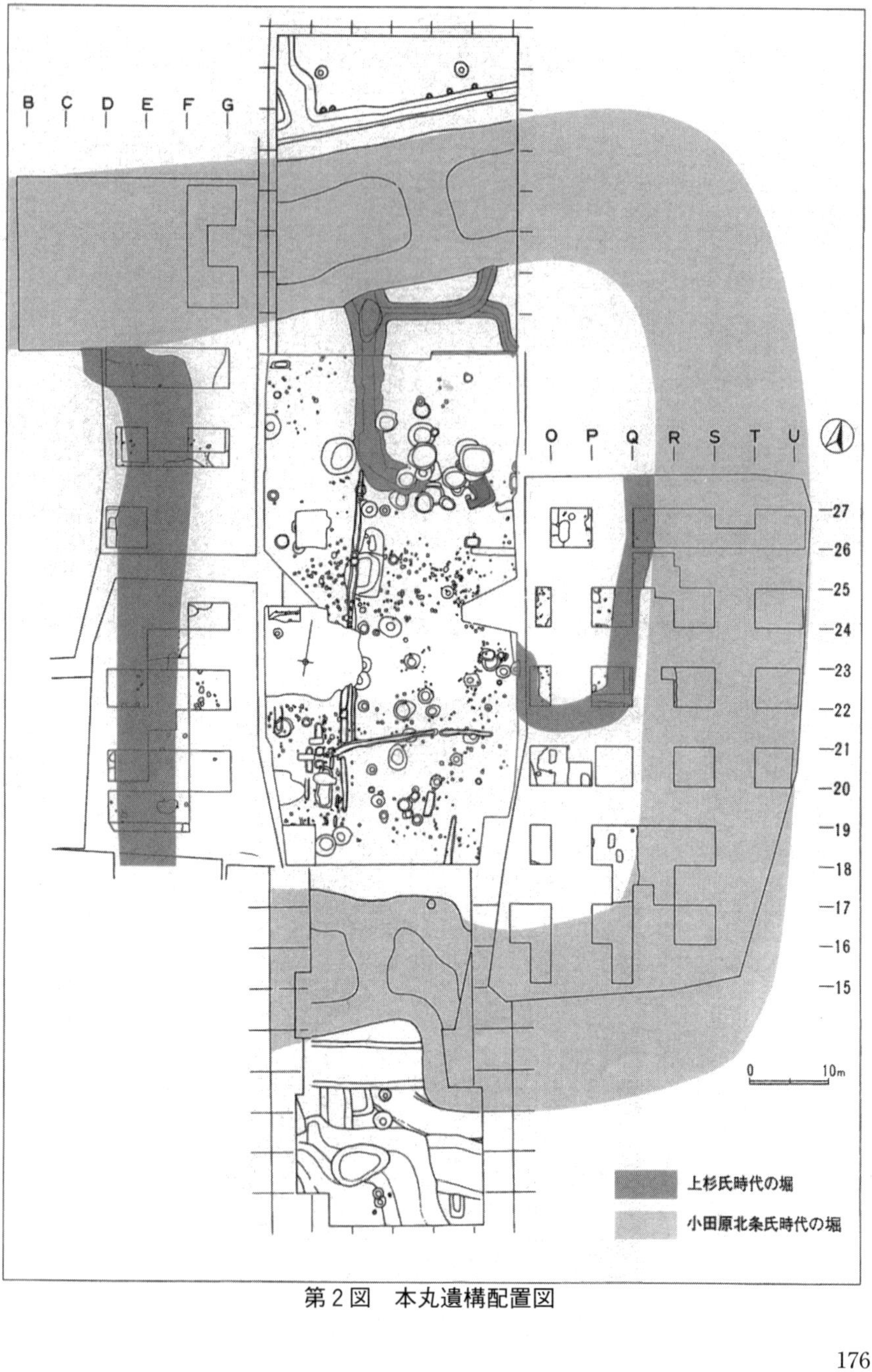
B
C
D
E
F
G
O
P
Q
R
S
T
U
27
26
25
24
23
22
21
20
19
18
17
16
15
0
10m
上杉氏時代の堀
小田原北条氏時代の堀

第２図　本丸遺構配置図

を永禄五年以前に求められることから修正が必要となった。少なくとも天文七年以降から天文末期までに、後で紹介する第八〇・八一号井戸と、Ⅱ区Ｅ号やⅣ区堀と呼ばれる本丸を区画する堀が掘られる大改修が行われたと考えるのが妥当であろう。何度か訂正見解を述べたが、ここに改めて述べておきたい。

二　発掘からみえてきた城としての格式

結桶の備わった石組の井戸

いよいよ今回の報告の本題となるが、先の二つの問題点を頭におきつつ、発掘調査によって明らかとなった葛西城の姿を紹介してみたい。

葛西城からは多くの井戸が発掘されている。六次調査におけるⅢ区本丸だけでも四七基を数えるが、そのなかで第八〇・八一号の二基の井戸は、掘り方が大型で石組と結桶の井戸側を備える特徴的な構造であった。葛西城の築かれた東京低地は、利根川と荒川の二大河川によって上流から土砂が運ばれて形成されたデルタ地帯なので、石材資源が乏しく、石組の井戸を造るのは大変な労力を必要とした。井戸の石組みに宝篋印塔や五輪塔などの石塔類が転用され、第八一号井戸には、石組みの基部に板碑が放射状に敷かれているのも、その辺りの事情を物語っている。

またこの二基の井戸は、石組とともに井戸側に結桶を用いる点でも注目される。鈴木正貴氏の研究によって、関東に結桶が普及し始めるのは一六世紀になってからとされており、葛西城のこの二基の結桶が最も古い事例として指摘されている(7)。現代の私たちには、結桶は見慣れたものであるかもしれないが、当時としては極めて珍しい品物であり、別の言い方をすれば、石組みと結桶を備えた井戸は、当時の最先端の技術で造られた井戸としてとらえることができる。そのような井戸をなぜ葛西城が持ちえたのであろうか。まさにそこに今まで知られていなかった葛西城の重要性が隠されていたのである。

第八一号井戸からは、蒲鉾の台、白木の箸や折敷とともに小田原系の手づくねかわらけがまとまって出土している

写真２　第80号井戸石組の状況

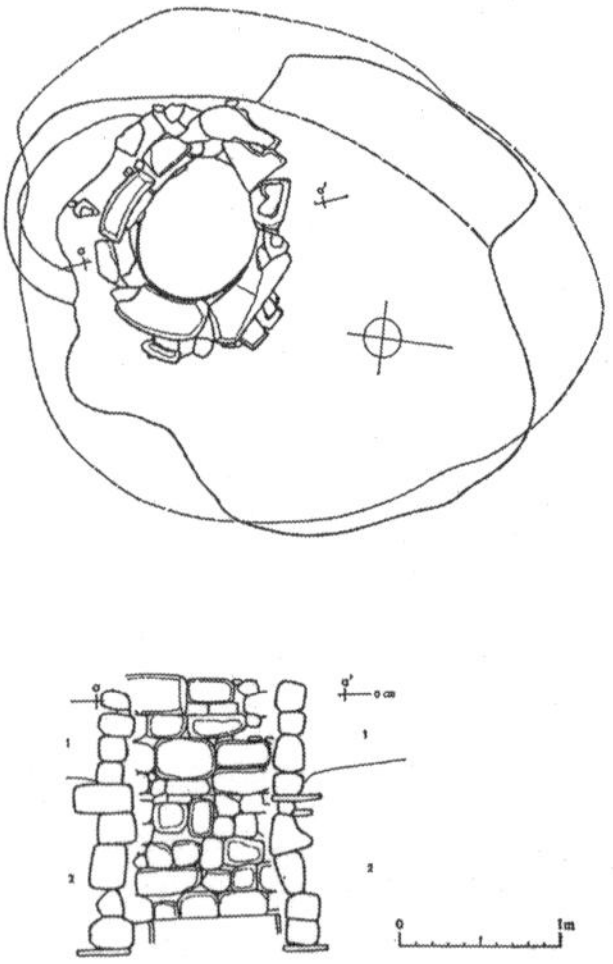

第３図　第80号井戸実測図

写真３　第81号井戸石組の状況

写真４　第81号井戸石組下の状況と桶

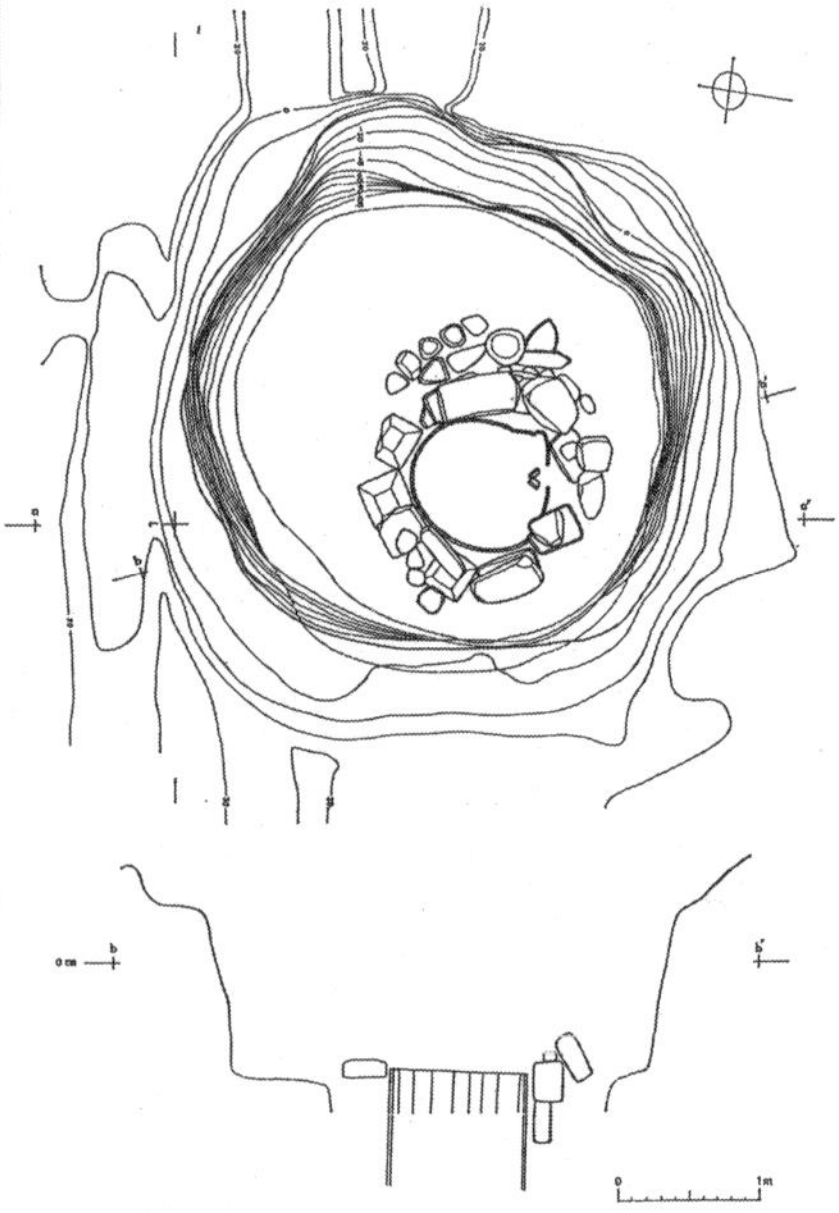

第４図　第81号井戸実測図

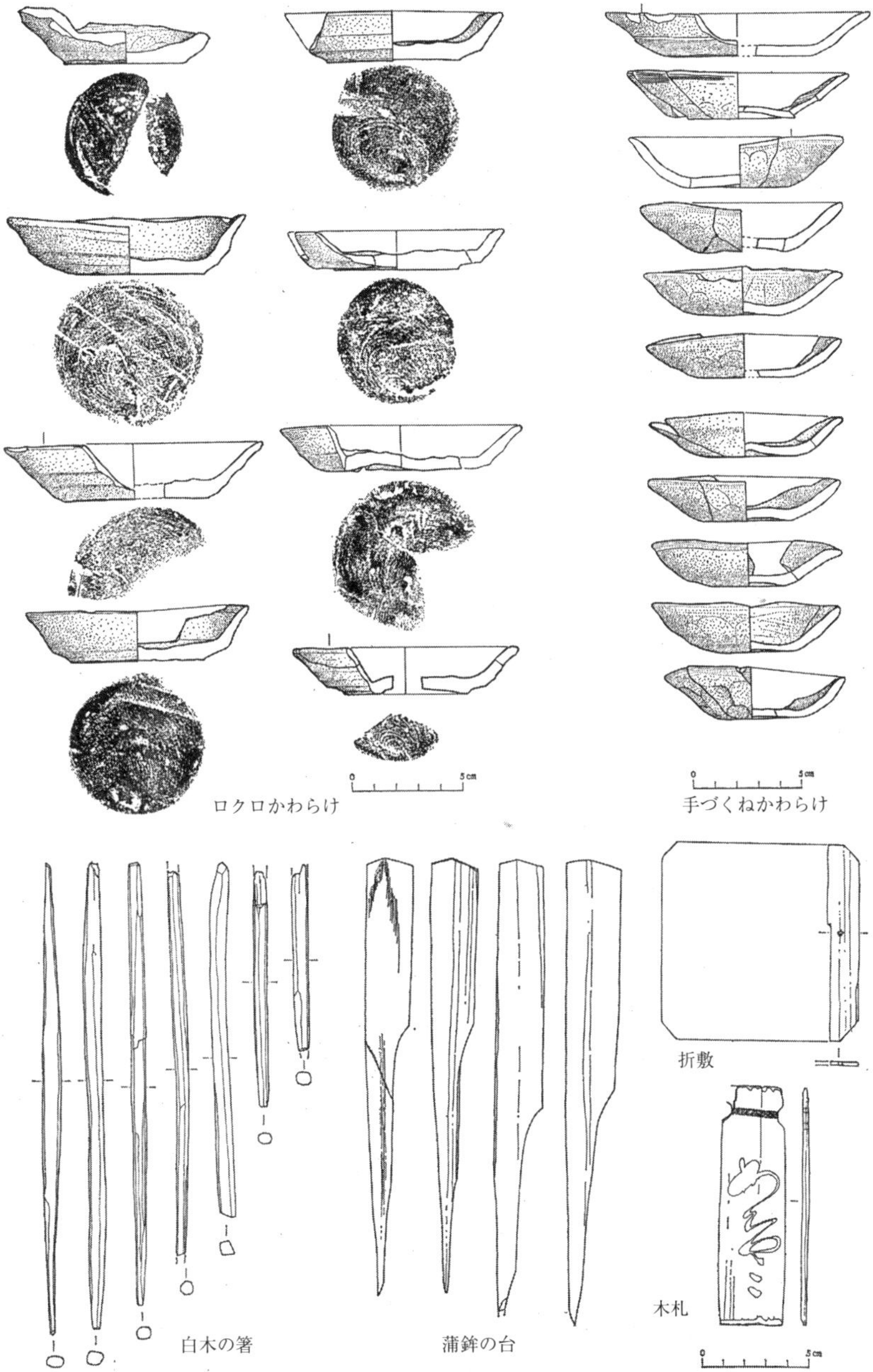

第5図　第81号井戸出土遺物

（実測可能個体一一点）。これらの資料のあり方は、饗宴が催され、宴席で使われたものが井戸内に廃棄されたものと判断される。小田原系の手づくねかわらけについては後で触れるが、天文末期から永禄初期に位置づけが可能であり[8]、第八一号井戸は天文七年以降、一六世紀中頃の天文末期から永禄初期に造られた井戸であることが判明した。第八〇号井戸は時期の決め手となる資料が稀薄であるが、同時期と考えられる。この二基の井戸の配置は、小田原北条氏時代の本丸を画する大規模な堀と位置的にも関連しており、少なくとも大規模な堀は一六世紀中頃には構えられていたものと考えられる。つまり足利義氏の御座していた時期には、二基の井戸は存在し、大規模な改修が行われていたと考えられるのである。

威信財を出土した土坑

葛西城から、小野正敏氏が指摘されているステイタスシンボルと呼ばれる富や地位の象徴という意味合いを持つ威信財[9]が出土している。なぜ、砦と考えられている葛西城から威信財が出土しているのであろうか。

まず、Ⅲ区本丸から発掘された第八四号土坑から、中国元代に焼かれた青花器台が出土している。元様式の青花（染付）は、日本での出土は稀少で、全国的にも類例が少なく、中国本土にも見当たらない優品であることが亀井明徳氏によって指摘されている[10]。このような極めて質の高い元様式の青花器台は、威信財として充分な存在価値がある。

同じ第八四号土坑から出土した茶臼も、中国の茶臼を模倣した優品であることが、桐山秀穂氏によって指摘されている[11]。上臼に施された蓮弁文様は、全国でもまだ八例しか確認されておらず、それも出土する遺跡は町場や集落ではなく、寺院や城など限られた場所であるという。この茶臼も威信財としてみることができよう。

また、青花器台や茶臼と一緒に鎌倉時代末頃の常滑焼の甕も出土している。この資料も伝世した骨董品とみられる。これらの優品は、本丸に築かれたであろう御主殿の会所などハレの場にふさわしい品といえよう。

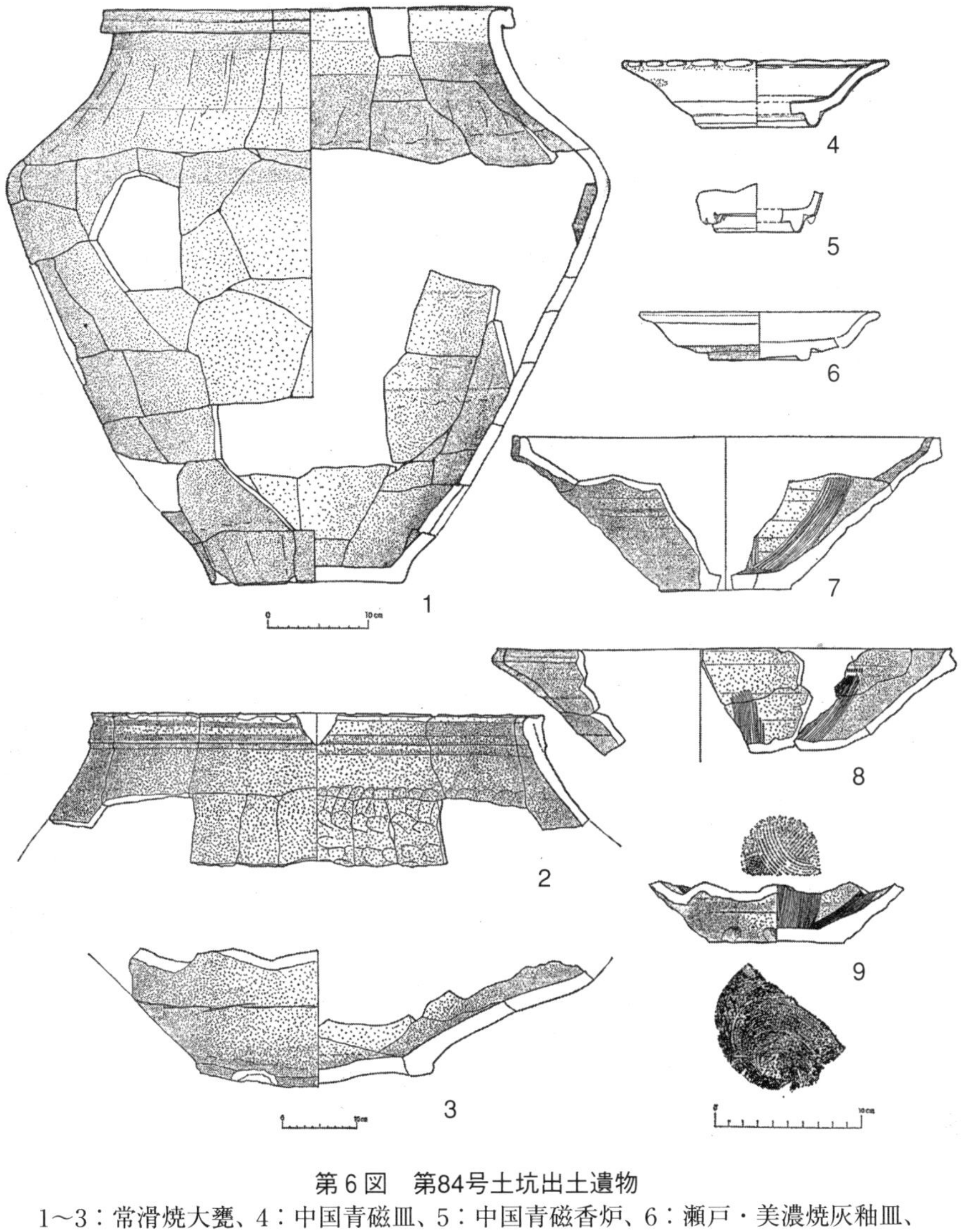

第６図　第84号土坑出土遺物
1～3：常滑焼大甕、4：中国青磁皿、5：中国青磁香炉、6：瀬戸・美濃焼灰釉皿、
7～9：瀬戸・美濃焼すり鉢

写真５　中国元代の青花器台（第84号土坑出土）

写真６　蓮弁文が施された茶臼（第84号土坑出土）

第八四号土坑は、大量の炭化した材や穀類が出土しており、落城などの戦後処理の廃棄穴と考えられている(12)。青花器台には、本来は本体となる壺が飾られていたはずであるが、第八四号土坑からはそれらしき破片は見つかっていない。何らかの出来事によって、威信財などの優品の一部が破損し、大量の炭化物とともに穴の中に棄てられたのであろう。穴が穿たれた時期は、出土した資料の年代からすると一六世紀の中頃、永禄五年の小田原北条氏再奪取頃か、それ以前のものと推定される(13)。

第八四号土坑から出土した優品の数々は、それを保有できる人物が葛西城にいたということを裏づけている。また、威信財とともに最新の技術で造られた井戸の存在は、城の格式を物語る資料といえよう。現段階では、これらの優品や新技術を直接古河公方と結び付ける材料はないが、義氏の御座と時期的には合致していることは重要である。義氏の御座が史料上だけでなく、出土した遺物や遺構の内容からみて考古学からも指摘することができるのである。

三　資料が語る小田原との関係

小田原系のかわらけ

先程、第八一号井戸から出土した小田原系の手づくねかわらけについて触れたが、この手づくねかわらけは、小田原北条氏の本拠小田原から搬入されたもので、服部実喜氏がⅡａ期新段階とされた天文末から元亀期の間に作られたものと同類である(14)。本資料は、底部から体部への移行がなだらかでなく、Ⅱａ中段階に近い様相を持っていることから、Ⅱａ期新段階でも古手の一群としてとらえることができよう(15)。時期的には、天文末期から永禄期初め頃に位置づけられよう。

手づくねだけでなく、同時期と考えられる小田原系のロクロかわらけも、少量出土している。一点ではあるが、金箔を貼ったものも認められる。八王子城（東京都）や岩付城（埼玉県）などの小田原北条氏関係の城にも出土事例は見られるが、葛西城の資料は全形をうかがえる良好なものである。ハレの場で限られた人のみが使うことのできた特

写真7　小田原から搬入されたロクロかわらけ（右）とその在地での模倣品（左）

別なしつらえであったのであろう。

南関東において、小田原以外で小田原系のかわらけが出土するのは、天正期に入ってからが一般的である。葛西城の手づくねかわらけは、比較的古い出土事例として注目されている。おそらく本資料が葛西城にもたらされる契機は、時期的にも古河公方の御座との関わりが考えられる。

また、小田原から直接搬入されたかわらけではなく、小田原のかわらけを模倣して在地で製作したと思われるかわらけも出土している。小田原のかわらけの胎土は、粒子が細かく、比較的薄手に作られている。一方、在地の模倣品の胎土は、小田原に比べて粗く、厚手な作りとなっているが、小田原系ロクロかわらけの形態的特徴である、腰の張り、口縁部の外反、底部内面に見える渦巻き状の凹凸などを意識して真似ている。小田原への憧れなのであろうか、それとも小田原のかわらけを用いるという儀礼の規範があったのであろうか。いずれにしても、直接もたらされたものだけでなく、在地で作られたかわらけにも小田原の影響が色濃く認められるのである。

漆器とヒコサンヒメシャラ

葛西城からは、かわらけ以外にも小田原との関係を物語る資料として漆椀の出土が注目される。漆器に描かれた鶴や亀などの絵柄のなかには小田原城出土のものと酷似したものがあり、塗り師などの職人が小田原と葛西間を行き来したものか、あるいは製品が流通していたことが考えられる。

写真8　ヒコサンヒメシャラ

このほか葛西城の堀からは、白い花を付ける観賞用のヒコサンヒメシャラの種子が出土している。葛西城の発掘調査を指導されてきた加藤晋平氏は、この花は箱根など小田原以西にしか自生しないことから、葛西城に入った武将が小田原北条氏の本拠である伊豆・相模から運んで植えて愛でたものとしている[16]。

漆椀やヒコサンヒメシャラについては、堀からの一括出土のため詳細な時期を求めるのは難しいが、葛西城出土の国産や舶載陶磁器が概ね天正期以降に稀薄になることから、漆椀やヒコサンヒメシャラも主に天文から永禄期頃までの資料として捉えておきたい。

このように葛西城が小田原北条氏方の城であったということを、文献だけでなく遺物などの考古資料からも裏づけることができるのである[17]。小田原北条氏の本拠で出土するのと同様の製品や関係を示す資料が、葛西城内に持ち込まれてい

写真９　小田原城下から出土した漆椀

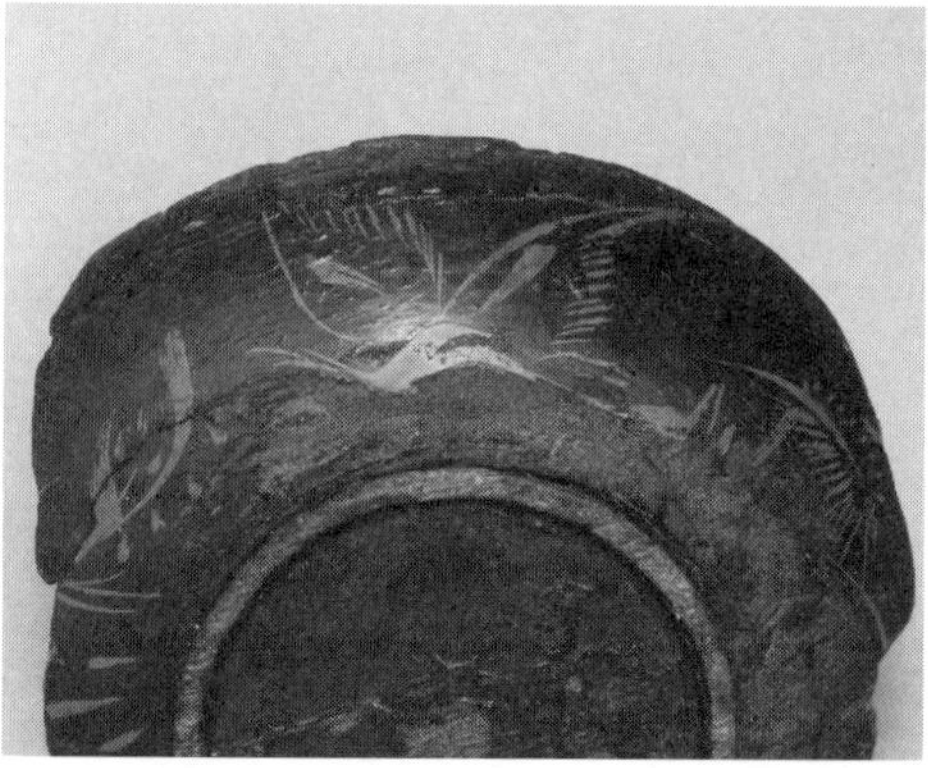

写真11　葛西城から出土した漆椀

写真10　葛西城の漆椀の出土状況

るということは、考古学的にも小田原北条氏による葛西城の占有と葛西地域の領国化を物語るものであろう。

葛西城において小田原北条氏の関わりが色濃く認められるのは、出土遺物から見ると天文から永禄期のなかでも、小田原系のかわらけが搬入される天文末期～永禄期初め、一五五〇～一五六〇年前後に求めることができよう。つまり、葛西城が天文七年に上杉氏から小田原北条氏によって奪取された後、足利義氏の御座など政治的にも重要度を増した時期を中心に、考古学的にも小田原北条氏関連の資料が認められるのである。

四　足利義氏の退去と葛西新宿

義氏退去後の葛西城

小田原北条氏時代の葛西城は、出土遺物から見ると一五五〇～一五六〇年前後にひとつのピークを迎え、小田原北条氏との関係がうかがえることを述べた。しかし、葛西城から出土した陶磁器類の全体の傾向を見ると、国産の瀬戸・美濃焼や常滑焼の製品が多く出土しているが、量的に一六世紀後半以降の製品が少なくなる状況が見られる。また、南関東の小田原北条氏に属した諸城から出土する初山焼や志戸呂焼などの製品については、今のところ志戸呂と思われるものが一点確認されたのみで、皆無に等しい。中国製の磁器類は、先の青花器台のほかにも、青花・白磁・青磁などが出土しているが、万暦様式の製品が極めて少ないのである。

以上のように、小田原北条氏時代の葛西城から遺物がまんべんなく出土するのではなく、陶磁器類を例にとると、概して一六世紀後半の遺物の出土が少ないのが特徴といえる。

足利義氏が永禄元年に葛西城を去った後、長尾景虎の南下に伴って一旦は落城するが、小田原北条氏が再奪取を果たし、葛西地域を再び勢力下におさめて、天正一八年豊臣秀吉の小田原攻めによる滅亡まで領国とした。しかし、その間、軍事的脅威がなかったわけではなかった。葛西城を取り巻く情勢は依然厳しく、反北条勢力である武蔵の岩付太田氏と房総の里見氏に挟まれ、不安定な状況であった。永禄七年、第二次国府台合戦に小田原北条氏が里見氏に勝利し、岩付太田氏も従属するに至り、安定したかのように思われたが、永禄一一年以降、里見氏が市川付近まで何度も進攻していた。

葛西地域が外患に悩まされなくなり、葛西城が最前線基地の役割を終えて軍事的な緊張状況から解放されるのは天正期に入ってからである。天正二年、小田原北条氏によって関宿城が攻略され、簗田氏が退去したことにより、葛西地域の上流部が完全に小田原北条氏によって掌握された。また天正期に入ると里見氏も下総西部へ進攻することもなくなった。長塚孝氏は、葛西城は天正期になると前線基地から中継・補給基地へと変容すると指摘している(18)。

先に、葛西城から出土した陶磁器類は、国産・舶載とも天正期になると少なくなっていることを紹介したが、遺物から見ると小田原北条氏時代の葛西城は、その使われ方、役割が変わったかのように考えられる。どうやら、葛西城が前線基地ではなくなり、中継・補給基地化したことが遺物量に反映しているものと考えられるのである。

葛西新宿の整備

永禄二年に作成された「小田原衆所領役帳」によると、葛西城は遠山丹波守の一族遠山弥九郎が在城していたことが記されており、葛西地域の所領のほとんどは、江戸衆の筆頭である遠山丹波守をはじめ江戸衆が押さえている。黒田基樹氏によると、葛西地域は江戸城を本拠とする江戸衆の管轄下にあって、地域的には江戸の一部に組み込まれ、なおかつ遠山氏の強い影響下に置かれていたと指摘している(19)。

義氏在城期における葛西地域の所領支配の状況は、「小田原衆所領役帳」の作成が義氏の葛西城退去後であるため、どのようなものであったのかは不明であるが、江戸衆及び遠山氏が葛西城を御座所とした義氏の後ろ盾となっていたことは容易に想像できよう。

小田原北条氏は、足利義氏の御座所時代に葛西城の大改修を行って戦国城郭としての様相を整え、義氏退去後には、葛西川（中川）対岸に新しい宿場「葛西新宿」の整備を行って城下の開発を進めている。葛西新宿の詳しい整備の時

葛西川（中川）
古隅田川
卍恵明寺
卍立増寺
卍善養寺
卍宝蓮寺
上宿
葛西新宿
卍慈眼寺
卍西念寺
卍宝持寺
卍延命寺
卍観音寺
葛西城本丸
卍法問寺
卍極楽寺
0
500m

第７図　葛西城周辺図

期は不明であるが、永禄一一年に葛西新宿の伝馬役を定めた記録が葛西新宿の初見文書で、その頃にはすでに葛西新宿が整備されていることがわかる。天正一〇年の伝馬手形には、江戸から浅草・葛西新宿・臼井までの交通が記されており、小田原から江戸を経由して下総の内陸部へと結ぶ小田原北条氏の交通網の拠点のひとつとして、葛西新宿が機能していたことがわかる。

葛西城は、天正期にはすでに江戸城を本拠とする江戸地域に組み込まれ、江戸領域の軍事的役割は江戸城が担い、葛西城の軍事的役割は中継・補給基地化し、以前に比べて低下した。しかし、葛西地域の政治・経済的な役割が低下したわけではなかった。天正四年九月二三日の「北条氏照判物写」には、佐倉・関宿、葛西・栗橋の船の交通を認めており、葛西地域は上流部の関宿や下総内陸の佐倉や臼井などへの玄関口として重要な位置にあったことがわかる。また遠山文書には、天正期に葛西の堤の修復や舟橋の維持を命じるものが残されており、葛西城が中継・補給基地となるなかで、葛西地域の交通や領国経営に関する史料が天正期に目立ってくる。その拠点となるのは、葛西城ではなく、葛西新宿であった。葛西城の役割が変容するとともに、南北に河川、東西に街道を交える交通の要衝葛西新宿の役割が高まったものと考えられる。

おわりに

葛西城の学術的な調査研究は、昭和四七年の環状七号線の道路建設に伴う確認調査から始まる。識者からも砦的なものとされてきた葛西城であるが、加藤晋平氏の指導の下、水と泥と格闘しながら発掘調査を進めてきた諸先輩方の努力によって、考古学からはそのようなイメージを否定する材料が蓄積された。

そして、古河公方足利義氏という存在が葛西城と関わることが、佐藤博信氏が平成一二年に『日本歴史』で報告された論文ではじめて明らかにされ、威信財の出土や最先端の井戸構築などの評価をめぐる考古学的なフラストレーションは一気に解消されたといえよう。

葛西城と小田原北条氏との関係は、遺物からも裏づけられ、また、考古学からうかがえた城としての格式は、古河公方足利義氏という存在によって説明することができた。小田原北条氏時代だけみても葛西城は、前線基地として、御座所として、また中継基地など時勢とともにその役割を変えていった。まさに発掘からも城の役割の変化、つまり城のもつ多様性を知ることができたといえよう。

それにしても、初夏に葛西城内を彩ったヒコサンヒメシャラは誰が愛でたのであろうか。足利晴氏の室芳春院殿であろうか、それとも小田原から従った女房衆であろうか、興味は尽きないが、出土したたった一粒の種は色々なことを教えてくれ、そして想像を膨らませてくれる。考古学の面白さであり、怖さともいえよう。なぜならば発掘で一粒の種を見落としてしまうこともあるからである。

今回は、小田原北条氏と葛西城との関係を取り上げたので、上杉氏時代の葛西城についてては触れられなかったが、その時期の葛西城を取り巻く情勢などについては、展示や図録『関東戦乱―戦国を駆け抜けた葛西城―』などで確認いただければ幸いである。

小田原北条氏時代の葛西城については、本丸の堀から出土した女性の斬首や、堀内のかわらけ溜りにみられる一括廃棄の問題など、まだまだ多くの課題を残している。また、これからの葛西城の発掘調査において、御座所としての格式を考えると、庭園が整備された可能性も高く、庭園遺構の確認など、御座所としての体裁を考古学的に明らかにしていく必要があろう。さらに葛西地域の戦国時代研究を進める上で葛西新宿の実態の追究も今後の重要課題といえよう。

葛西城をめぐる一連の調査研究によって、東京下町地域の中世の歴史を解くキーワードに、新たに「古河公方」が加わったことを改めて強調しておきたいと思う。

註

（1）入本英太郎『増補　葛飾区史』上巻、葛飾区、一九八五年、三九二～三九三頁

（2）拙稿「東京低地の中世遺跡」（『東京低地の中世を考える』名著出版、一九九五年）ほか

拙稿発表以来、何度も繰り返し述べているが、東京低地は応永五年（一三九八）「葛西御厨田数注文」と永禄二年（一五五九）「小田原衆所領役帳」によって中世における地名の変化の法則が読み取れる。たとえば本文でも述べている「津」から「戸」だけでなく、「江」から「井」への変化などである。応永五年に「亀津」と見える「亀戸（かめいど）」は、その音から「かめ」「い」「ど」という3つから構成された地名で、この地域の地名の変化から復元すると、「かめ」「え」「づ」となり、「亀江津」が元の形となろう。「亀」とは土地の高まりを表し、「江」は入江、「津」は字の通りであり、「入江付近の土地の高いところにある津」といのが「亀戸」の地名の由来である。「江戸」の地名の由来をことさら難しく解釈するのではなく、この地域の地名の研究に即して分析すれば、「入江の津」というのが「江戸」の地名の由来なのである。東京低地の地名の研究から「江戸」の地名の由来は「入江の津」であることを改めて指摘しておきたい。

（3）長塚孝「鎌倉・室町期の葛西地域」（『東京低地の中世を考える』名著出版、一九九五年）

（4）佐藤博信「古河公方足利義氏論ノート―特に「葛西様」をめぐって―」（『日本歴史』第六四六号、吉川弘文館、二〇〇二年）二〇～三三頁

（5）加藤晋平氏は「Ⅴ　まとめ―若干の考察と遺跡保存のお願い」（『青戸・葛西城址調査報告Ⅱ』葛西城址調査会、一九七四年）一一三～一五一頁で、Ⅳ区濠（堀）の構築時期を、北条氏に落城させられた天文七年の後、ないし永禄五年の後のいずれかを想定し、遺物の面から後者の可能性が強いとしている。

（6）拙稿「葛西築城とその終焉―葛西城から見た戦国期における葛西の動向―」（『葛西城発掘三〇周年記念論文集　中近世史研究と考古学』岩田書院、二〇〇二年）一二九～一五六頁

（7）鈴木正貴「出土遺物からみた結物」（『桶と樽　脇役の日本史』法政大学出版局、二〇〇〇年）一八～四七頁

佐藤博信氏の「第五章　古河公方をめぐる贈答儀礼について」（『続中世東国の支配構造』思文閣出版、一九九六年）によると、「年頭の祝儀」などの贈答儀礼として鑁阿寺の千手院から古河公方へ御樽（酒）・麺子などが贈答品として進上されるのが恒例となっていたことがわかる。この事例によって、関東における酒と樽（結物）との関係がうかがえる。おそらく鑁阿寺で酒の醸造とともに醸造具や容器として結物の製作も行われていた可能性がある。古河公方や公方の近習な

どは、樽などの結物を関東においていち早く入手することができたのかもしれない。

（8）二〇〇七年九月八日（土）に葛飾区郷土と天文の博物館で行われた東国中世考古学研究会のかわらけの検討会において、第八一号井戸から出土した小田原系手づくねかわらけの時期をⅡa期新段階でも古手の一群としてとらえ、天文末から永禄の初め頃に位置づけて報告を行った。小田原市教育委員会の佐々木健策氏から概ね時期的な賛同をいただいた。

（9）小野正敏『戦国城下町の考古学』講談社選書メチエ一〇八、講談社、一九九七年）一〇三～一〇九頁

（10）亀井明徳「コラム五　葛西城址出土の元青花器台について」（『関東戦乱―戦国を駆け抜けた葛西城―』葛飾区郷土と天文の博物館、二〇〇七年）七〇・七一頁

（11）桐山秀穂「コラム三　蓮弁文様の茶臼」（『関東戦乱―戦国を駆け抜けた葛西城―』葛飾区郷土と天文の博物館、二〇〇七年）三六・三七頁

（12）古泉弘「葛西城址出土の青花器台」（『貿易陶磁研究』第七号、貿易陶磁研究会、一九八四年）

（13）威信財という性格を考えると、その所持者として永禄三年の長尾景虎の関東侵攻後というよりはそれ以前の可能性が高いと考えている。

（14）服部実喜「第一二章　土器・陶磁器の流通と消費」（『小田原市史』通史編　原始古代中世、小田原市、一九九八年）八二四～八四八頁

（15）註（8）に同じ。

（16）加藤晋平「葛西城没落の記」（『東京の文化財』第三三号、東京都教育委員会、一九八七年）一・二頁

（17）註（6）に同じ。

（18）長塚孝「Ⅲ　中世後期の葛西城・葛西地域をめぐる政治状況」（『葛西城ＸⅢ』第三分冊、葛飾区遺跡調査会、一九八九年）二〇頁

（19）黒田基樹「小田原北条氏と葛西城」（『葛西城とその周辺』たけしま出版、二〇〇一年）一一三～一四八頁

主な参考文献

長塚　孝　一九八九「中世後期の葛西城・葛西地域をめぐる政治状況」『葛西城ＸⅢ』第三分冊、葛飾区遺跡調査会

服部実喜　一九九八「土器・陶磁器の流通と消費」『小田原市史 通史編 原始 古代 中世』小田原市

鈴木正貴　二〇〇〇「出土遺物から見た結桶」『樽と桶―脇役の日本史』法政大学出版局
黒田基樹　二〇〇一「小田原北条氏と葛西城」『葛西城とその周辺』たけしま出版
佐藤博信　二〇〇二「古河公方足利義氏論ノート」『日本歴史』第六四六号、吉川弘文館
谷口　榮　二〇〇二「葛西築城とその終焉―葛西城から見た戦国期における葛西の動向―」『中近世史研究と考古学』岩田書院

Ⅲ　全体討議

司会　これから昨日の一二月一日と本日二日の二日間にかけて行われました葛西城発掘三五年記念特別展にともなう記念シンポジウム「葛西城と古河公方足利義氏」の全体討議に入りたいと思います。司会を務める大石泰史です。永越信吾です。

司会（大石）　本日は、昨日記念講演をいただきました佐藤博信先生が体調を崩されたということで、欠席されております。あらかじめお断り申し上げておきます。

さて、昨日からの記念講演や報告を聞いておりますと、文献からは足利義氏、特に葛西城との関わりのなかで、たとえば、元服などの儀礼が行われたことが話題となっていました。考古学からは小田原のかわらけというものが注目されてきたのではないかと思います。そのあたりを柱に、会場の皆様からの質問が寄せられていますので、その点も合わせながら討議を進めてまいりたいと思います。まず、古河公方の戦の特徴なり、戦術というのがありますかという質問が来ています。長塚さんよろしいですか。

長塚　古河公方の具体的な戦闘や戦術はほとんどわかりません。私がお話できるのは、政治的な差異がどこから出てくるかということぐらいでしょうか。北条氏が古河公方に対して政治的な圧迫を一方的に加えているという話をさきほどいたしました。義氏の父足利晴氏についても、北条と密接な期間とそうでない期間がありました。

上総国の支配権をめぐって、第一次国府台合戦で足利義明勢を打倒した後、上総にあった足利領、つまり「小弓御所」の支配領域というのは、足利晴氏としては元々古河公方領ですから、返還されるのは当然と期待しているわけです。北条氏では、小弓御所を打倒して上総を制圧する、という現実的な問題のなかでむしろ支配権を繰り広げようとしています。このような点で、両者の食い違いがあるものと思います。小弓公方が滅んだ後、両者は婚姻関係などを結ぶといった良好な関係が七、八年くらい続きますが、やがて決裂します。上杉方に同調して河越城攻めに加わります。河越合戦で敗北した後も、上総知行への関心は変わっていないわけです。

晴氏が葛西へ移動するのは、上総の支配権をどうするかという時に、古河以外の拠点として、葛西地域の把握を考えている可能性はないのだろうかということです。芳春院殿が嫁いだ時には北条から古河公方に所領の一部が譲渡されたという説を佐藤博信氏が出されています。これは想像ですが、その延長上の問題として浮かび上がってこないかな、という気もしております。晴氏は一生の間に拠点をいくつか移しています。その動きのなかで葛西城にも入部します。それが天文後期のことです。北条方はそれに対して、上総に関して良い回答は多分与えていないだろうと思います。晴氏は段々北条氏から離脱する方向になっていくわけです。

たとえばですが、晴氏が有利な展開をするために梅千代王丸に家督を譲る方向で考えたとすれば、それが命取りになった可能性があるかもしれない。国府台合戦までのあり方と以後の政治状況を洗い直す必要があるのではないかと思います。

討議風景１

司会（永越）　本日の報告のなかではかわらけについて多くの方が取り上げています。武家社会でかわらけを使う意味についての質問がきています。小野正敏先生、この点についてお話いただけないでしょうか。

小野　かわらけは土器のお皿です。それを使うことに何の意味があるのか。元々は一般に使われるものだったと思います。私の資料に奈良・京都を中心とした一五・一六世紀の物価比較の資料を掲げてあります。その中の油坏は灯明皿のことで、一〇個で五文です。かわらけが全て宴会のためで、日常生活に使われなかったということでは決してありません。一括廃棄される前に、使っていないものはストックされていたようです。宴会の席では、大量にかわらけを使って、お酒を飲んだり、料理がその上に載って出てきます。

京都周辺にはずっと、かわらけ文化というものがあります。それが武家社会のなかに取り入れられることによって、酒坏としてかわらけを使うやり方が武家の社会で非常に強く定着してきます。一枚一枚のかわらけに意味があるのではなく、一度の宴席で大量に使って、それを井戸や堀、あるいはわざわざ穴を掘って捨てるという、「棄て方」がみられる点が重要です。

蒲鉾板、折敷などの宴会で使われた道具の中で、一回きり、その宴会で使うと捨てるという風習が強く認められるのです。先の物価比較の資料に「はし木」と書いてあります。日常使う箸もそうなのですが、木の塊で買ってきて、それを大根を切るみたいにスライスして、それをさらに割って毎回箸を削って作っていくわけです。それから「一文かんなかけ」というのは白木の折敷のことです。本来、長く使おうと思ったら漆をかければ毎日使えるのですが、白木のままで作って宴会の席が終わるとかわらけと一緒に捨ててしまう。これが特徴なのです。一回だけ使って、それを再び使うのではなく、捨てるのです。

文献を読んでみますと、談山神社（奈良県桜井市）で勅使を迎えるために儀礼が行われます。わざわざ勅使を迎えるために、日常地元で使っているかわらけではなく、奈良まで宴会用のかわらけを買いに行ったりしているのです。確か、あれは六〇〇枚だったたか、かなりの量を一括して銘柄品として買ってきて宴会に使っているのです。

かわらけなら何でもいいという世界ではなく、おそらく小田原のかわらけを使うことに意味があったのでしょう。あるいは京都のかわらけ、もしくは京都風の同じような作り方のかわらけを使うことに意味があったのです。そこにかわらけの持つ重要な意味があるのです。そう考えますと、義氏という古河公方が葛西城に来た時に、たとえば元服をやったとか、あるいは小田原から当主が来て儀式をやったとか、そういう大きな契機が、新しい京都風のかわらけを導入したり、それを大量に使ったりする契機になっているのではないでしょうか。山口県の大内氏なんかでも、そういうやり方で、山口のなかに京都風のかわらけが定着していくのです。

谷口さんの話のなかでも、葛西城を掘っていくなかで葛西城に義氏がいたことをどうやって証明しようか、みたいな話がありました。将軍御成で将軍を迎える時に、かわらけどころか、建物まで新調する。もちろん財力によって全部新調する場合もあるし、一部だけする場合もある。越前朝倉氏の場合には奥半分の、宴会をする所と茶室辺りだけ新調しています。あと、よくあるのは馬です。対面の儀式の時に将軍に飾り立てた馬を贈っています。そのために厩を新調する。そういう意味でも宴会の道具だけでなくて、舞台装置そのものも新調するというところにすごく大きな意味があるのです。葛西城でもし可能ならば、その辺りも掘れるといいと思います。

具体的な儀式のありようについては、昨日の平野さんのご報告とも絡んでくると思います。

平野　元服をするために造る「場」というものがあります。足利義輝の場合は、南北三間、東西二間です。こういったものが遺構として出てくれれば、葛西城で義氏の元服が行われたとはっきりするだろうと思います。かわらけは、基本的に三寸・四寸・五寸があり、これがたぶん三度入りという大きさなんでしょう。元服の時にも、この大きさのかわらけが使われたものと思います。

折敷の話も出てきましたが、儀式の時に義氏とか位の高い人の場合には、四方とか三方を使っているはずですので、それも使い捨てなのかどうか。興味あるところです。

司会（永越）　かわらけの話題になっておりますが、使う集団によってかわらけにも特徴があるということを、田中さんが報告されていますが、かわらけを作る人々は、どのような集団であったのか質問がきています。

田中　畿内には、土器生産の集団に関する文献史料がいくらか残されていて、例えば法隆寺や興福寺出土のかわらけと「大乗院寺社雑事記」の「赤土器座・白土器座」とを結びつけた稲垣晋也さんの研究や、かわらけの生産体制のなかに権門領主との「散りがかり的支配従属関係」を見出す脇田晴子さんの研究などがありますが、残念ながら関東周辺ではかわらけの生産集団のあり方を示すような文献史料は皆無で、考古学的にもその実態は全くわかっていません。そこでお答えになりませんが、関東のかわらけの類型と変化、そして生産者への若干の見通しについて申し上げてみます。

「山内上杉氏のかわらけ」は、その分布が山内上杉氏の主な勢力範囲に当たる群馬県から埼玉県北西部にあります。当地域ではこのかわらけが出現する以前に逆台形の坏形のかわらけが生産されていたようですが、一五世紀の中頃から、底部の大きな器の高さを低くする多法量の「山内上杉氏のかわらけ」の生産に移行したと考えられます。ただしそのような器形の変化は在来のかわらけのなかから生まれたものではなく、山内上杉氏が意図的に京都産のかわらけの要素を採り入れた結果であると私は考えています。「古河公方R種」も、それ以前の在地の白色胎土の逆台形のかわらけを祖型としますが、「山内上杉氏のかわらけ」のように皿形に変化するのではなく、逆に高さを増して底部を小さくしていきます。これも消費側からの意図でしょう。「扇谷上杉氏のかわらけ」については、坏形の「R種丸」などはもともと在地にある器形ですが、「R種渦」の見込みに過剰に付ける渦巻きは、生産の工程から生まれてくる技法ではないと思います。

これら三種のかわらけの変化と形態的な特徴から、その生産には消費側、おそらく注文主である領主の意図が強く反映していると思われ、貢納を前提とした生産が行われていたと考えています。その生産地については、土の感じが多少の変異幅のなかで収まることから、土の選択も意識されていたと思われ、領国の中心からさほど遠くないところで生産されていたと予想していますが、現状では生産地は特定できていません。

司会（永越）　義氏の時代の葛西城、ひとつのポイントになってくる遺物がかわらけですが、佐々木さん、谷口さんのご報告のなかで、小田原系のかわらけの年代と義氏の時代が近いということで私自身も興味を持って聞いていました。

佐々木　葛西城の遺物を見ることによって、小田原のかわらけの位置づけを考えることができました。かわらけは、広域的に広がるものというより在地のものなので、かわらけの編年はそれぞれの地元でやれと言われるくらい、それぞれの地域でやってきたものだと思います。小田原のかわらけ編年も、小田原で出土するもので組み立てられてきました。

葛西城とか、今日も田中さんの報告で箕輪城の例が出ましたが、小田原以外の場所に年代が絞られる資料があるということは、重要なことです。同じように漆器にも、そのような要素があるのではないかと考え、今回は葛西と小田原の関係を結びつけて報告してみました。しかし、それは小田原から見たイメージでありますので、葛西の方でのお考えはどうかな、というのはあります。

谷口　前々から葛西城の小田原系といわれる手づくねのかわらけは重要な資料だと思い、紹介をしてきました。その時に大切なのは、はじめから義氏ありきではなく、手づくねのかわらけの問題を考古学的にしっかり考えていく必要があるだろうと思います。小田原のロクロかわらけを模倣した、地元で作ったかわらけが葛西城から出土していることを紹介しました。それらの資料が一括廃棄されて出土しています。考古学では、この一括廃棄という資料が、小野先生のいわれた儀式のあり方を解明するとともに、一括性が資料の年代等を決める上でも重要なものとなります。

本丸の第八一号井戸から出土した小田原の手づくねかわらけの一群は、蒲鉾の台や白木の箸、折敷とともに出土していることから、報告でも述べましたように、饗宴などの儀礼行為後に一括廃棄されたものと考えられます。この場合、かわらけの年代が明確になることによって、一括廃棄された時期と井戸が使用されていた時期などが求められ、葛西城の長い歴史のなかで年代的な定点となります。

一六世紀代、和暦でいうと天文の初めから永禄・天正までという長い時間のなかで、北条氏は氏綱・氏康・氏政・氏直と代替わりをしています。一括廃棄の資料などによって、定点が求められなければ、葛西城の歴史的な話までなかなか突っ込めないのです。文献の人からすると一年、二年の違いは社会情勢も変わってしまう大きな問題ですが、考古学ではなかなか年代を絞り込むのは至難のことです。しかし、第八一号井戸が小田原系の手づくねかわらけの検討によって、一六世紀中頃、天文後半から永禄の初めに絞り込めたことは重要なことで、北条氏康の頃の所産と見られるわけです。

環状七号線道路建設に伴って出土した葛西城出土の遺物カウントをみると、小田原北条氏時代の葛西城資料は一六世紀後半に少なくなることがわかっています。昨日報告された長塚さんが、葛西城に関する文献を調べると、永禄の後半以降、葛西城は兵站基地化してくると指摘されていますが、遺物の状況と文献からの指摘がうまくリンクしているようです。

葛西城の堀から出土している多量の漆椀も明確な時期をつかんではおりませんが、報告でも述べたように、小田原との関係がうかがわれる点が重要であり、葛西城の遺物の出土傾向からも天正期ではなく、主に天文後半から永禄期までに収まるものと考えています。漆椀については、今日、佐々木さんにご報告していただいたのですが、さらに小田原の方でかわらけや漆椀の検討をしていただいて、細かな年代観が求められれば、両者の比較が可能となり、これからの研究が面白くなってくると思います。

司会（永越）　先程、箕輪城のかわらけの話がでましたが、会場に調査をされた高崎市教育委員会の秋本太郎さんがお見えになっております。箕輪城では小田原系のかわらけは出土しているのですか。

秋本　箕輪城でも小田原の手づくねかわらけが出土しています。小田原の手づくねかわらけに注目されて葛西城の第八一号井戸が定点になるというのは貴重なお話だと思いました。葛西城からは、小田原の手づくねかわらけ、小田原を模倣したかわらけ、それから在地のかわらけの三種類が出土している訳ですが、葛西城ではかわらけの研究が進んでいると思うのですが、今後さらに精緻に整理されていけば、この地域の動向がもう少しつかめるかなという感想を持ちました。

黒田　よろしいでしょうか。問題にされているかわらけは、特殊なかわらけのことですか。例えば、葛西城についても天文から永禄に比定されるものだけなのか、次の代にはないのかとか、あるいはどれくらいの量発見されている時に、宴会の後の大量廃棄と推定できるのか、あるいは出てきている場所、小田原系といわれているものがどういう所に出てきているのか。年代の違いはどういう風に考えたらいいのでしょうか。

つまりかわらけが出てきていることから、何がいえるのか、何が確実に理解できるのか。あと、生産と流通、在地でどこまでその違いがわかるのか、どういう人々が生産をしているのか、たとえば小田原でしか生産していないのか、八王子でも生産できるものなのか、誰が動かしているのか。そういった基本的なところをお教えいただきたいと思います。よろしくお願いいたします。

司会（大石）　谷口さんいかがでしょうか。葛西城から出土したかわらけについて、黒田さんからご質問がありましたので…。

谷口　そのご質問すべてについてお答えするのはなかなか厳しいものがありますが…。先程も紹介しました環状七号線道路建設に伴う調査で出土した遺物をカウントした時に確認したのですけれども、いわゆる小田原系といわれる手づくねやロクロかわらけの出土は、他の在地産のかわらけと比べて極めて出土点数が少なく、限られた存在であることがわかります。小田原系のかわらけのなかで、唯一、手づくねかわらけが本丸の第八一号井戸からのまとまった出土であり、その出土状況は、宴席後の一括廃棄と考えられる特異なものでした。その他の小田原系のロクロや手づくねかわらけの出方というのは、本丸を区画する堀からの出土です。本丸の堀からは、陶磁器などで見ると一五世紀後半から一七世紀代の遺物が出土します。小田原系のかわらけは、堀からまとまっての出土ではなく、流れ込みのような状況で出土しています。ただ、展示をしておりますが、金箔で飾られた小田原系のロクロかわらけが堀から一点出土しております。残念ながら詳しい出土状況はわかりませんが、注目される資料です。

小田原のかわらけを模した在地のかわらけや、それ以外の在地産のかわらけなどは、堀からかわらけ溜りとよばれる状態で大量に出土しています。但し、年代的には、小田原北条氏時代の葛西城の時期から落城後に築かれた青戸御殿までの時間幅が考えられます。

黒田　葛西城に関しては、今の発掘の状況からすると、天文から永禄に大宴会があって、後は大宴会は行われていないと考えられるわけですか。

谷口　そうは申しておりません（会場笑）。第八一号井戸は、葛西城のなかでも特徴的な小田原系の手づくねかわらけがまとまって出土する特異な遺構ということです。本丸の堀からは小田原北条氏時代の葛西城から近世の青戸御殿時代のかわらけが出ています。特徴的な出土状況として、かわらけ溜りが認められ、それは饗宴後の一括廃棄と考えられるわけです。

堀のかわらけ溜りの細かい時期はまだ明確でないものもあり、一応ここでは大きく、小田原北条氏が入ってから三代将軍徳川家光の時期までのもので、何度か饗宴があったということです。小田原北条氏から徳川家光というと時間幅が長いので、文献の方からすると怒られてしまうかと思いますが、いま少し整理すると本丸の堀で確認されているかわらけ溜りは、小田原北条氏時代でも天文後半から永禄期までのもので、天正期は少ないのではないか、そして、葛西落城後に構えられた青戸御殿の時期に再びかわらけ溜りが形成されるものと考えております。

司会（大石）　小田原ではかわらけの出土は、どのような状況なのでしょうか。

佐々木　小田原系のかわらけが出土する場ということで少し申し上げると、神奈川県の服部実喜さんのお仕事をもとにお話しますと、出る場所については、下総の本佐倉城ですと、佐倉妙見宮のあった二の曲輪でしか出土していません。武蔵の八王子城ですと、御主殿では出るけれど、根小屋などの城下の方では出土していません。そこから服部さんは、小田原系かわらけは使用形態、使用者について特定されるものがあるのではないかと指摘されています。もしかしたら小田原のかわらけは、領国内ではそういう形で、使う人が限られるかわらけだった可能性があります。

ただ、こと小田原に関してみますと、手づくねかわらけが出る場所は案外広範囲に広がっています。小田原城周辺では、三五〇ヶ所以上で調査をしていますが、たいてい一点程度の手づくねかわらけは出土しています。その場所が小田原でどれだけ重要だったのか、なかなか難しいところがあります。

これは推測の域を出ないですが、小田原城内における小田原系かわらけの使い方、北条氏が押さえていた本国での使い方、他の北条領国内での使われ方、それぞれに様々な違いがあるのかもしれません。葛西城の場合、小田原系かわらけが一括して出土したのは、第八一号井戸という主郭の中の遺構です。そういう視点で、各地での出土傾向や使い方を考えていく必要があるのではないでしょうか。

司会（大石）　田中さん、河越城のある北武蔵ではいかがでしょうか。

田中　河越城については、扇谷上杉氏の段階で、城の中心と推定される辺りで大量のかわらけが出ています。一〇〇キロ近い重量が一ヶ所で出ています。ほとんど胎土が同じですから、生産地が同じと考えていいと思っています。城の中心部で使われるかわらけは、かなり限定された所から供給されているだろうと思います。それに対して河越館に持ちこまれる「山内上杉氏のかわらけ」の胎土は、河越周辺では見ない土で、おそらく寄居辺りの土かなという印象を持っています。

　河越館からは、それ以外にも河越周辺で生産されていると思われている胎土のかわらけも一緒に出ます。ところが陣所の中で出ているかわらけの出土位置を見ますと、陣所の中心部分では「山内上杉氏のかわらけ」が主体的に出てくるのに対して中心部から離れますと、河越周辺で生産されたかわらけの量が増え、「山内上杉氏のかわらけ」の比率は下がります。

司会（大石）　会場にいらっしゃる簗瀬裕一さん、上総・下総の方ではいかがでしょうか。

簗瀬　佐々木さんが言われたように、小田原系かわらけが本佐倉城から出ております。妙見宮からまとまって出ておりますが、他の地点からも出ておりますので、この点は訂正する必要があろうかと思います。千葉では手づくねかわらけの出土は概して少ない状況です。本佐倉城では小田原の影響を受けたと考えられるロクロかわらけがあり、地元の工人が真似て作っていただろうと思われます。葛西城のかわらけは、千葉のものと似てるものと違うものとありますけれども、共通しているのは、葛西城のかわらけを整理された長瀬衛氏によってA—六類とされた底部の糸切りが左回転のものです。

　このA—六類について、永越さんはだいぶ新しく一六世紀後半あたりに位置付けられていますが、松戸市の小金城では、伴った瀬戸美濃焼の遺物の年代観から見ますと、一五世紀の中に収まるように考えております。A—六類も鍵になる遺物ではないかと思います。

司会（永越）　江戸川の向こうについては古いかなと思うのですが、葛西城のものについては、今のところ一五世紀までいくかどうか、その辺りがなかなか難しいところで、今後検討していきたいと思っております（その後、A―六類の年代については、上限を一五世紀後半から一六世紀初頭にさかのぼる可能性を考えている〈『葛西城ＸＸⅦ』〉）。

司会（大石）　かわらけについてほかに何かございますか。

長塚　かわらけの移動が、軍事行動とか政治的に重要な人間の移動に伴って起こる現象だとすると、流通とはあまり関係していないということでしょうか。関東、中世東京湾の流通に関して考えてみると、たぶん港湾税を取ったり、税を運ぶとか、魚を運んだり、食料や木材を運んだりしますよね。ですけど、古河公方のかわらけを品川に運んで宴会をやるとかはちょっと考えにくいのですが、他の物資の流通とかわらけは、明らかに違うと思うのですけれども。

黒田　工房は一つと考えていいのでしょうか。あるレベルの人が宴会を開く時にそういったものを持ち出して持っていくと考えていいのですか。

田中　その辺は文献の方に教えていただきたいところですが、考古資料を見ての判断で申しますと、かわらけを作る窯は非常に簡素です。発掘でかわらけを作った窯跡が見つかっていますが、非常に小規模なものです。河越城のかわらけを見ますと、ほとんど同じ技法で大量に作っている。ただ簡易な窯で大量に作れないかどうかはよくわかりませんので、工房の規模が判断できません。

大名がある特定のかわらけを使っていたのであれば、それは注文であって、一種貢納と言いますか、税金のような形で生産者から上げさせていたのではないでしょうか。一部は市場、市等に流れて一般の集落の方へも流れていくという推定もできます。北条の時代になりますと、領主を経由しない商品生産が増えていく傾向にあると思います。それは関東の一六世紀後半のかわらけは、非常にバラエティに富んでいます。つまり規制が弱まっているとみることができます。ただし大きいかわらけが無いという点では、北条の規制がかかっているという印象も持っております。

司会（大石）　会場にいらっしゃる埼玉県教育委員会の浅野晴樹さんが挙手されておりますので、どうぞ。

浅野　領国を見るのに、戦国期前半の田中さんの考えは、比較的大量な山内とか古河公方とか扇谷のかわらけの分布を見て領国的なものを描いておられるのではないでしょうか。佐々木さんの方は、京都から工人を連れてきて生産したんだということでしょうか。それが非常に単発的に北条の、特に天正年間のものは拠点の城に入っている訳なんですが、そのあたり、我々が見る限り小田原のかわらけは一〇〇〇点の内一点くらいか、数点程度の割合しか認められません。

討議風景２

そのような状況にあって、小田原のかわらけがどのように使用されたのかと考えると、例えば、八王子・岩付・忍などの城で出土した場合、どういう使われ方をしていたのか、ちょっと先程の説明では納得できない気がします。北条は市場、地域を優先した支配をしていたのだと思いますが、少なくとも河越にしろ、岩付にしろ生産は持っていってない。前半の山内ですとかのかわらけは根本的に違うのではないでしょうか。生産は寄居とか、まとまりは一つではないと思いますが、いくつかの生産場所は想定されているようです。そのような状況明らかに小田原のかわらけとは異なった状況です。そのような状況にあって、田中さんは領国をそれぞれ描いているというのは、おもしろいなとは思ったのです。

田中　貴重なご意見ありがとうございます（会場笑）。

司会（大石）　それではかわらけの話題はこのあたりにしまして、葛西城で義氏が元服式を挙げたということですが、元服について少し考えて見たいと思います。平野さんいかがでしょうか。

平野　元服の式に関して申し上げますと、関東足利氏の元服式と室町将軍の元服式を比べると、一番大きな違いは加冠の役、烏帽子をかぶせる役です。たぶん室町将軍の方が一般的で、天皇家、徳川将軍でもそうですが、加冠の役は非常に重視されております。室町将軍でしたら、管領あるいは管領に準ずる人がその役を行います。天皇家でしたら摂政か関白というような人が行うことが多い。関東の足利氏の場合には、烏帽子の役、加冠の役というのは具体的な名前として出てこない。理髪の役をした人が髪を整える。その後、別の人が烏帽子を被せるという形でしか出てきません。本来最も重視されている加冠の役が、関東足利氏ではそれほど重視されていないのです。というのが、おそらく元服式のなかでは一番大きな違い、相違点であろうと思います。

理髪の役が重視されているのかというとそうでもないようです。関東足利氏では重視されているのかなという感じもあるのですが、やはりそれまで行われているのは古河公方、鎌倉公方もそうですが、公方の側近だろうと思いますので、とくに管領が行うというわけではありません。関東管領は元服式の時には対面をして酒杯をかわすという風になると思います。それくらいしか関東管領は関わっていないのです。

長塚　元服式と言って、そんなに厳密な儀礼としてやらなくてはいけないのでしょうか。各世代で多少違っていてもかまわないのかなと、私は思ったのですが。どの世代が特異というよりも、その時の状況に応じてやればいいので、「最低限これは守りなさい。」という話なのかな、と思います。

「鎌倉年中行事」は実際に見て書いている訳ではありません。多分、海老名季高が祖父修理亮らから聞いた話を書き留めているものなので、厳密には正確な資料ではないのではないでしょうか。古河公方歴代でわかっているのは、晴氏と義氏だけかと思います。他はちょっとわからない。鎌倉公方も「年中行事」の例は持氏の元服だけかもしれません。一世代に一回ですから、そんなにたくさんあるわけじゃない。取扱説明書は多分残してある可能性はあると思いますが、厳密にすべてそれを守ってやっているのか。京都のやり方に準じなきゃいけないものなのかどうか。

平野　おそらく取扱説明書的なものはあったと思います。室町将軍の場合は残っているのは義満と義教、それから義輝、三代くらいしか残っていませんけれども、そういうのが残っているということは、内々に元服記という形で、儀式次第が書上げられているのが残っていますので、おそらく晴氏も、少し時間的な流れが前後している所があるので、これ自体はあるいは写しかもしれませんが、そういうようなものをやはり残すんだろうと思います。

有職故実を伝承していこうとすると、何かに書き残さなければ伝わらないわけです。前例がどうなのか、有職故実もそうですけれども、こういう場合、非常に重視されますので、そういう点でも記録を残すのだろうと思います。そういう意味では、書き残されたものにできるだけ準じて行うのが儀礼なのだろうと思います。

小野　よろしいでしょうか。義氏は、小田原への場合は御成ですから、ある時間帯を決めてお客さんとしてそこへ行って、訪問して宴会を受けて帰ってくる。それに対して、葛西城にいたということになっている訳ですけれども、その意味はどういうことなのかということです。元服が問題になっていますけれども、葛西城が自分の城として住んで、御所として使っていて、そこで元服をしているのか。それともここを舞台に誰かの介在によって元服だけをしたのか。

たとえば、足利義昭は越前朝倉氏の一乗谷にいたといわれていますが、一乗谷の城戸のなかには入れてもらえないのです。客分扱いで、城戸の外にいるわけです。ですので、わざわざ朝倉の館に行って、そこで朝倉の当主が加冠になって元服をするわけです。何回か義氏が転々と色々な所を動いていったという言い方をされていて、そして、その場はどうだったのかという議論になると思うのですけれども、義氏はそれぞれの城にいた時に、そこを城主といいますか、自分の御所として使ったのか、住まいとしていたのか、それとも単に客分としていたのか、ということが凄く大きな問題になるのではないかと思います。その辺りがどうだったのかによって、じつは館の中の空間の取り方、そこに御所があったのかどうかを含めて、大変大きな違いが出てくると思います。とくに、元服は自分の城の中で自分の息子がやる時だったらいいのでしょうけれど、そうじゃないやり方は結構あります。加冠は外に行って誰かの屋敷でやってもらうというスタイルをとります。そういったことを含めて、場の問題と、義氏自身の、どういう存在の仕方をしていたのかを含めてお聞きしたいなと思うのですが。

平野　私も昨日、元服式はおそらく葛西城で行ったのだろうと申し上げました。ここ数年で、義氏はこの時期には葛西城にいたという研究成果を、ほとんどそのまま受け入れただけなので、義氏がいた意義とかあまり考えたことはありません。

黒田　少なくとも天文二〇年の暮れくらいから永禄元年の四月まで、葛西様と呼ばれていますので、足利義氏は葛西城に在城していたことは間違いないだろうと思います。元服も北条氏の関係者があれだけ少ないということを見ると、葛西城に当主の氏康がわざわざやってきてやったのかなと思います。葛西城は基本的には北条氏の城です。ただ城主という形で誰かがいたというような、そういう城でもないような気もします。遠山氏の一族が城代として入っているということは記録で知られます。それ以前、義氏がいた段階に本丸に義氏がいたのか、城代が本丸にいたのか、それは史料的にはわかりません。

葛西城の役割ですが、葛西城自体はおそらく江戸城代の遠山氏の管轄だと思いますので、その一族が城代を務めるという城ですので、記録を見る限り、北条の当主が在城した事例はありません。城の性格と義氏の関係は、もう少し史料が出てくれれば考えられるかと思います。

長塚　義氏が葛西城にいたというのは、つい最近佐藤氏によって発見されたばかりで、その意義をどう考えるかというのは、昨日あたりから皆さんの頭の中に浮かんだばかり（会場笑）。天文二四年（弘治元年）一一月段階の北条方の関係資料はないと思います。「所領役帳」もその少し後の時代ですので、あの中に書かれている知行形態が、足利義氏が在城していた時期と同じかどうかはよくわかりません。それこそ葛西地域が全部まとめて古河公方に譲渡されていればそれは理想的なのですけど、たぶんそういうこともないだろう。城の周りしかわかりませんけれども、その地域に所領がなくても近隣の古河公方領に近いですから、物資の輸送などはそう難しいものではないと思います。

元服だけではなくて、儀礼の場としての葛西城はいろいろな使われ方をしている可能性はあると思います。黒田氏によると、岩付の太田資正の息子が元服するのは葛西城です。義氏以外も元服式を葛西で行っている。それから葛西に義氏が移動した時に関東・南東北の諸士の中にはお礼を申し上げに参上する。本人が来る訳じゃなくて、代理で来てお礼を申し上げたりするという所であり、多分宴席もあったことでしょう。そういった対面の場としても使われているはずなので、葛西はかなりそういう意味で宴会場、ハレの場としての役割が強いのではないかと思います。ですから大量のかわらけが出てきてもおかしくないと思います。その辺のところは、調査もなかなか進んでいないだろうとは思いますけれども、そういった東国全域の領主との問題も関わってくる気もします。

司会（大石）　今、江戸との関わりや葛西城の役割などについて話が出てきましたが、会場におられます江戸東京博物館の齋藤慎一さん、これらの点についてコメントしていただけないでしょうか。

齋藤　江戸との関わりについては難しいかなと思います。二日間いろいろ勉強させていただいて、改めて足利義氏と葛西城の意味がクローズアップされ、大きな問題提起がでてきて、考えさせられました。文献の方から古河公方の独自性、独立性、力の強さが出てくる反面、考古の方から、かわらけを中心として北条に従う姿が出てきたと思います。

考古学は、戦国大名領国は論じにくいと思いますが、小田原かわらけは唯一、大名権力論を語れる遺物だと思います。黒田さんのお話は、昨日は取次のなかで総体的な関係だったと思いますが、今日は葛西城の持っている北条領国の中の位置みたいなものをコメントされたと思います。文献サイドから古河公方の独立性、考古サイドから葛西城の古河公方足利義氏を通して、北条のなかに取り込まれた側面みたいなものが描かれたと思います。そういった意味で時代的にも義氏の若い頃、……古河公方の中での微妙な時期でもあります。若い頃の義氏は。そういった意味でこの時期、葛西城にあった頃の義氏の在り方を考えさせられることを、非常に提起していた二日間だなと思います。そういった文献と考古の見方の違いが、はたしてどのようにこの時期の葛西城や義氏を考えさせるかということは意味があるものだったと思います。

司会（大石）　ありがとうございます。今のコメントについて何かありますか。

長塚　たぶん、文献史学の方では、「古河公方はそんなにすごいんだ」という認識はあまり多くはないのだと思います。昨日の佐藤氏のご講演でも、基本的には北条氏なんだと思います。一番気になるのは、古河公方の重臣の簗田氏がものすごく反発してくるということに対する北条側の手の打ち方。間に挟まれている梅千代王丸とか芳春院殿のあり方というものではないでしょうか。古河公方にも主体的な動きがあったといっている研究者はほとんどいないのかもしれません。葛西城に義氏がいたことがわかることによって、権威は別ですが、権力としては北関東のローカル権力としか認識されていなかった古河公方が、それだけではなくてもっと他の影響力を持っているという形で考える大きなポイントになってきたのではないでしょうか。

谷口　今回結論が出るという問題ではないのですが、小野先生からもご指摘があったように、古河公方足利義氏が葛西城にいた意味というものを、これからしっかり考えなければいけないと思います。その方法論として葛西城という場がある訳ですから、そこに対して文献と考古で切り口が違っても、擦り寄るとか、そういうことでなくて、双方の得意とする手法で検討していくことが大切だと思います。そのような作業のなかで、文献と考古との見解が合わない部分が出てくるかもしれませんが、どこが違うのかということをはっきりさせた上で、将来的に詰めていくという作業を行っていくことが必要なのだろうと思います。

　たとえば今回、小田原系かわらけの問題などが提起された訳ですけれども、考古学の方からずっと疑問視、あるいは違和感のあったのは、葛西城から出てくる威信財の問題です。元代の青花器台や蓮弁文の茶臼について、図録のコラムで研究者の方に書いていただいていますが、なかなか他の城郭では出てこないものが葛西城から出てくる。その辺りの意味をどうとらえるのかということです。私の報告でも述べましたが、葛西城は古河公方が御座するような城なのだということで、それがただちに古河公方の持ちモノかどうかは別としても、何とか頷けるわけです。従来の葛西城のイメージからすると、威信財などの出土は偶発的なもので、直接、葛西城を語る資料ではないと思われてきた訳ですが、そうではなかったということがわかってきたのです。

考古学側からの立場でいうと、改めて今回の特別展に合わせて東国中世考古学研究会の協力を得て、当館の博物館ボランティア「葛飾考古学クラブ」と一緒に環状七号線道路建設に伴う調査を中心に葛西城の出土遺物のカウントをしてきたのですが、その結果、遺物の出方、組成の問題が明らかになってきました。たとえば、他の北条領国の城ですと、初山とか志戸呂という焼物が出てきますが、葛西城では一、二点しか出てこないなど、かわらけ以外にも、他の北条氏の城と異なったところも認められるわけです。そういう問題も含め、考古学側では、最新の研究を参考にしながら昭和四七年から行われてきた葛西城の膨大な発掘資料を再点検していく作業が必要だと考えています。

浅野　葛西城出土の遺物のカウントをして、確実に天正年間の遺物はほとんど見当たらなかったんですが、その時代以降の葛西城はどうなったのでしょうか。

谷口　葛西城はなくなったわけではなく、存在はしていました。（笑）

葛西城では、天正年間の遺物がほとんど見られなくなっていくわけですが、報告でも申し上げましたけれども、おそらくそれは文献の方から長塚さんが指摘している最前線基地ではなく、兵站基地化するのではないかということとリンクする話だと思うのです。そして、もうひとつ葛西新宿の問題が絡んでくると思います。葛西城が一番スポットライトを浴びている時期というのは、もしかしたら義氏が御座している時期だったのではないでしょうか。

義氏が永禄元年に葛西城を出て、鎌倉や小田原へ出向きます。その後葛西城に戻ることはなく、関宿城や古河公方の本拠古河城へ移座します。葛西城はというと、永禄三年の長尾景虎の関東進攻によって反小田原勢力によって落され、里見氏の家臣網代が入ったという記録があります。永禄五年には北条氏は再び葛西城を奪取します。そして、永禄七年に第二次国府台合戦があって、これで葛西地域が北条領国として安定するといわれています。その頃には、葛西地域は最前線ではなくなっているわけです。永禄七年までは、葛西城にスポットライトが当たっていたのかなという感じです。

長塚さんのご指摘どおり、永禄期になると、葛西新宿の史料が確認でき、天正期以降になると葛西の領国経営にかかわる史料が増えてきます。もしかしたら葛西領国の経営というのは、第二次国府台合戦以降は、葛西城ではなくて、葛西新宿というものが重要な位置を占めてくるのかなと考えております。それも合わせて、遺物の問題などについても検討していきたいと思います。時期によって、葛西城の使われ方が変わってくるということです。

司会（大石）　そろそろ全体討議を終える時間になってまいりました。最後に、小野先生から本日の討論の締めのお言葉をいただきたいと思います。よろしくお願いいたします。

小野　義氏は意外とこの時期、コネを作ったのではないかなという気がしてきました。先程、小田原へ御成をした話をしましたが、確か五献だったと思います。普通、一番長いのは一七献といって、夜を徹して大歓迎するわけです。五献・七献・一七献とあって、義氏の小田原御成は、松竹梅としたら一番安いやつだった気がするのです（会場笑）。ある意味、ランクを軽く見られているというか、北条氏にしてそのような訳ですから、彼の存在は儀礼の世界から言えば、ずいぶん軽いなというのが一つ。

ただ一方で、葛西城というこのお城が、何か宴会場のように特殊なハレの空間として機能を持っていたのではないかという点、すごく示唆的でした。徳川の時代になった時に、家康・秀忠・家光と三代が葛西城の跡に最初に鷹狩りの御殿にしています。それも小田原北条氏の葛西城の本丸などの縄張りをそのまま踏襲している。彼らにとって偶然ここが、鳥がたくさんいて鷹狩りに良いということではなく、おそらく由緒ある故地を使って自分の御殿を各地に造るということがあったのではないでしょうか。

故地を使っているという所に、かなり意味を持たせていたはずです。徳川の初期はそういう傾向が認められます。葛西城のところに青戸御殿ができたことの意味は、もしかしたら他のお城とは違う価値みたいなものを反映していて、そういう意識があって、青戸御殿が造られているのかなと思いました。戦国時代から江戸時代まで含めて葛西城が持っていた位置付けみたいなものをずっと見ていくと、さらにおもしろい議論ができるのではないかと思います。

Ⅳ　葛西城をめぐる戦国群像

シンポジウム参加記1

古河公方と葛西公方府をめぐって

和氣　俊行

平成一九年（二〇〇七）一二月、葛飾区郷土と天文の博物館において、特別展『関東戦乱―戦国を駆け抜けた葛西城―』の記念シンポジウム「葛西城と古河公方足利義氏」が一日（土）・二日（日）の二日間にわたって開催された。なお同シンポジウムは葛西城発掘三五年・博物館考古学ボランティア活動一五年記念としても位置付けられている。また、文化庁補助事業の一環として、埼玉県立嵐山史跡の博物館「後北条氏の城―合戦と支配―」と江戸東京博物館「太田道灌と城館の戦国時代」との三館共同企画としても開催されている。このような企画は、数多くの参加者が最新の研究成果や情報を共有することを可能にし、また、複数の地域での開催により、より多くの地域の活性化にも繋がるものと思われる。今後、このような数館連携による企画展やシンポジウムの開催というスタイルが定着すれば、参加者側としては大変望ましい事であろう。

さて、記念シンポジウムの日程であるが、一日目は「第1部　文献史料から探る」、二日目は「第2部　考古資料から探る」・「第3部　全体討議」という構成であった。筆者は残念ながら所用により、一日目しか参加することが叶わなかった。このことは大変残念であり、なおかつ、古河公方・関東足利氏を主たる研究対象としている筆者にとっては、果たすべき責務ともいうべき両日参加ができずに、深く慚愧する次第である。それにもかかわらず、同シンポジウムへの参加記を書く機会が得られたことは、筆者にとって大変有難いことであった。なお、以上のような都合上、参加記についてはほぼ一日目の内容が中心となることをあらかじめお断りしておきたい。

一日目のプログラムは戦国史研究会の大石泰史氏による司会進行のもと、葛飾区教育委員会生涯学習課長森本宏氏による開催挨拶、郷土と天文の博物館学芸員の谷口榮氏による趣旨説明のあと、千葉大学教授佐藤博信氏による記念講演「古河公方足利義氏と東国」をはじめとして、馬の博物館学芸員長塚孝氏による「葛西時代の足利義氏」・駒澤大学非常勤講師（現在は駿河台大学准教授）黒田基樹氏による「小田原北条氏と古河公方」・國學院大學非常勤講師平野明夫氏による「足利義氏の元服」という三本の報告が行われた。

佐藤氏による記念講演は、最後の古河公方足利義氏とその母親である芳春院殿にスポットを当てたものであった。芳春院殿は後北条氏の二代目当主北条氏綱の娘であり、義氏の父晴氏に嫁いで義氏を産んだ人物である。後北条氏と古河公方＝関東足利氏との人的関係は、この婚姻関係に因るところ大であり、この婚姻がなければ両者の密接な関係はあり得なかったといえよう。講演内容は義氏と芳春院殿との関係、さらには芳春院殿の侍僧で、後に古河公方発給文書の奉者となる芳春院周興についてであった。また、講演中において既知の史料を芳春院殿の印判状に比定し直されるなど、最新の成果が盛り込まれた、非常に聴き応えのあるものであった。なお、佐藤氏の研究成果（佐藤博信「古河公方足利義氏についての考察―特に『葛西様』をめぐって―」〔同『中世東国政治史論』塙書房、二〇〇六年〕、同論文は特別展図録『関東戦乱―戦国を駆け抜けた葛西城―』にも再録）により足利義氏の葛西在城が明らかになったことが、今回の特別展およびシンポジウム開催の原動力となったことは言うまでもなく、その意味でも佐藤氏による記念講演は至極当然であり、なおかつ時機を得たものであったと思われる。

次に長塚氏の報告についてであるが、氏の報告は主として戦国期の古河公方領国についてであった。氏によれば、北は下野小山氏の支配領域との境から、武蔵・下総両国の境界地域（武蔵国太田荘・下総国下河辺荘が中心）から葛西地域にまでおよぶ一連の御料所と、鎌倉期に足利氏が守護職をつとめた上総国の養老川河口付近一帯に設定された御料所とにより、公方領国は構成されていたということである。とくに上総国の御料所が、戦国末期まで関東足利氏権力の重要な経済基盤を担う所領として位置付けられるべきであることがあらためて提示された意義は大きい。また、葛西城は水上交通を通じて武蔵・下総の御料所と上総の御料所とをつなぐ重要な位置にあり、長塚氏が義氏の葛西在城をもって「葛西公方府」として位置付けられたことも重要である。「葛西公方府」の成立は、公方権力および同権力を通しての後北条氏権力とによる上総の御料所掌握に伴う環東京湾（江戸湾）支配のための、極めて政治的な対応であったという。

黒田氏の報告は、古河公方家と後北条氏とを繋ぐ「取次」についての報告であった。取次は公方家・後北条氏双方から人選されており、前者では簗田氏・豊前氏などの公方奉公衆や、義氏母芳春院殿の側近瑞雲院（のちに芳春院）周興が務め、後者でははじめ江戸城代遠山氏や太田越前守などが務めていたが、弘治元年（一五五五）一一月に葛西城で行われた足利義氏の元服式を画期として、それ以後は、彼ら家臣層とともに北条氏規・氏照などの後北条氏一門も取次を務めるようになったという。後北条氏による古河公方権力への干渉過程およびその方針が、「取次」の人選という視点からもうかがうことができて非常に興味深い。

平野氏の報告は、葛西城において弘治元年一一月に執り行われた足利義氏の元服式についての報告であった。足利義氏の元服式については、式の様子を記した史料が残っており（「義氏様御元服之次第」）、また、義氏の父晴氏の元服式についての史料も現存している（「足利晴氏元服次第記」）。平野氏は両史料から、関東足利氏における公方嫡男の元服式の様子・位置付けを詳細に検討された。例えば、義氏の元服式において、成人の証として重要な髪の髻（もとどり）を作る理髪役は、本来ならば公方の奉公衆が務めるべき役であるが、史料によれば、同役を北条氏康が務めており、このことは、氏康が義氏の元服式においては公方奉公衆と同格に位置付けられており、関東管領としての立場から元服式に出席していたのではないことを示しているという。また、配膳などのあり方を、京都の将軍の事例と比較してみると、義氏、即ち関東公方のそれは将軍より一段下の礼法となるという。さらに、義氏の元服式が行われた時期にも注目し、後北条氏側の都合により弘治元年一一月頃に元服式を行う必要があったという。おそらくそれは、義氏の異母兄足利藤氏（母は簗田氏女）が、房総里見氏や小山氏・結城氏などの北関東の伝統的豪族層をはじめとする反後北条氏勢力に庇護され健在であったことと密接に関わってくるのであろう。藤氏は先代公方晴氏から次代の公方継承者として認識されていた時期があり、父晴氏の失脚後は後北条氏により廃嫡同然とされていた。しかし、後北条氏側の擁する義氏も天文二一年（一五五二）に公方家の家督を相続したものの、その段階では、いまだ元服以前の「梅千代王丸」（＝義氏）であった。それゆえ、正統な公方継承者としての形を整えるためにも元服を急ぐ必要があったのであろう。そのタイミングが弘治元年一一月であったということなのであろうか。

以上、一日目の講演・報告について記してみたが、筆者の主観でまとめてしまった観があり、報告者の方々の意を充分に汲んだとは到底言い難いかもしれない。しかしながら、いずれの講演・報告も大変熱のこもった、内容の充実したものであり、拝聴する側としては大変有意義な時間であったと思う。悔やんでも仕方のないことなのであるが、二日目に参加できなかったことが、やはり大変残念であった。考古資料に基づく数多くの成果と、最後の全体討議における文献・考古両面からの充実した討論を聞き逃してしまったことは、関東足利氏研究者としてはマイナス以外のなにものでもない。特に考古学的な観点からは、義氏の葛西城在城期をして「葛西公方府」と称することを裏付けるような遺物、例えば、大勢の公方家臣団の生活痕が窺えるようなものが出土しているかどうかなどが、重要な点であろうと思われ、大いに気になるところであったが、それについてはどのような成果があがっていたのであろうか。

それゆえ、今後、本シンポジウムの詳細な報告書が作成されることを熱望する。また、そのことにより、筆者だけでなく当日参加されなかった数多くの方々にも、同シンポの多大な成果を共有する機会が得られれば、関東足利氏研究の進展にも資するところ大であると信ずるものである。

最後に、筆者がシンポジウムに参加して感じたこと、考えたことなどをいくつか記して終えたい。

まずは本シンポジウムおよび特別展の主旨についてである。とくに特別展の図録の表紙に白字で書かれている「関東の将軍　古河公方足利義氏」というフレーズが気になった。これは、おそらくは京都の将軍と対比して、古河公方は関東の将軍的な存在である、という意味合いで使用されたのではないかと思う。以下、このことについて、少し私見を述べてみたい。

この時代の「将軍」とは、すなわち武家の棟梁を指しており、武家政権の首長となる資格を備えた政治的存在を指す言葉なのである。確かに戦国期の関東公方（古河公方）を指して「関東之将軍」と記した史料があり（天文四年極月八日付「小山高朝書状」、『佐八文書』）、筆者も古河公方は京都の将軍と対比し得る政治的存在＝「関東の将軍」であったと考えている。であるならば、そのような政治的性格を有する古河公方を頂点とする東国社会というものは、京都の幕府とは別個の政治勢力として存在していたと考えられよう。つまり、両者は併存し、ある時には対立していたというような時代背景を想定することが必要となるのである。シンポジウム自体の主旨とはあまり関係のないことかもしれないが、中世後期の東国政治史を考えるうえで、大変重要なことなので、ここに特筆させていただいた。

次に、足利義氏の元服式についてであるが、なぜ後北条氏勢力の最前線である葛西城がその場所として選ばれたのかが、大きい問題であろうと思う。確かに葛西城は古河と房総方面とを水上交通で繋ぐ、いわば交通の要衝にある城であり、すでに周知の如く、当時の古河公方権力がその経済面において流通の掌握を重視していたことをふまえれば、葛西城は、まさに公方が掌握すべき城としてうってつけであったと思われる。しかし、それだけでは新公方の元服式を行う場として選定される理由にはならない。葛西城が選ばれた理由は、それが対外的な一大デモンストレーションであったからに他ならない。当時、公方の候補者としては義氏の異母兄藤氏が健在であり、その意味では義氏の公方としての地位は相対的であり、大変不安定なものであった。そこで、すでに小弓公方系足利氏を庇護しつつ、一貫して後北条氏と対立していた房総の里見氏や、北関東の豪族層などの、藤氏を擁立する可能性の高い諸勢力に対して、義氏こそが正統な関東公方の継承者であるということをアピールする必要があった。それゆえ当時の後北条氏勢力の最前線であり、いわば反後北条氏勢力の眼前にある葛西城こそが、元服式を行うのに相応しい条件を備えた城であったのであろう。但し、公方の元服式に相応しい地としては、当時鎌倉があったことは言うまでもない。しかし当該期の鎌倉は、最前線より遠く離れた後北条氏の勢力圏内で（海路房総側から攻撃される場合もあったが）、比較的安定した地域に位置しており、そのような場所で安全に元服式が執り行われたのでは、周囲への宣伝効果は期待できなかったのではないだろうか。やはり最前線に位置し、しかも河川交通により古河にも通じる葛西城こそが、当該期においては最良の候補地だったのであろう。後北条氏権力にとっての葛西城の位置付けは、少なくとも義氏の在城期においては以上のようなものであったのであろう。

　このほか、加えて欲しかった要素としては、反後北条氏勢力にとっての葛西城、という視点からの考察である。特に、幾度となく葛西城に対峙した房総諸勢力側からすれば、同城を落とすことが武蔵方面への進出のための絶対条件であったのであり、その大規模な動きは第一次・第二次国府台合戦として噴出したが、いずれも房総側の敗北に終わっている。国府台（千葉県市川市）まで進出してきた里見氏を初めとする房総諸勢力にとって、葛西城は越えられない壁として立ちはだかっていたに違いない。今回のシンポジウムでは葛西城および「葛西公方府」の実態を明らかにすることに主眼が置かれていたので、葛西城を使用する側の視点からの議論だけで成果として充分であったことは言うまでもない。ただし、将来的に第二回・第三回のシンポジウムが企画された際には、葛西城を攻撃・奪取する側にとっての葛西城という視点を盛り込んでもらえたら、より多角的に葛西城・「葛西公方府」の実態を明らかにすることができるのではないかと、期待する次第である。

　以上、とりとめのないことを書いてしまった感があるが、本シンポジウムの一参加者としての自由な意見としてご海容頂きたい。

　末筆ですが、このようなテーマでのシンポジウムを企画・実行された関係者の皆様方に敬意を表し、擱筆することとしたい。

シンポジウム参加記2

田中信氏の「山内上杉氏のかわらけ」についての若干のコメント

簗瀬　裕一

はじめに

葛西城と足利義氏をテーマにした今回の研究会は、考古学とさまざまな文献史学の視点からの研究を融合させようとする意欲的なもので、ここに参加させていただいたことは、非常に勉強になった。中世の城郭研究において、考古学や文献史学、あるいは縄張研究が協力して研究会やシンポジウムを開催するといったスタイルは、今では目新しいものではなく、そうした研究会がこれまでにも多く開かれてはいる。しかし、それぞれに専門分野の枠内での個別的な研究の配列に終わってしまう場合も少なくないように思うが、このシンポジウムでは、こういった点においても一定の成果が得られたのではなかろうかと思っている。

筆者には、この研究会への参加者としての感想を求められたが、多岐にわたる研究報告を総括することは私の手に余るので、ここでは筆者が関心を持っている研究テーマであり、その影響するところも大きいと考えている田中信氏の報告に登場する「山内上杉氏のかわらけ」について筆者の考えていることを述べてみたい。

一　かわらけの研究について

中世遺跡を発掘調査すれば最も普遍的に得られるのが素焼きの土器であるかわらけであるが、近年、中世史研究においてこのかわらけは、考古学のみならず文献史学も含めて一つの研究ジャンルとして定着しつつあるといえよう。それを象徴的に示すのが帝京大学文化財研究所で行われた宴のシンポジウムで、その成果は『宴の中世』としてまとめられている（五味ほか編二〇〇八）。筆者は残念ながらこのシンポジウムには参加できなかったが、ここでは考古学や文献史学など多方面から宴をテーマに研究会が行われ、かわらけはそこでキーワードにも使われているように、そのなかで大きな役割を果たしている。

このように、かわらけは中世史を解きほぐす上で重要な地位を与えられつつあるが、これまでかわらけの研究についてはどちらかといえば、考古学の最も基本的なテーマである編年に重点がおかれてきた。しかし、近年では型式学に基づく編年研究を脱却し、かわらけが道具として使われる場の研究であったり、京都の影響を受けたかわらけの地域的な展開など、さまざまな視覚から研究が行われるようになっている。このシンポジウムでも、田中信氏・谷口榮氏・佐々木健策氏の報告の中でかわらけも取り上げられており、かわらけが特に中世考古学においては大きな意味を持つ資料であることがこれからも理解できよう。

そうしたなかで、埼玉を中心として東国のかわらけ研究に熱心に取り組んでおられる田中信氏の報告で論じられている「山内上杉氏のかわらけ」は、単にかわらけの問題だけではなく、東国の戦国期を研究する上で大きな影響を及ぼすものである。

二　「山内上杉氏のかわらけ」についての問題点

田中氏は、東五十子などの遺跡から出土する特徴的なかわらけの一群に対して、「山内上杉氏のかわらけ」という呼称をあたえて、その分布域などを問題としてきた。さらには最近では、「扇谷上杉氏のかわらけ」「古河公方のかわらけ」「北条氏のかわらけ」等、新しい類型も設定されてその対象は拡大している。しかし、筆者はこのような呼び方が妥当なものかどうか大いに疑問をもっている。そして、「山内上杉氏のかわらけ」を初めとする田中氏のかわらけ分類設定が、十分な検討と議論も行われずに、既成事実化し、定着してしまうことに危惧を覚えるのである。

田中氏の説明によれば、「山内上杉氏のかわらけ」とは、「かわらけのデザインの選択及び分布には、山内上杉氏の意向が働いていた」とし、「そのかわらけの生産地は山内上杉氏の領国内で、そのかわらけが主体的に使用された範囲は、山内上杉氏の領国と考えてよかろう」とする（田中二〇〇五）。しかし、ここにはいくつか検証しなければならない課題が残っている。

ひとつには、領国支配の問題である。山内上杉氏と一口に言っても、その存在は一枚岩ではなく、一族も分立しており、長尾氏などの有力な支族の存在もあって、単純なものではなかった。それが、かわらけを統一的に使用していたとすれば、戦国時代でも早い段階に「山内上杉氏のかわらけ」を用いた山内上杉氏の関東における存在は、別格のものと評価できるようなものであった可能性もあり、山内上杉氏研究に大きな視角の転換をもたらすべき、非常に大きな考古学的発見といえるが、果たしてそういえるのだろうか。戦国大名のように確たる支配領国を持つには至らなかったと考えられる山内上杉氏が、その所領に特定のかわらけを流通・使用させるようなことができたのか、疑問である。

また田中氏は、越後の資料についても「山内上杉氏のかわらけ」を認定しているが、これは越後の上杉氏と関東の上杉氏との関係を踏まえてのものであろう。しかし、実際に関東と越後では距離的にも相当離れており、両者の間の関係を関東からの波及とみるのは成立しがたいのはなかろうか。筆者も上越市でそれらの資料を実見させていただいたことがあるが、形態の上では類似性も認められるが、関東のものとは当然ながら胎土も異なっており、ひとくくりにはできないという印象を持っている。むしろ、以下で触れるように、両者が似ているのは京都のかわらけという同一のものをモデルとして作られた結果によるのではないかと考える。

田中氏のいう「山内上杉氏のかわらけ」立論の基盤は、山内上杉氏の本拠となった上野や武蔵に多く分布することによるからであろうが、右に述べたようにこの資料が果たして山内上杉氏という特定の権力と結びつけ得るのかの十分な検証を欠いているように思えるのである。むしろ筆者は、「山内上杉氏のかわらけ」という特定の領主と結びつけた型式設定には無理があると思っているが、筆者がそのように考える根拠は、これと同じタイプのかわらけが房総にも少なからず分布していることである。もし、以下で取り上げるかわらけが「山内上杉氏のかわらけ」であり、それらが山内上杉氏との関係を持つものであるとすれば、房総の中世考古学の再構築を迫られる重大な事態となるが、果たしてそういったことが成り立つかどうかははなはだ疑問である。

以下では、「山内上杉氏のかわらけ」と同じタイプのかわらけへの呼称としてとりあえず、「薄手外反形かわらけ」という用語をあてておきたい。今のところ、こうしたかわらけに対して、多くの研究者の理解を得られると思われる適切な呼び名が思い当たらないので、この言葉をひとまず使用するとして、田中氏の見解に関わる場合にのみ「山内上杉氏のかわらけ」を用いることとしたい。このタイプのかわらけについては、筆者は京都の影響を想定しているが、それが実証されたなら「京都系ろくろかわらけ」といった呼称も採用できるかもしれないが、これについては今後の研究に待たねばならない。

三　千葉県の「薄手外反形かわらけ」

田中氏のシンポジウム資料にも袖ヶ浦市荒久（2）遺跡出土かわらけが掲載されていることにより、筆者が「薄手外反形かわらけ」と呼んでいる一群の資料が、田中氏の「山内上杉氏のかわらけ」に対応することは間違っていないと考えてよいだろう。筆者も以前から武蔵や上野の一群のかわらけが房総の一部のかわらけによく似ている点に注目しており、その系譜関係に興味を持っていた。田中氏も同様の見方をしていたことが、今回、田中氏の提示した図によって明らかになったわけだが、この荒久（2）遺跡については私の知る限り田中氏は何の説明を行っていない。本来であれば分布の中心から離れた荒久（2）遺跡の資料は注目されて良いはずであり、田中氏の論に従えば、この地域も山内上杉氏の領国になるわけであるが、そのような事実関係は認められないのである。

だが房総には、荒久（2）遺跡以外にもこのタイプのかわらけは、内房地区の一五世紀後半の遺跡に少なからず認められるものである。第1図に筆者が確認している房総の「薄手外反形かわらけ」の分布を示した。この図からもわかるように、千葉市から木更津市にかけての内房を中心とする地域に分布が見られることが明らかであろう。第2図には房総の主な「薄手外反形かわらけ」を示した。紙幅が限られるので多くの資料を提示できないが、確実にこのようなタイプのかわらけが、この地域に存在することが理解いただけるものと思う。

房総のこのタイプのかわらけの形態的特徴は、胎土が白っぽいものが多く、比較的良好な焼成のものが主体となること、内面見込みには、ロクロ回転痕を切る横ナデが加えられており、底部外面にはスノコ状ないしは複数の幅の狭い板の圧痕が認められるものが多いこと、そして、その器形は体部が底部から直線的に外反し、器壁は薄手であることなどである。なかには体部に屈曲をもつものがあるが、これも外反させるための一つの手法と思われる。もうひとつ忘れてならないのは、多様なサイズが見られることである。この多法量の傾向は、荒久（2）遺跡で顕著で、かなり大型のものから小型のものまで異なったサイズのものが見られ、房総でもほかのタイプのかわらけはほとんどが二法量を基本としているのとは異なった特徴である。

千葉県の「薄手外反形かわらけ」は、共伴遺物に深鍋形の内耳土器や土器擂鉢、それに古瀬戸製品がみられ、時期的には古瀬戸後期段階である。年代観を瀬戸美濃製品の編年（藤澤一九九一）を踏まえれば、「薄手外反形かわらけ」は古瀬戸後期Ⅳ期新段階のなかにほぼ収まるものである。その年代は、一四六〇年から一四八五年頃とされているが、消費地での実態に照らし合わせると、下限は一五〇〇年ないしそれよりもやや新しい時期まで動く可能性があると考えている。

第１図　千葉県薄手外反形かわらけ出土遺跡位置図

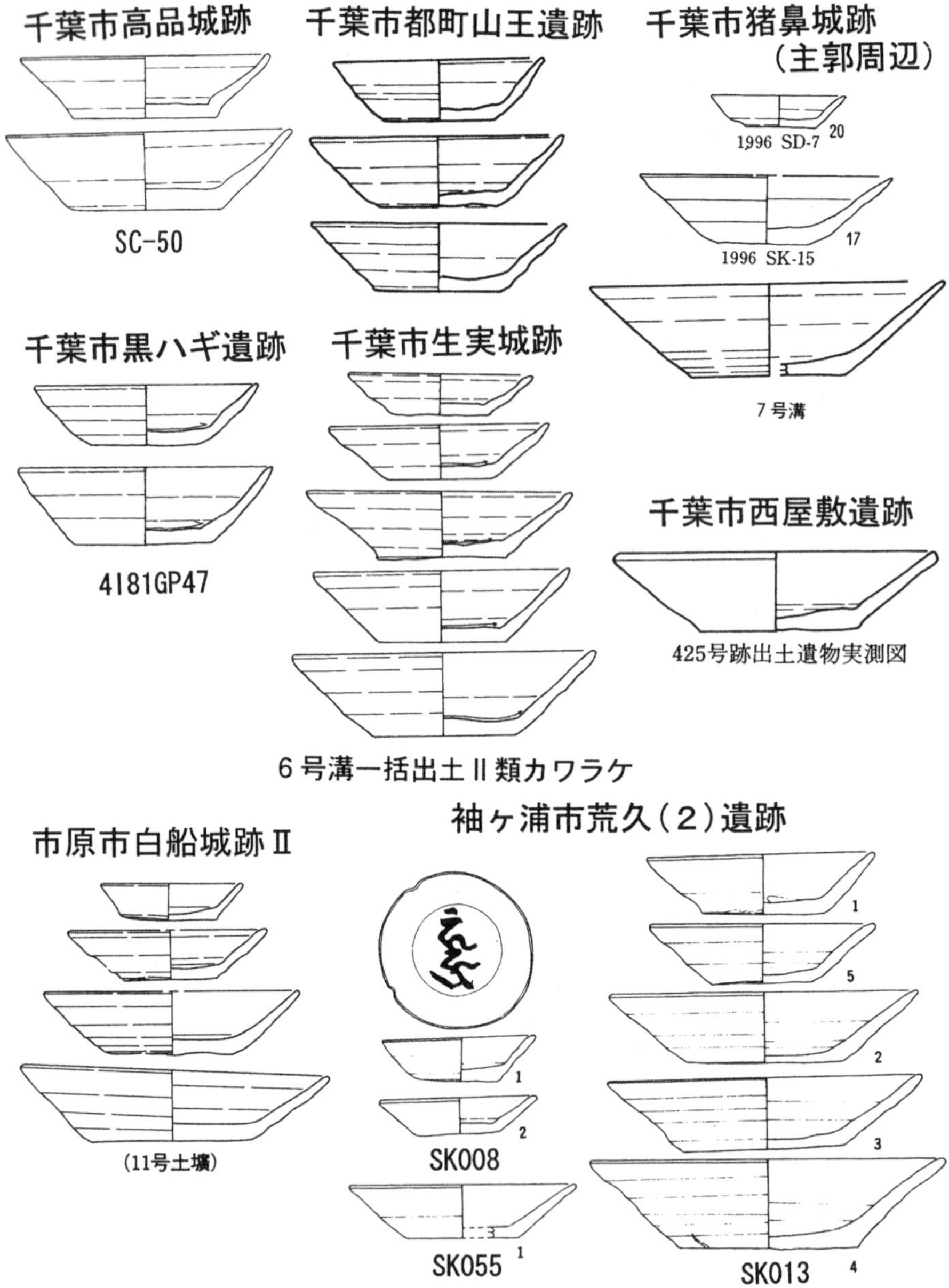

第２図　千葉県薄手外反形かわらけ集成

このように房総で「薄手外反形かわらけ」が分布するのは、千葉市周辺から木更津市北部にかけての内房東岸地区を中心とするが、上杉氏の所領があった上総はおくとしても、千葉市は山内上杉氏との関係は認めにくい。このように、筆者が「薄手外反形かわらけ」と呼んでいるものは時期および製作技術のうえでも、「山内上杉氏のかわらけ」に対応することは明らかだが、この地域の歴史を振り返ってみてもそれらを山内上杉氏と結びつけられる事象は認められないのである。したがって、このようなかわらけを少なくとも房総では、「山内上杉氏のかわらけ」と呼ぶことはできないのである。むしろ千葉市南部に分布がまとまる傾向からすると、その当否はおくとしても、このタイプのかわらけは、千葉氏の重臣であり生実城を本拠とした原氏との関係を推定したほうがよいといえるのであるが、こうした考え方は、より慎重な検討を必要とするのでその判断は保留しておく。

四　一五世紀後半〜一六世紀初頭の共通現象として

このような事例は関東にはとどまらず、筆者が「薄手外反形かわらけ」と呼ぶタイプのかわらけ（田中氏の言う「山内上杉氏のかわらけ」）は、より視点を広げ、全国的にみるとほぼ同じ時期に同じような形態のかわらけを検出することができる。田中氏が取り上げているように、越後のものもそうであるが、山内上杉氏とは関係がないと思われる地域にもそれが存在するのである。その一つとしてあげられるのが、静岡県牧之原市勝間田城跡で、ここでも「薄手外反形かわらけ」に非常に類似したタイプのかわらけが出土している（榛原町教委一九八六、松下善和氏のご配慮により実見）。この城跡の出土遺物は、瀬戸焼の大窯製品を含まない古瀬戸後期最終段階のものとして知られているが（藤澤一九九一）、ここでも時期を同じくして「薄手外反形かわらけ」類似資料が確認できるのである。勝間田城跡と同じ静岡県下には、このようなかわらけはかなり広く分布していると見られ、例をあげるなら袋井市久能城跡、焼津市道場田・小川城遺跡、伊豆の国市韮山城跡、沼津市長浜城跡などである（菊川シンポジウム実行委員会二〇〇五）。

さらに東国からは遠く離れるが、京都系かわらけが導入された地方都市の代表的なものの一つである山口の大内氏館跡でも、京都系とは別にろくろ成形のかわらけが存在し（古賀一九九九）、それは器形および多法量といった特徴から筆者のいう「薄手外反形かわらけ」に相当し（中世土器研究会の研究会において実見）、時期的にも一五世紀末〜一六世紀初頭という大内Ⅲ期に盛行しており、関東の事例と共通している。

全国的な調査を行っていないので、まだまだ大雑把な類例の提示ではあるが、このように全国レベルでも「薄手外反系かわらけ」が、一五世紀から一六世紀にかけての時期に確認できるのであり、精査すれば他にも類例は数多く検出できるのではないかと思っている。そして、こういった点からも「山内上杉氏のかわらけ」とされているものは、戦国期のかわらけの時期的な特徴であるといえるのである。

しかし、離れた地域で共通する土器様相（直線外反・多法量等）があらわれるのはなぜであろうか。その理由として一定の影響の源となった場所を想定せざるを得ず、いまのところそれは京都以外には候補はあげられないであろう。その形態は京都のものとは異なるが、多法量化を伴っており、在来のかわらけ製作技術の上に、京都を意識したかわらけ作りが行われた結果ではないかと考える。この点はすでに田中氏も指摘しているが（田中二〇〇五）、「山内上杉氏のかわらけ」の多法量性については、田中氏は「使用者の階層差による使い分けを示」すとし、「器形は同時期の京都産のかわらけを模倣している」とし、多法量性と器形の背景を別の観点によって理解しようとしているが、むしろ中井淳史氏のいうように（中井二〇〇八）、京都の儀礼・饗宴様式の導入を在地のかわらけを多法量化することによって対処したと考えるべきであろう。すなわち、これらの多法量化したろくろ成形のかわらけの存在は、京都の影響を受けたものとして理解できるのである。

このような多法量性を伴う「薄手外反形かわらけ」は、その登場の時期が一五世紀後半から一六世紀初期に集中しているが、その背景には東国の場合でもやはり戦国時代に入り、地域の支配関係に大きな変動があったことと無関係ではないであろう。朝倉氏や大内氏、そして越後の上杉氏などが、京都の将軍を頂点とした統治機構のなかで洗練された儀礼・饗宴様式をステイタスシンボルとして導入した（小野一九九七）のとはレベルを異にするが、東国の在地領主も古河公方と関東管領の対立抗争に巻き込まれ、地域支配に動揺が生じる中でそれぞれの領主レベルにおいて新たな支配のための手段の一つとして、京都の儀礼・饗宴様式を取り込んだものと考えられる。

しかし、それは同時代にあまねく行われたことではなく、地域的に偏在していることから、京都の文化を志向したか、もしくは京都の影響を受け入れやすい状況にあった地域にそれが顕在しているとみるべきではないかと思う。従来のかわらけのままの地域と京都の影響を受けてかわらけに変化がおこる地域の二通りがあったことになるが、その理由は、単に地域の権力に原因を求められるものではないが、権力主体の有り様が大きな関わりを持っている可能性は否定できない。一方、実際に生産するかわらけ工人の保守性や進取性といった点も考慮すべきかもしれないが、その生産の実態が不明であって掘り下げた議論は難しい。権力側がどのくらい生産者を支配下に置いていたのか、その製品や流通をどれほど掌握していたのかが不明だからである。

おわりに

かわらけを特定の権力との関係で論じ得るのは、関東では今のところいわゆる小田原系のかわらけに限られるのではないかと考えられる（服部一九九八）。これについては、シンポジウムでも谷口榮氏や佐々木健策氏の報告でも取り上げられた通りである。しかし、田中氏のように山内上杉氏以外にも、扇谷上杉氏や古河公方等に東国の中世後半以降のかわらけの一つのタイプを当てはめる考え方は、ある面で魅力的な部分もあるが、それぞれの資料を検討してゆけばそのような考え方は成立しえないのは明白である。扇谷上杉氏系や古河公方系とされたものについても、地域性および時期的変化の中で理解すべき資料であって、特定の権力と結びつけて解釈はできないものであると考える。したがって、特定の一族と結びつけたかわらけの呼び名でひとくくりにする田中氏の研究方法は、実態の認識を大きく誤らせる原因となるのではないかと危惧している。

かわらけには、地域的な特徴をもつものと、広域的な共通性をもつものが同時に存在しており、この問題の解決には、ともすれば県などの限られた範囲の研究ではなく、広域的で相互に同時期性をクロスチェックした編年研究を進めることが必要である。ともすれば、それぞれの地域内で完結してしまい、周辺地域との関係が不明確な編年研究に終わりがちな現状にあって、広域的に研究を進める田中氏の姿勢は評価できるが、各地域の編年研究とは離れての独自に展開されるその議論に対して、我々は批判的姿勢で臨まざるを得ない。本稿で述べた内容については、いずれ稿を改めて詳しく論じたいと思っている。

この紙面を借りて、田中氏の研究を批判させていただくことになったが、田中氏のこれまでの研究の業績は筆者も高く評価しているものであり、その研究がより進展することを期待して筆を執った次第である。

文献

小野正敏　一九九七『戦国城下町の考古学』講談社
古賀信幸　一九九九「中国地方の京都系土師器Ⅲ—戦国期の資料を中心として—」『中近世土器の基礎的研究』
田中　信　二〇〇五「「山内上杉氏の土器（かわらけ）」とは」埼玉県立歴史資料館編『戦国の城』史跡を活用した体験と学習の拠点形成事業実行委員会編『検証比企の城』
五味文彦・小野正敏・萩原三雄編　二〇〇八『宴の中世—場・かわらけ・権力—　考古学と中世史研究5』
菊川シンポジウム実行委員会　二〇〇五『陶磁器から見る静岡県の中世社会—東でも西でもない—〈資料集〉』
中井淳史　二〇〇八「饗宴文化と土師器—儀式の受容と器物の価値—」五味文彦・小野正敏・萩原三雄編『宴の中世—場・かわらけ・権力—　考古学と中世史研究5』
榛原町教育委員会　一九八六『勝間田城跡Ⅰ』
服部実喜　一九九八「南武蔵・相模における中世の食器様相（5）—中世後期の様相Ⅲ—」『神奈川考古』第三四号
藤澤良祐　一九九一「瀬戸古窯址群Ⅱ—古瀬戸後期様式の編年—」『瀬戸市歴史民俗資料館研究紀要』Ⅹ

葛西城と私

加藤　晋平

一　葛西城に出会うまで

最初にお許しを頂かねばなりません。葛西城とあまり関係のない老人のたわごとを、しばらくの間、お付き合いいただかねばならないことをお詫びいたします。

少年時代、娯楽は読書しかなかった戦時中のこと、私は友人から借りたウエルズ著『生命の科学』（第六巻）昭和一〇年刊を、薄暗い電灯の下で親に隠れて読みふけりました。そのためでしょうか、人類史について興味を持ち始めました。私の人類史への興味は、二人の叔父によっても増幅されました。一人の叔父は、旧満州地区で兵役を務めていたのですが、帰国時には旅順博物館の出版物をたびたび持ち帰り、私に与え、博物館展示品のすばらしさを教えてくれました。この叔父は敗戦後シベリアに抑留され、病気に罹り死亡しました。また、もう一人の叔父は、第三高等学校から学徒動員で特攻隊に入れられ、特攻機とともに無念の戦死を遂げました。この叔父は、夏の夜、空を一緒に見上げながら月までの距離をどのようにして測るのかなど、子供の私にやさしく学問をすることの楽しさを教えてくれました。

中学校で配属将校から、一兵卒の命なぞは鴻毛の軽きに喩えられることを教わりましたが、しかし一方、学問は永遠の命を持つと叔父達から私は学んだのです。そしてそんな叔父達の影響を受けてか、戦後、学校が休みになると、いつでも土器や石ころを拾って歩き、いっぱしの田舎考古ボーイを気取っていました。そして、こんな勉強を続けることができればいいなと気楽に思い、大学に入学しました。そこで藤田亮策先生、神尾明正先生に出会い、はじめて考古学という学問がどんなものかを教えていただきました。また、同窓に、貝塚研究の第一人者であった酒詰仲男先生から直接薫陶を受けられた岡田茂弘さんがおられ、岡田さんから貝塚を勉強することの面白さを学ぶことができました。そして、この時、『楽園考古学』という著書で有名な篠遠喜彦先生が渡米するのを記念した歓送発掘として稲毛近くの貝塚で調査した際、岡田さんの誘いで参加することもできました。多分、まだ文化財保護法が制定される以前のことであったかと存じます。このようにして、私は、少しずつ、考古学を実践することの楽しさがわかってきたような気がしてきたのです。

そこで、考古学なんぞをやっても一文にもならないと言う父親の反対を背にして、大学院に進学しました。もちろん、私は、原始社会の勉強をしたいなと思って入学したので、歴史時代の考古学研究については、ほとんど興味を持っておりませんでした。ところが、この院生時代（昭和二九年~昭和三六年）には、指導教授である駒井和愛先生のご命令で、もちろん不勉強の私を憐れんでのことでしょうが、歴史時代の発掘調査に参加するようにと言われました。先生は、その上で、浮薄な私に、絵合わせのような考古学では絶対に駄目なんだよと厳しく論されたのです。私は指導教官のご命令に従い、浅野清先生のもとで奈良大安寺の発掘調査、藤島亥治郎先生のもとで平泉毛越寺・中尊寺の発掘調査などに参加させていただき、建築史研究の著名な諸先生方から、寺院址発掘調査のイロハについて手ほどきを受けました。これが歴史時代の考古学とのはじめての出会いでした。

その後、院生生活から追い出され、縁あって、先輩中川茂夫先生のもとで、立教大学博物館学講座のお手伝いをさせて頂くことになりました。そこで、中・近世史と考古学の結びつきについて、展示作業という場を通して、実践的に学ぶことができました。さらに、当時、立教大学に在職され、博物館学講座の運営にも関与されていた宮本馨太郎先生から民具研究について直接お教えをいただきました。民俗学には、考古学における遺物遺構の年代を推定する層位学のような方法論がないと、宮本先生の嘆きをうかがいました。宮本先生には、「露卯下駄の終焉」という民具の歴史的な形式変遷を追究した名著があります。このような折、民間の生活資料研究を中心にした民俗学と近世・近代の考古学とを融合した新しい研究方法を考えなさいと、中川茂夫先生に仰せつかって、昭和四四年に中川先生と共同で発表したのが、「近世考古学の提唱」です。

不惑の年にもならぬ青二才が、肩肘張ってものを言っても、世の人は理解してくれないのは当然でしょう。言うまでもなく、この発表はあまり評価はされませんでした。と申しますのは、当時、私のように新しく考古学を勉強しようとする学生にとって、唯一の指針書に、浜田耕作先生の大著『通論考古学』がありました。この書には、考古学が研究対象とする時代は、奈良時代までであると書かれていました。ですから、中世以降の新しい歴史時代が、まともに考古学研究の対象であるとは、考えられていませんでした。

その頃、たまたま建築史学者荒木伸介先生からのお誘いがあり、私は台東区浅草寺の五重塔建築敷地の発掘調査に参加することができました。調査地内からは、たしかに浅草寺草創期に繋がる古代末から中世にかけての遺物が多量に出土しました。しかし、それに伴って近現代の遺物も多数発見されました。なかでも私の興味を引いたのは、舗装に使われていた煉瓦でした。それは、明治時代に銀座の並木通りに使われていたものと同種であり、伊豆地方で生産されたのではないかと考えました。この話を、ある大先輩にしたところ、そんな産業廃棄物?のようなゴミをいったいどうするのだと、大変に冷やかされました。まだまだ、中近世の考古学は、独り立ちができるような状況にありませんでした。

博物館学講座の同僚であった岡本勇先生からも、数多くのことを教えていただきました。先生からは、先史学的な立場から、考古学資料とは、土地に住む人たちによって作られ、使われて、放棄されたもので、その地域の歴史を明らかにする上できわめて重要なものだというご意見を、たびたびうかがいました。私ももちろんその意見に賛成でした。先史時代に比較して、中近世は商業的、経済的世界が著しく拡大しましたし、場所によっては文献記録類も十分でないにしても存在します。しかし、それでもなお土地に住む人たちの生活を明らかにするのには、文献史料とともに、物質資料をもとにする考古学研究がその一端を背負っており、郷土史構築の一つの柱であると、私は思うようになりました。地方史構築の上で、文献史料と物質資料は、ちょうど車の両輪であって、どっちが欠けても十分な郷土史を描けないのだと、大胆不敵にも思うようになりました。そして、それは中央からの目線ではなく、地方からの目線で郷土史を描かねばならないのだと感じておりました。

このような時期に、博物館学講座の実習として、文献記録にまったく記されていないか、あるいは不十分にしか残されていない城館址を取り上げて、たとえば昭和四六年の新潟県南魚沼郡湯沢町の浅貝寄居城などを調査するようになったのです。それは、上記のような私自身の心の葛藤にぴったり合っていました。そして、この一連の調査を通して生まれてきた私と同じような気持ちを持つ仲間とともに、以後、八王子市片倉城（昭和四七年）、茨城県足高城（昭和四七年）などについて、考古学調査の基本である詳しい実測調査を行ったのです。従来、城郭研究においては、城の縄張りの様子を模式的に示す絵図が主流でしたが、等高線を用いた正確な地形図は、私たちにより多くの情報をもたらしてくれました。城館址研究においても、考古学的な手法を取り入れる必要性を教えてくれました。

じつは、葛西城の発掘が始まる数年前に行われた松戸市小金大谷口城の考古学的な調査結果は、その出土遺構・遺物から、当時城内で繰り広げられていた具体的な生活の様子を、それも文献記録には記されていない状況を示してくれたのです。つまり、この先駆的な発掘調査は、中世城館址における考古学的な調査が、歴史復元の上で、きわめて有効な手段であることを教えてくれたのです。

私が葛西城に出会ったのはちょうどこのような時でした。

二　葛西城と高松塚古墳

私は、昭和四七年から、東京都葛飾区青戸七丁目に広がる葛西城址の発掘調査に、幸運にも関わることになりました。この事業は、環状七号線の工事に伴う事前調査で、かって徳川家の御殿があったとする伝承地御殿山を、建設道路が直接縦断する計画が起こり、前年、葛飾区教育委員会・東京都教育委員会・東京都建設局の三者で協議され、かつ葛飾区内の史蹟保存を願う葛飾区文化財調査員連絡会の皆様方の強い後押しがあって、その確認調査が開始されたのです。ところが恥ずかしいことに、私は、この調査を始める時は、青砥藤綱神社が安置されていた青戸御殿の下に眠る葛西城址について、十分な知識を持ちあわせておりませんでした。調査の進行に合わせながら、少しずつ、勉強をしていったものです。そして、この葛西城址との出会いは、私の以後の勉強方法に、大きな転換期を与えてくれたのです。

もっとも私は、その頃でもまだ私の勉強の中心は、原始社会の解明だと思っていました。ところが、私のお粗末な論文のいくつかを読まれた形質人類学者の池田次郎先生が、おまえの書いたものは、石ころや土器のかけらばかりで、人間が見えてこないとこっぴどく批判されました。私の書きものの中からは、人間が歩いた足跡が見えてこないと言われたのです。これにはちょっとばかりショックを受けました。石器の技術論とか、土器の型式論とかは、間違いなく考古学の正道だと、当時、私は考えていました。それだけに、私はあっけにとられたのです。これらの手法は今でも考古学の正道であることは言うまでもないのですが、これらの成果だけでは、人類史の再構築を目標とする考古学には当たらないと仰ったものだと思います。そのためには、人類学・民族学・民俗学・文献史学などなどの多くの関連諸科学、そしてさまざまな自然科学の成果を取り入れた学際研究が必要なんだと、私に教えられたのです。以後、私は先生のご叱責を肝に銘ずることにしたのです。葛西城の発掘にも、先生のお教えは活かさなければと考えていました。

昭和四七年から開始された葛西城址の発掘調査は、宇田川洋（元東大教授）・鶴丸俊明（現札幌学院大学教授）・越田賢一郎（元北海道教委）・橋口定志（元豊島区教委）・古泉弘（元東京都教委）さんらの多くの素晴らしい仲間たちのおかげで、だが掘ればすぐに水が湧き出す低地での発掘にはすこし手こずりながらも、しかし確実に成果を挙げていきました。

昭和四七年度の確認調査では、建設予定の道路中央線に沿って、試掘溝九ケ所、それもわずか一二〇平方メートルを発掘しただけでしたが、今後の本調査に向けて、はっきりとした見通しを立てることができたのです。まず一つは、すべての試掘溝から、住居址などの遺構自身は発見されませんでしたが、弥生時代後期、そして古式土師器の破片が見つかったことです。これら古代の住居址などの諸遺構は、中世以降の城館普請時に、破壊されたものと推定しました。しかし、古代における人々の生活痕跡が、この地域一帯に広く広がっていたことが明らかになりました。

二つ目は、室町時代中期以降、出土遺物から一六世紀と思われる水濠を発見したことです。水濠で各曲輪を区切った平地城としての葛西城の存在を、幸いにも確認することができたのです。松戸市大谷口城のように台地上に築かれた要害の場合には、後世のよほど大がかりな変更のない限り、堀や土塁は存続しているので、可視的に容易に城の縄張りを読み取ることができます。しかし、低地に築かれた平地城の場合は、後代の水田や畑地利用のために、水平に均されてしまっているので、地上だけの観察では、その縄張りの状況を確認するのは困難です。それゆえ、私自身は、この調査を始める前に、果たして葛西城を地下に発見できるかどうか、きわめて不安でありました。しかし、これで解消しました。

三つ目は、伝承としての徳川家の御殿跡の存在ですが、これもこの確認調査で明確になりました。近世の瓦片が出土し、それも当時の御殿山公園の中心部近くで発見されたことにより、そこに瓦葺きの建物が建っていたことが明らかになったのです。のちに三つ葉葵の鬼瓦片が見つかり、間違いなく御殿跡であることが証明されたのです。

ところで私は、昭和四七年度の確認調査報告書のまとめの中で、「(この遺跡が)、重要なことは、葛飾区内ではじめての中世居館址のたしかな発見という事実である。もちろん、都内低地帯でもはじめての発見である。何とかして、この区民の、都民の、かつ国民的財産を後世に伝えたいと願うのは、わたくし一人の想いだけなのであろうか」と、ちょっとばかり独りよがりのことを記しました。それは、青戸葛西城遺跡がかけがえもない重要な歴史的遺産であることを識者の皆様方に知っていただき、同時に工事施工者の皆様方には是非とも本遺跡の重要性をご理解をいただき、可能ならば計画路線を別ルートに変更して欲しかったからです。もちろん、それは叶いませんでした。

昭和四八年から、継続的に記録保存に向けて、計画道路にかかる遺跡全面について本格的な調査を開始しました。この一連の調査によって、膨大な量の貴重な遺物群が発見されました。なかでも、葛西城の住人たちが使用したアケビ蔓で編んだ天目台、漆器椀、そして折敷・箸などの木製品類などが多量に出土してきました。このような低湿地にのみ保存される中世の遺物類の発見は、全国的に見て極めて稀有の例であり、貴重な歴史的遺産であります。この地一帯に網の目のように広がる中世の水濠内には、数百年の時を経てなお、数限りない多種類の木製品が放置されたまま、保存されていることを知ったのです。それは地下水位の高いこの地のみに残された中世の人たちの生存記録なのです。

仲間たちと遺跡保存について話し合いました。道路建設に伴う基礎整備のために地下深く掘削工事がされたら、地下水位が下がり、数百年間、腐食もせずに保存されてきた木製品類がたちまち湿気を失い、雲散霧消し跡形も無くってしまう。路線変更ができなければ、六号線を越えた陸橋をそのままの高さで葛西城の上に土盛をして通すことはできないだろうか。これが私と仲間たちの意見でした。このような意見を、施工者の方たちに申し上げましたが、道路沿いの住民の利益のためにそんなことはできないと、すぐに却下されました。私たちは無力感を味わいました。

続いて行われた昭和四九年の調査終了までには、地下の葛西城の全貌が見えてきました。南北に七〇《メートル》程離れて大きな水濠が東西に走り、葛西城本丸址の輪郭が明らかになったのです。主郭の南側の水濠は、折ひずみの形態を持つ戦国時代のものでした。ところが環状七号線は、郭の端を通るとか、掠めるといった程度のものではなく、ものの見事に葛西城のこの本丸中央部を東西に真っ二つに分断することが明白になったのです。私たちは、再再度、施工者の皆様に、道路を高架にするか、隧道にするかして、本丸そのものを東西に直接分断することのないように、なにとぞ工法を変えていただけないかと申し入れました。当然、これも無理なお願いでした。

そこで、昭和四九年の報告書のまとめに、私は次のように書きました。「高松塚が貴重なものであり、葛西城はつまらぬものであるという判断が往々にしておこなわれる。この判断は、まさに戦時中の苦い経験に通ずるものがある。中央の歴史がつねに正しく、地方の歴史がいつでも踏みつけにされるという姿勢は糾さねばならない。」。葛西城の調査と時を同じくして、奈良県明日香村で、昭和四七年に発見され、橿原考古学研究所が主体になり調査をしたこの古墳は、藤原京時代のもので、珍しい彩色壁画を持っているということで、あらゆるメディアが争って報道しました。古墳は昭和四八年に国特別史跡に、壁画は翌年国宝に指定されました。

もしも開発道路の計画路線が高松塚古墳を分断するとすれば、施工者たちは調査者たちの意見を素直に聞き入れて、ただちに計画を変更することでしょう。当たり前のことなのかもしれませんが、私はこのようなあり方に違和感を覚えておりました。高松塚古墳に葬られた、それがたとえ高貴な方の遺体であっても、一方、葛西城本丸北側の水濠中から斬首された女性の頭骨が発見されていますが、そのいずれの命の重さも同等であるはずです。当然、彼らにかかわる歴史も同等なのです。にもかかわらず、施工者の皆さんは、私どもの意見を聞き入れてくれず、結局、葛西城本丸を分断することになったのです。

その時の私自身の悲しい思いを、そして怨みがましい気持ちを表したのが、上記の一文なのです。それぞれの考古学的遺跡の重要性に関して、当然のようにランク付けが行われてしまうということに、私は絶望感を感じたものです。日本人の歴史観は、つねに文化は西に高く東に低いということに裏打ちされていることを痛感したのです。この頃、私は、意図的に北からの視点で、すなわち、西から拡散したとする日本の弥生農耕論を考え直そうじゃないかと、『北方農耕覚書』という拙い書きものを連載で発表しました。西高東低の歴史観に反発したからであります。もっとも、これがどれだけの方々に共感を持っていただけたかは不明です。

三　葛西城の落城

昭和四七～五六年までの一〇年間をかけて、私に続いて、宇田川さん、鶴丸さん、古泉さんが、それぞれ中心になって、道路敷地にかかる葛西城址全面域の丹念な発掘調査を行い、無事に終了しました。そして、道路建設が始まったのです。つまり、言葉を換えて言えば、私はここに葛西城本丸を壊してもよいという免罪符を施工者の方に与えたのです。それゆえ、この調査の責任者である私は、葛西城を落城させた裏切り者の汚名を受けることになったのです。開発行為に伴って行われる記録調査を担当するものには、その終了後に、誰しもが多少とも味合う、冷たい風が心の中を吹き抜ける空しい気持ちなのです。私自身、今日まで数多くの行政調査に携わりましたが、葛西城の落城ほど、心残りな悲しい出来事はありません。

ちょうどその頃でした。私が読んだ本の中に、シベリアの考古学者A・P・オクラードニコフ先生が、「文字を持たない民族も、文字を有する民族と同様、豊かな歴史を持っているのだ」という言葉を見つけ、北東アジアの考古学に強い関心を持つことになりました。この関心は現在まで続いておりますが、このように私の勉強方向が、日本から隣接するアジア大陸へと大きく変わったのは、葛西城の調査に関わったからであります。もっとも、私自身の僻みっぽい性格に由来するものでしょうが、とにかく自己嫌悪から逃れるために、日本の考古学から脱出したかったからかもしれません。今日、モンゴルの調査に毎年参加させていただいているのは、その延長上にあるからだと思っております。そして、モンゴルの調査にもご参加いただいた元代文化の研究者である中央民族大学教授巍堅先生は、「私の研究は、辺疆考古学です。中国の歴史を解明するのは中原考古学ではなく、辺疆考古学が重要だと考えています。中国は、中原地方のほんの一部を除けば、あとは広大な中国大陸すべての地域が辺疆なのです。」と、私に話をしてくれました。私は先生の言葉に大変に感動し、自分の勉強姿勢に誤りはないと意を強くした次第です。

過日、何年ぶりかで、かっての発掘現場に立ちました。幅三〇<ruby>以上の立派な環状七号線道路を間に挟んで、西側には、昭和三年建立の「青砥藤綱城址」の碑や、昭和二八年建立の「青砥史蹟復興之碑」が立っている御殿山公園があり、そして東側には葛西城址公園が、それぞれ遙か遠くに相離れて、ばらばらに独立して築成されています。交通量の激しいこの道路を境にして両者を結ぶのは、押しボタン式信号機のある交差路だけです。ボタンを押して数十秒か経ち、シグナルがようやく緑になってから、道路工事で破壊されたであろう葛西城本丸の中心部を踏みしめ、無謀運転をする自動車に気を遣いながら、足早に対岸へと渡らなければなりません。これでは中世葛西城の歴史的景観を、ここを訪れた人たちは、容易に頭の中に思い浮かべることなどできないでしょう。実に悲しい風景です。

そのような中途半端な歴史的景観にもかかわらず、葛西城の文化財的重要性を認識して頂き、東京都の史跡として平成一〇年に指定されたことは、たいへんに有り難いことと思っております。もっとも調査担当者の私たちとしては、至極当然のことと思っておりますが。さて、西側の御殿山公園内に、この東京都指定史跡の標識に相対して、『葛西城を偲ぶ』と題された碑が、葛飾区によって建てられています。

「今から四百五十年前、天文七年二月二日、北條氏綱がこの地を落とし、下総に勢力をもつ足利義明に対し、葛西城を整備し、腹心の部下遠山氏を配置した。しかし、戦国の世の習い、葛西城の主は目まぐるしく変わった。天正十八年五月、徳川家康の手に落ち、以後、城内に離館が建てられ、青戸御殿として秀忠、家光の三代にわたり、利用された。明暦三年頃、御殿は解体されて陸田となった。時は変わって、環状七号線道路が葛西城の上を走ることになり、昭和四十七年から十年間に及ぶ発掘調査を行い、その結果、この地は弥生時代後期から近世初頭に及ぶ大規模な複合遺跡であることがわかった。とくに中世葛西城関係の出土資料はその当時の歴史を知る上で極めて重要なものである。今は近代化の波に洗われる一方、本遺跡工事を契機によみがえった葛西城を偲んでこの碑を建てるものである。平成元年三月葛飾区」

この拙ない一文は、どうやら私が書いたものらしいのです。それだけに文章の下手くそさが、やけに目立ちます。

とくに最後の一文は、前段から後段への繋がりが稀薄で、まことにお粗末なものです。おそらく両段の間には一小節があり、字数の関係からか、作者自身が削除したように見えます。ひょっとすると、（その波浪によって葛西城は落城の憂き目を見ることになった）の一小節が挿入されていたのかもしれません。とすれば、最後の一文は次のようになっていたはずです。「今は近代化の波に洗われる一方、その波浪によって葛西城は落城の憂き目を見ることになった。辛うじて本遺跡工事を契機によみがえった葛西城（の形骸）を偲んでこの碑を建てるものである。」。それゆえ、この碑の表題は、『葛西城落城の記』とすべきものなのです。そして、この碑は、葛西城落城の手引きをした私を弾劾する碑でもあるのです。今後ともこの場所にはあまり立ちたくありません。

数年前、友人の中国人研究者蓋培さんと北京で会いました。その折、研究所をリタイヤした蓋さんは、今は静かに『老子』を読んでいると言われました。私も帰国後その本を手にしましたが、中国戦国時代の処世術とも言うべき内容は、難解なものでした。その中で記憶している一文があります。「兵法に次のような言葉がある。自分から攻勢をとるな、むしろ守勢にまわれ、一寸でもむりに進もうとするな、むしろ一尺でも退け、と。」（蜂屋邦夫訳注『老子』岩波文庫）。私はただがむしゃらに葛西城の保存を願って関係者の方々に陳情をしましたが、むしろ一歩下がってお願いすれば、良い結果が得られたのかもしれません。もう少し早く蓋培さんに会えていれば良かったなと反省しきりです。

しかし、捨てる神あれば拾う神ありで、ここに救世主が現れました。息も絶え絶えの葛西城を生き返らせた若武者は、葛飾区郷土と天文の博物館学芸員の谷口榮さんです。悲願の奪還への狼煙を上げた谷口さんは、この二〇年間、識者から高い評価が与えられた葛西城関係の著書・論文を相次いで発表されてきました。また、博物館を拠点として中世史学者と共同して、葛西城をめぐる諸問題についてのシンポジウム、特別展をたびたび開催し、葛西城の存在を否が応にも世の人たちに広く知らしめたのです。本当に嬉しい限りです。この力強い救援者の登場によって、葛西城の地位はようやく確保されてきました。しかし、裏切者の老人は、太田康資のように、下総からそそくさと安房へと逃亡しなければならないでしょう。こう言い換えましょう。老人は、源義経のように、下総から遠く蒙古へと逃げ出さなければならないでしょう。

酔生夢死の老人のたわごとに長い間お付き合い頂き、まことに有り難うございました。

関東戦乱のなかの葛西城

谷口　榮

今回の特別展やシンポジウムによって、従来明らかにされてきた考古学からの成果と文献からの成果を提示しあいながら、東国の戦国史を紐解く重要なキーワードとしての「古河公方」を中心に据えることによって、今まで知られていなかった葛西城の姿がみえてきた。ここでは、今後の葛西城や東国の戦国史の研究を進めていく上でポイントと思われるいくつかの問題について触れてみたい。

一　境目に位置し、海と内陸を繋ぐ

葛西城は、地勢的にも武蔵と下総両国の境界地域に位置する境目の城であり、南北に河川交通が走り、東西に陸道が横断する、水陸交通が交わる東京低地という交通の要衝に位置する城でもあった。また、再三述べているように葛西城が築かれた葛西は、内海と関東の内陸とを結ぶ要地でもあった。

葛飾区郷土と天文の博物館では、東京下町の江戸以前の歴史に親しんでもらうためにも、平成五年に特別展「下町・中世再発見」や特別展記念シンポジウム「東京低地の中世を考える」を開催した。筆者は、東京低地が交通上、水陸交通の結節点であるとともに、関東の内陸部と海とを繋ぐ位置にあり、考古学的な成果も踏まえ、東京低地への歴史学的な関心を喚起するために、東京低地を「関東の玄関口」と捉えて、その重要性をシンポジウムで提起してきた。[1]また、長塚孝・湯浅治久氏によっても同様に東京低地の重要性が強調されている。長塚氏は、葛西が「広い意味で鎌倉府の直轄領」であることを指摘し、上流部の直轄領との関係から「袋の口」に例え、葛西の重要性を述べている。[2]湯浅氏は、東京低地は「そこに流れ込む古利根川や江戸川により、二つの「内海（江戸内海と香取の海）」をつなぐ重要な地域」と論じている。[3]

近年では、東京低地に対する研究者の関心も高まり、市村高男氏や佐藤博信氏らの論考も見られるようになってきた。市村氏は「下総の葛西は、武蔵の隅田・今津などと共に古利根川・太日川水系の内陸水路と内海の結節点として古くから発展」した地域であるとして、「江戸海―古利根・太日川水系―関宿―下総川・鹿島香取海という大動脈」の存在を強調している。[4]また佐藤氏は、「葛西城は、まさに陸上交通・河川交通の交差する要衝の地に存在した」と述べている。[5]

この水上交通と古河公方との関係であるが、古河公方は、古河城を本拠に下総西部、下野南西部や武蔵東部に広がる下総古河庄・同幸島郡、下野小山領、武蔵太田庄・同崎西郡一帯を中心に、領国を形成していた。永禄二年（一五五九）の「小田原衆所領役帳」によると、義氏の所領は他の上記以外の武蔵や相模地域にも分布しており、「品川南北」と武蔵の品川湊にも権益を持っていた。佐藤博信氏によると、上杉禅秀の乱後、品川を鎌倉公方足利持氏が鎌倉府御料所とするなど、江戸湾内外の権益を鎌倉府が掌握する動きが確認され、足利成氏段階になると再編成が行われ、さらに足利義氏段階には「葛西様御領」が成立するという。[6]

すでに市村高男氏によっても、品川と古河公方家臣簗田氏や東国の内海水運との関わりなどが指摘され[7]、また佐藤博信氏によっても古河と東京湾を挟んで上総・武蔵湾岸の関係が指摘されている。[8]

今回の葛飾のシンポジウムにおいて、長塚孝氏は上総国西部に展開する古河公方領の存在に注目して、葛西城および葛西地域が、公方の本拠である古河地域と上総地域の二つの古河公方領を結びつける、「扇の要」に相当すると指摘している。この指摘により、古河公方と古利根川・太日川水系および江戸湾交通の存在が、より一層鮮明になったといえよう。

古河公方領と葛西城や葛西地域との関係も、まさに東京低地が古代から連綿と続く海と内陸とを結びつける要となる地域として理解することが可能であり、古河公方の領国の維持のためには葛西は重要な地域としてみなされていたものと思われる。また、古河は旧葛飾郡最北部に位置し、古利根川・太日川水系を掌握する要地でもある。

古河公方の品川湊との関わりとともに、いま少し古河公方と水上交通との関わりについて考えてみると、例えば、足利義氏が重臣簗田氏へ宛てた「(弘治四年＝永禄元年、一五五八)足利義氏条書」(簗田家文書)[9]では、「利根川舟路并古河へ通商人船」「舟役」と記され、義氏が古河周辺の利根川筋の水上交通に深くかかわっていることが確認できる。また、「(天正四年〈一五七六〉)北条氏照判物写」(下総舊事三)[10]では、氏照が栗橋・関宿城を抑え、佐倉や葛西へ水上交通を掌握した様子がうかがえるが、古河は含まれていない。小田原北条氏が利根川筋を抑えるなかで、古河周辺はまだ義氏の管轄として残されていたためであろうか。古河公方は、旧葛飾郡という領域を基盤とした河川などに関わる権益を管轄しうる立場にあったとも考えられ、まさに古河の玄関口となった葛西地域が重視されたと推測される。このように捉えるならば、今後の古河公方領の研究にあたって、キーワードとして「旧葛飾郡」という存在も重要なのではないだろうか。

二　多様な城館の姿

葛西城から出土した遺物のうち、葛西城と小田原との強い結びつきを伝えているのは、小田原系手づくねかわらけの存在であり、そのかわらけの年代から時期的には天文末～永禄の初めの頃とみられる。本文で触れたように小田原北条氏の南関東諸城において小田原系かわらけが出土する時期は概ね天正期以降のことである。葛西城は天正期以前の出土事例であるばかりでなく、本丸の第八一号井戸からまとまった量が出土している特異な存在といえ、非常に興味深い。

これも繰り返しになるが、天文末〜永禄の初めという時期は、葛西城が足利義氏の御座所となっていた時期にあたる。足利義氏は、古河公方四代足利晴氏に北条氏綱の女が嫁いで誕生した、北条家の血筋を引くはじめての古河公方であった。天文一二年（一五四三）の生まれで、幼名を梅千代王丸といい、天文二一年頃に両親とともに葛西城に入り、天文二四年（弘治元年）に葛西城で元服の儀式が執り行われている。(11)葛西入城から葛西城を退去する永禄元年まで、葛西城は御座所として機能し、足利義氏も葛西様と呼ばれるようになった。

この時期の葛西城は、葛西城の歴史のなかでも御座所としての格式を備え、東国の諸勢力からも注視される、一番存在感を示した時期だったのではないだろうか。

足利義氏退去後の永禄二年に作成された「小田原衆所領役帳」によると、葛西地域の所領のほとんどは江戸衆の筆頭である遠山丹波守をはじめ江戸衆が押さえ、葛西地域の要である葛西城も遠山丹波守の一族遠山弥九郎が在城していた。葛西地域は、大きく見ると江戸城を本拠とする江戸衆の管轄下にあって、地域的には江戸の一部に組み込まれ、なおかつ遠山氏の強い影響下に置かれていた。(12)

葛西城は、この時点では御座所としては機能しておらず、江戸地域に包括された葛西領にあって、江戸城代遠山氏の管理する城として位置付けられており、江戸城を中心とする江戸地域の一支城として、内陸に繋がる河川と江戸川筋の東側に睨みをきかせていた。

永禄三年の長尾景虎の関東進攻によって、葛西城は一旦落城するものの、永禄五年には太田康資率いる軍勢によって小田原北条氏は再奪取する。しかし、葛西城は反北条勢力である武蔵の岩付太田氏と房総の里見氏の間にあって、軍事的緊張が続いていた。永禄七年、小田原北条氏と里見氏が軍勢を動かし、第二次国府台合戦が勃発。小田原北条氏が里見氏に勝利し、岩付太田氏も小田原北条氏に従属するに至り、葛西周辺の情勢は安定したかのように思われたが、永禄一一年、あるいはそれ以降も里見氏が市川付近まで何度も進攻するなど、引き続き里見氏の脅威に晒されていた。

葛西城が最前線基地の役割を終え、葛西地域が里見氏などの軍事的な脅威から解放されるのは天正期に入ってからである。天正二年（一五七四）には、関宿城が小田原北条氏によって攻略され、簗田氏が退去したことにより、葛西地域の上流部が完全に小田原北条氏によって掌握された。また天正期に入ると、里見氏も下総西部へ進攻することがなくなった。そして葛西城は、天正期になると、前線基地から中継・補給基地へと変容することが指摘されている（長塚一九八九）。そのような葛西城の役割が時期的に変化する様子は、本文で述べたとおり、小田原北条氏時代の葛西城から遺物がまんべんなく出土するのではなく、陶磁器類を例にとると、概して一六世紀後半の遺物の出土が少ないということから考古学的にもうかがえる。

このように、天文七年以降の小田原北条氏による葛西城のあり方だけみても、時として最前線基地として、また御座所として機能するなど、時勢によって、その役割を異にしながら葛西城が存続していたことがわかる。まさに多様な城館の姿というものが今回のシンポジウムで確認されたことも成果のひとつとして挙げられよう。

三　公方の城

古河公方の御座所となった城のなかでも、象徴的な存在である古河城をはじめ、栗橋城、関宿城、そして葛西城は、古利根川・太日川水系沿いに所在し、河川を縄張りに取り込んだ構えをしている。この古利根川・太日川水系沿いという共通した占地の背景には、古河公方領の河川などに関わる権益を管轄することが大きな要因であったと考えられる。

さらに、それらの諸城は河川を縄張りに取り込む共通した城造りという点でも注目される。残念ながら、古河公方が御座所とした城のうち、発掘調査が行われて資料的にも充実しているのは葛西城だけといっても過言ではない。古河公方の研究を進展させるためにも、他の御座所となった城の発掘調査が行われ、文献史料とともに遺構・遺物の面からも検討ができる研究環境の整備を進めなければならないと思う。
今後、公方の城の占地や縄張りに注目した研究が期待されるのであるが、少なくともこれからの東国における戦国期の地図を描く時、要衝のひとつとして葛西城がマーキングされるべき存在であることも、今回のシンポジウムで明らかとなったのではなかろうか。

四　中世から近世へ

関東の戦国時代に終止符を打った秀吉による小田原攻めの時、葛西地域では天正一八年四月二九日付で、飯塚・猿俣・小合・金町・柴俣村の五ヶ村について、浅野長吉が禁制の取次を行っており、四月二九日にはすでに秀吉方に制圧されていたことがわかる（「浅野長吉取次状」葛西神社文書）。しかし、葛西の村々が秀吉の庇護を請うなか、葛西城だけは孤軍奮闘していた。徳川家康の家臣戸田忠次の家伝によると、江戸城をはじめ周辺の後北条方の城が開城降伏するなかで葛西城のみが降伏しなかったため、忠次が攻め落としたと記されている。葛西地域も、その要・葛西城の落城をもって中世の終焉を迎え、近世という新しい時代を迎える。

葛西城の跡には、徳川家康・秀忠・家光の三代にわたる鷹狩りの際の御殿が建てられたが、延宝六年（一六七八）に青戸御殿の払い下げを知らせるお触れが出され、御殿が取り壊されていることがわかっている。その御殿がいつ造られ、どのように利用されたかは明らかではない。しかし、葛西落城の天正一八年から遅くとも慶長一八年（一六一三）一一月二七日に徳川家康が葛西で宿泊するまでの二〇年余りの期間に造営されたと想定される。ただし、「家忠日記」によると、文禄二年（一五九三）に松平家忠が葛西で鷹狩りを行っている徳川秀忠に会ったという記事があり、また、慶長年間になると家康も葛西で鷹狩りを行っている様子が「徳川家康道中宿付」（徳川恒孝氏所蔵文書・名古屋市東照宮所蔵文書ほか）などで確認できる。関が原の戦いを経て、江戸幕府を開き、さらに元和元年（一六一五）の大坂夏の陣で豊臣家が滅亡するまでの葛西城跡及び葛西の具体的な様子は断片的であり、明らかにされてはいない。

今後の課題といえよう。

葛西城は埋蔵文化財の登録上、戦国期の城としての葛西城と近世の青戸御殿、そして葛西築城以前の御殿山遺跡とにわけて周知されており、さらにそれらの下に埋もれている古墳時代前期の御殿山遺跡とが複合した遺跡である。とりわけ葛西城から青戸御殿への変遷、つまり豊臣政権から徳川政権成立という、中世から近世への移行期を研究するためにも、本遺跡は重要な歴史遺産だといえるのである。

註

（1）谷口　榮「収束」（特別展『下町・中世再発見』葛飾区郷土と天文の博物館、一九九三年）一三〇・一三一頁、同「東京低地の中世遺跡」（『東京低地の中世を考える』名著出版、一九九五年）一五七～一六四頁ほか。
（2）長塚孝氏は、「鎌倉・室町期の葛西地域」（前掲『東京低地の中世を考える』）一〇三～一〇六頁で、山田邦明氏が明らかにした、鎌倉府の直轄領が利根川水系を押さえる形で展開していたことを受けて、本文のように結論づけた。
（3）湯浅治久「東京低地と江戸湾交通」（前掲『東京低地の中世を考える』）一八三・一八四頁
（4）市村高男「中世東国における房総の位置―地域構造論的視点からの概観―」（『千葉史学』第二一号、千葉史学会、一九九二年）
（5）佐藤博信は、「古河公方足利義氏論ノート―特に「葛西様」をめぐって―」（『日本歴史』第六四六号、吉川弘文館、二〇〇二年）二〇～三三頁
（6）佐藤博信「武州品川における鳥海氏の動向」（『江戸湾をめぐる中世』思文閣出版、二〇〇〇年）二〇八～二一六頁
（7）市村高男「中世東国における内海水運と品川湊」（『品川歴史館紀要』一〇号、品川区品川歴史館、一九九五年）四～一三頁
（8）佐藤博信『江戸湾をめぐる中世』思文閣出版、二〇〇〇年
（9）佐藤博信編『戦国遺文　古河公方編』八三七（東京堂出版、二〇〇六年）二一九頁
（10）杉山博・下山治久編『戦国遺文　後北条氏編　第三巻』（東京堂出版、一九九一年）三四頁　一八七一号文書
（11）佐藤博信氏、前掲註（5）において、梶原政景も葛西城で弘治三年（一五五七）に元服していることが紹介されている

（「年代記配合抄」）。

（12）黒田基樹「小田原北条氏と葛西城」（『葛西城とその周辺』たけしま出版、二〇〇一年）一一三〜一四八頁

参考文献

谷口　榮　二〇〇九ａ「葛西城と古河公方足利義氏」『東京都江戸東京博物館研究報告』第一五号　江戸東京博物館

谷口　榮　二〇〇九ｂ『東京下町に眠る戦国の城　葛西城』新泉社

おわりに

今からちょうど半世紀前の一九六〇年、中川成夫先生によっていわゆる歴史考古学の一分科として中世考古学が提唱された。それ以前から城館をはじめ宗教的な施設や焼物の窯跡など、中世の特殊な遺跡についての調査は行われていたが、中世考古学ということを積極的に意識して発掘調査が行われるようになるには、いま少し時間を必要とした。一九七〇年代に入って福井県一乗谷朝倉氏遺跡や広島県草戸千軒町遺跡の発掘調査が実施され、中世史を研究する上でも考古学という学問が重要な分野として認識されるようになった。時を同じくして一九七二年からはじまった葛西城の発掘調査も、一乗谷朝倉氏遺跡や草戸千軒町遺跡とともに東日本では中世考古学の先駆けとなった発掘調査として知られている。

この葛西城の発掘調査がなければ、一九六九年に提唱された近世を対象とした近世考古学も、もう少し状況が異なっていたのかもしれない。

というのも、中川成夫先生と加藤晋平先生によって近世考古学が提唱されたが、加藤先生は葛西城の発掘調査の調査団長として、調査の指導にあたられていたのである。さらに加藤先生のもとで葛西城の調査に従事していた古泉弘氏が、近世考古学の記念碑的調査となった千代田区都立一橋高校遺跡の発掘調査を担当されたことも因縁の強さを物語っているかのようである。当然のことながら都立一橋高校遺跡の調査団長は加藤先生であった。

このように中世や近世という文字史料も多く、比較的新しい時代を対象とした考古学の成立過程を紐解く時、葛西城という遺跡は学史的にも注目される存在なのである。

考古学という学問の学史ではなく、地域史という視点で葛西城をとらえると、もし環状七号線道路建設に伴う発掘調査が行われていなければ、葛西城はさほど重要な城ではなく、単なる砦的なものと片付けられていたに違いない。

例えば、葛飾区郷土と天文の博物館が開館した一九九一年当時は、葛西城の調査研究に「古河公方」という存在が関わるものであると誰が想像したであろうか。天文から永禄期の葛西城は、小田原北条氏にとって下総進出の拠点として重要な役割を担っていた時期であり、なかでも古河公方足利義氏が在城していた天文末期から永禄期初めは、政治的にも注目され、関東の諸勢力も注視する存在であったことが明らかになってきた。葛西城の調査研究は、考古学という分野だけでなく、史料を読み解く文献史学相互の調査研究の深化によって進展してきたと言っても決して過言ではない。葛西城に刻まれた歴史と葛西城のもつ学際的な研究の土壌ならではのことなのかもしれない。

さて、本書は特別展「関東戦乱―戦国を駆け抜けた葛西城―」の記念イベントとして、また埼玉県嵐山史跡の博物館と江戸東京博物館の三館連携シンポジウムのひとつとして、二〇〇七年一二月一・二日に開催されたシンポジウム「葛西城と古河公方足利義氏」の記録集として企画されたものである。本来は、二〇〇八年一二月に刊行を予定していたが、諸般の事情により刊行が遅れてしまった。早くから原稿を提出いただいた方々にはご心配とご迷惑をお掛けしてしまった。編集を担当したものとして、深くお詫び申し上げたい。

また、本書を編むにあたって、和氣俊行・簗瀬裕一氏にシンポジウム参加記を、さらに加藤晋平先生には葛西城発掘の思い出についてご寄稿いただくことができた。ただ小野正敏先生の記念講演は、すでにいろいろなところで話されており、文章化もされている内容であるとして掲載をご辞退された。誠に残念ではあるが、『戦国城下町の考古学』（講談社刊）に当日お話しいただいた館の空間構成や威信財の問題について詳しく記されているので、ご参照いただければ幸いである。

東国の戦国期にあって、小田原北条氏、そして古河公方足利義氏と葛西城がどのような関係を有し、また下総・武蔵両国の境界にあってどのような位置を占めていたのかは、本書を手にとっていただければかなりの部分が明らかになってくるものと思われる。しかし、今回のシンポジウムでは、小田原北条氏の時代を中心に古河公方との関わりなどに注目したので、小田原北条氏以前の上杉氏時代の葛西城の様相、房総や北関東の勢力からの視点等については、触れることができなかった。今後の葛西城研究の課題として取り組んでいきたいと思う。

最後に、本書は雄山閣編集部の久保敏明氏に引き続いて、羽佐田真一氏が担当され敏腕を振るっていただいた。また、特別展開催並びにシンポジウム開催にあたり、多くの方々・機関のご協力を賜った。特に本書刊行にあたっては、記念講演・報告をいただいた佐藤博信・小野正敏両先生をはじめ、黒田基樹・長塚孝・平野明夫・田中信・佐々木健策氏、シンポジウムでの討議の司会をいただいた大石泰史・永越信吾氏、ご助言をいただいた藤木久志先生・古泉弘氏、校正のお手伝いをいただいた磯川いづみ・戸谷穂高・及川和子・堀江政子氏、そして、「葛飾考古学クラブ」「東国中世考古学研究会」のメンバーなど、多くの方々のお力添えによってようやく刊行にこぎつけることができた。この場をお借りして、記して感謝申し上げたい。

なお、本書の刊行の担当として谷口と五十嵐聡江が携わったが、慣れない作業でもあり、全体としての表記の統一ができず、報告ごとの統一を図るように心がけたが、漏れ等があるかもしれない。ご寛容いただければ幸いである。

本書の刊行が、今後の葛西城の調査研究の進展と、東国中世史の研究に寄与することを願ってあとがきとしたい。

（谷口　榮）

参考資料

足利氏系図

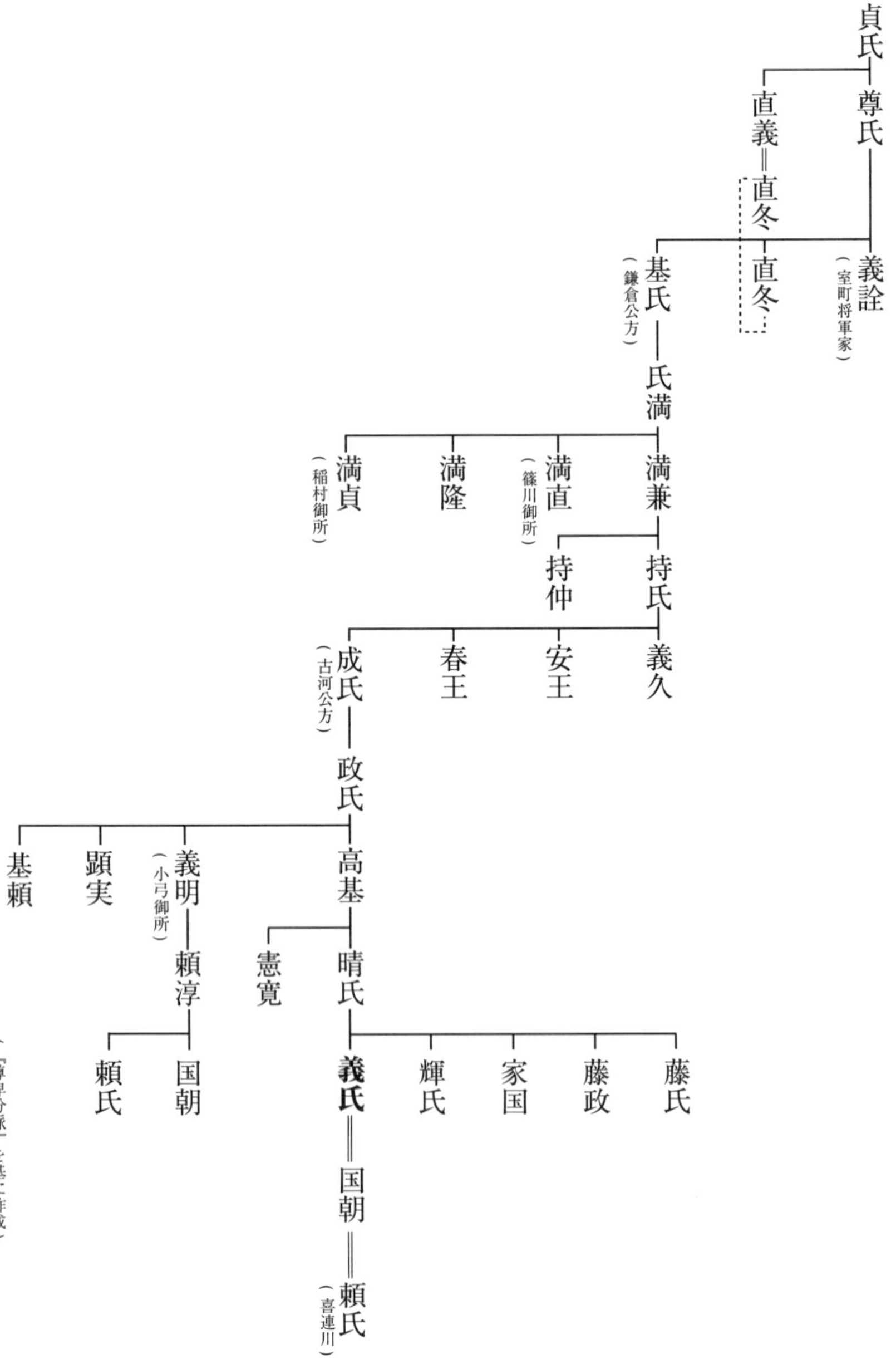

（『尊卑分脈』を基に作成）

小田原北条氏略系図（数字は北条氏の当主代数）

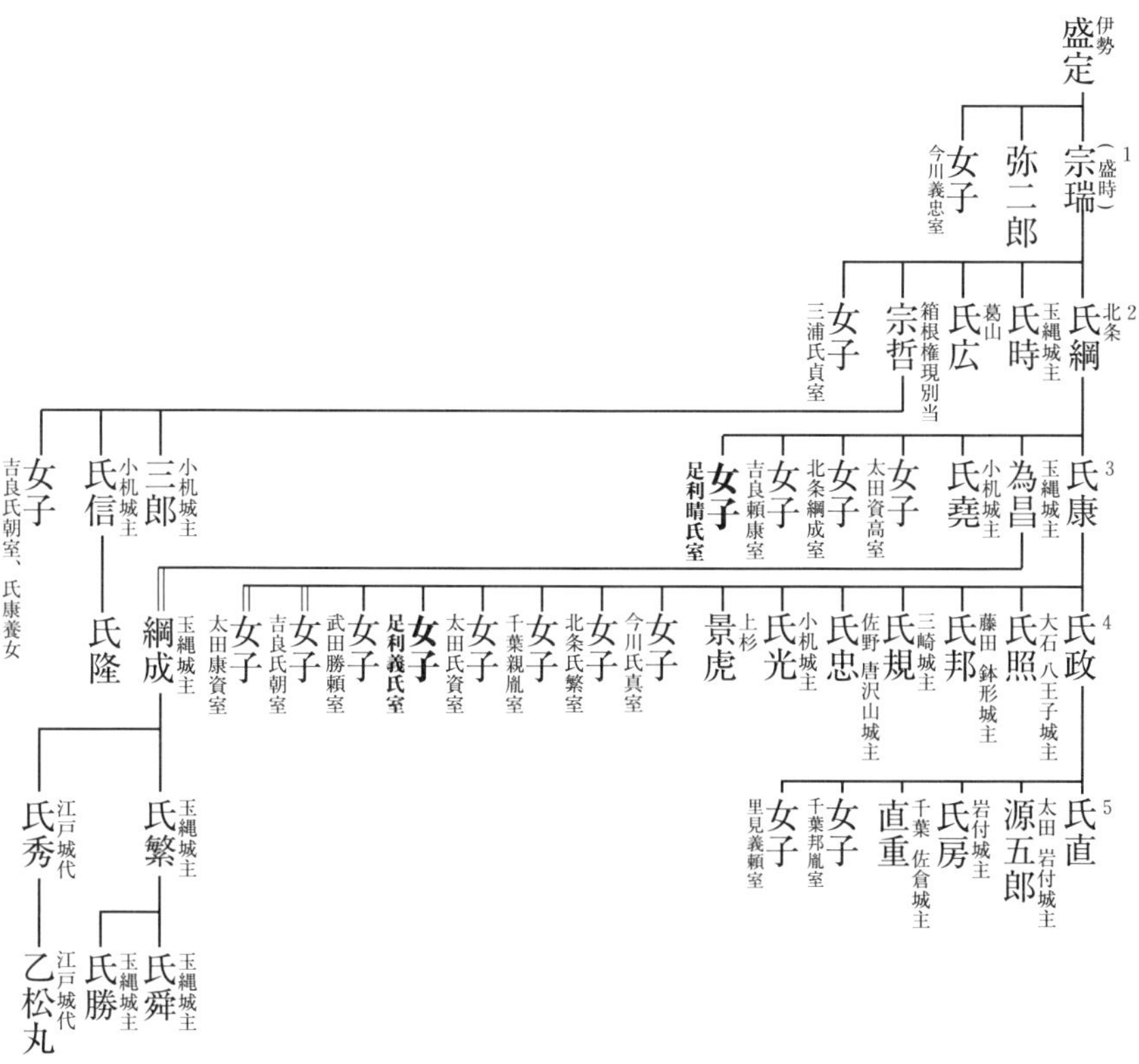

（『小田原市史』通史編 原始 古代 中世を基に作成）

葛西城・足利義氏関係年表

西暦	年月日	事項	出典	全国の出来事	
一四三二	永享四年 六月	葛西城出土の瓦に「永享四年」銘の年紀がみられる。			
一四三五	永享七年 七月一三日	宝積寺・富有庵の寺領目録が作成され、その中に「葛西上小岩」がみえる。	相州文書		
				一四三八（永享一〇年）	永享の乱。鎌倉公方足利持氏自刃。
一四四七	文安四年 八月二七日	足利成氏、信濃から鎌倉に入り、公方となる。	鎌倉大草紙		
一四五四	享徳三年 一二月二七日	足利成氏、関東管領上杉憲忠を殺害する。享徳の大乱が勃発。	鎌倉大草紙		
一四五五	康正元年（享徳四年）正月五日	成氏、鎌倉を発ち、武蔵国鳥森稲荷社に戦勝を祈願する。	武州文書		
	三月	成氏、古河に入る。	鎌倉大草紙		
	六月一六日	今川勢、鎌倉に駐屯する。	鎌倉大草紙		
一四五六	康正二年 正月一九日	成氏、市川城を攻略する。この後、千葉自胤は石浜に、実胤は赤塚へ退去する。実胤が葛西周辺を知行する。	鎌倉大草紙 本土寺過去帳 松平文庫所蔵文書		
				一四五七（長禄元年）四月	扇谷上杉持朝が河越城、太田資長が江戸城を築く。
一四六〇	寛正元年 四月一九日	将軍足利義政、堀越公方足利政知に、千葉実胤を援助するよう命じる。	御内書案 後鑑		
一四六一	寛正二年	足利成氏ら、葛西城を攻め落とす。	寛政重修諸家譜		
一四六二	寛正三年 四月二三日	足利義政、千葉実胤の引退を聞き、帰参を命じる。	御内書案		
				一四六七（応仁元年）	応仁の乱が始まる。
一四七一	文明三年 六月	成氏、上杉勢により古河を落とされる。	鎌倉大草紙		
	七月	成氏、千葉氏のもとに身を寄せる。	鎌倉大草紙		
一四七二	文明四年 二月頃	成氏、古河を奪還する。	鎌倉大草紙		
				一四七七（文明九年）	豊島氏滅亡。

西暦	年月日	事項	出典	全国の出来事	
一四七八	文明一〇年	千葉実胤、このころ出家する。千葉自胤、下総国海上・葛西、武蔵国石浜・赤塚を領す。	千葉系図（系図纂要）千葉系図（続群書類従）		
				一四八六（文明一八年）七月二六日	太田道灌、相模国糟屋において殺害される。
				一四八七（長享元年）一一月	山内上杉顕定、扇谷上杉定正と対立。長享の乱始まる。
一四八八	長享二年五月二二日	菊地氏、葛西青津にて死去。	本土寺過去帳		
一四九三	明応二年一二月六日	千葉自胤、武蔵国三間田にて死去。	本土寺過去帳	一四九三（明応二年）	伊勢宗瑞、堀越御所を落とし、伊豆国を掌握する。
一四九七	明応六年一二月二四日	大石石見守、円城寺平六に討たれる。	本土寺過去帳		
一四九八	明応七年三月二八日	後土御門天皇、葛飾郡葛西庄地主神に「葛西大明神」の称号を与える。	宣秀卿記		
				一五〇一（文亀元年）	伊勢宗瑞、この頃までに扇谷上杉氏の小田原城を奪取する。
				一五〇七（永正四年）	越後国守護代長尾為景が乱を起こす。
一五〇八	永正五年六月一七日	葛西城出土の宝篋印塔に「永正五年戊辰帰寂昌翁繁公禅定門六月十七日」と刻まれている。			
一五〇九	永正六年八月	上野国在陣の扇谷上杉朝定、江戸出張の伊勢宗瑞を迎撃するため、葛西への出陣を予定する。	温故雑帖		
	一〇月	連歌師宗長、江戸より葛西庄河内を通り、浄興寺へ赴く。	東路のつと		
一五一二	永正九年九月二四日	天徳周瑞、伊勢神宮に願書を捧げ、葛西庄などを神領とすることを約す。	鏑矢記		
				一五一六（永正一三年）	伊勢宗瑞が三浦義同を滅ぼす。
一五二一	永正一八年八月二八日	臼井・布佐・葛西・小弓の者共が、小金から市川にかけて討死する。	本土寺過去帳		

西暦	年月日	事項	出典	全国の出来事	
				一五二四（大永四年）正月一三日	扇谷上杉朝興、北条氏綱に江戸城を奪取される。
一五二五	大永五年 三月二三日	扇谷上杉家臣三戸義宣、越後国長尾為景に書状を送り、援軍を依頼する。	上杉家文書		
一五三八	天文七年 二月二日	北条氏綱、葛西城を攻め落とし、さらに岩付城周辺に放火する。	快元僧都記		
	一〇月五日	第一次国府台合戦。小弓公方足利義明ら討死。	相州文書 快元僧都記		
				一五四三（天文一二年）	種子島に鉄砲が伝えられる。
				一五四六（天文一五年）四月二〇日	河越合戦。北条氏康、山内・扇谷両上杉氏を破る。
				一五四九（天文一八年）	ザビエル、鹿児島にキリスト教を伝える。
一五五二	天文二一年 一二月一二日	古河公方足利晴氏、息梅千代王丸に家督を譲る。	喜連川文書		
一五五三	天文二二年 正月	度会神主ら、葛西三十三郷の年貢納入を求める。	鏑矢記		
	五月頃	この頃までに足利梅千代王丸、葛西城に入る。なお入城時期については諸説がある。	結城家譜草稿 東京大学白川文書		
				一五五四（天文二三年）一一月	足利晴氏、古河城に籠もり、北条氏に抵抗するも敗れる。
一五五五	天文二四年 正月六日	牛込勝行、堀切・千葉などを所領とする。	寛永諸家系図伝 干城録		
	一一月二二日	足利梅千代王丸、葛西城にて元服し、義氏と名乗る。	足利義氏元服次第		
一五五八	永禄元年 四月一〇日	義氏、鎌倉鶴岡八幡宮に社参する。	鶴岡八幡宮社参記		
	四月一五日	義氏、北条氏本拠小田原城に御成する。	鶴岡八幡宮社参記		
	四月二八日	義氏、小田原城内北条氏康邸にて饗応を受ける。	鶴岡八幡宮社参記		
	七月頃	義氏、関宿城に入る。	簗田家文書		

西暦	年月日	事項	出典	全国の出来事	
一五五九	永禄二年	『小田原衆所領役帳』に葛西周辺の領主の名が見える。遠山弥九郎、葛西在城につき、知行役を免除される。	小田原衆所領役帳		
一五六〇	（永禄三年ヵ）四月二五日	北条氏康、野田某に書状を出す。文中で葛西筋について記す。	野田家文書	一五六〇（永禄三年）五月一九日	桶狭間の戦い。
	永禄三年	北条氏康、葛西城など諸城に、上杉氏の南下へ備えさせる。	関八州古戦録	冬	長尾景虎、関東に出陣。翌年、小田原城を攻囲する。
一五六一	永禄四年七月	義氏、関宿を簗田氏に渡し、小金城へ移る。	野田文書		
一五六二	永禄五年二月	北条氏康、葛西口へ出馬する。	氷川女体神社文書		
	三月二一日	北条氏康、本田正勝に江戸筋・足立の所領の給与を約す。	本田文書		
	三月二二日	北条氏康、本田正勝に「忍」による葛西城乗取を命じる。	本田文書		
	四月一六日	北条氏政、葛西城乗取の際の恩賞を約す。	本田文書		
	四月二四日	北条家、葛西城を奪い返す。	吉田文書・太田家記		
	八月一二日	北条家、本田正勝の金町郷入部を安堵する。	本田文書		
	八月二六日	北条家、本田正勝に越谷・舎人両郷の給与を約す。	本田文書		
一五六三	永禄六年正月	上杉輝虎、越山して葛西の地を打ち破る。	佐竹系図（続群書類従）	一五六三（永禄六年）	三河一向一揆。
	四月以前	義氏、上総佐貫城に移る。	渡辺文書		
	八月一二日	北条家、本田正勝に葛西城乗取に関する文書の提出を命じる。	本田文書		
	閏一二月二九日	虎松丸、小曽河小五郎に亀戸の内小村江備前守分を与える。	武州文書		
一五六四	永禄七年正月一日	北条氏康、太田康資の反逆に際し、康資勢の葛西城への侵入を警戒させる。	記録御用所本古文書		
	正月七日～八日	第二次国府台合戦。	土気古城再興伝来記 土気城双廃記		

西暦	年月日	事項	出典	全国の出来事	
一五六四	七月中旬	義氏、鎌倉に戻る	鶴岡八幡宮文書		
				一五六五（永禄八年）五月一九日	三好義継・松永久秀、将軍足利義輝を討つ。
一五六八	永禄一一月八月八日	北条家、葛西新宿の伝馬役を定める。	遠山文書	一五六八（永禄一一年）	織田信長、足利義昭を奉じて入京。
	一一月一五日	景秀、須崎堤外の畠一八〇文の所領を最勝寺に安堵する。	牛島神社文書		
	一二月一七日	北条氏政、下総衆の葛西城在番を不要とする。	遠山文書		
一五六九	永禄一二年二月二五日	北条氏康、葛西城に江戸衆を加勢として派遣する。	穴八幡神社所蔵文書		
	閏五月二〇日	北条家、本田正勝の子正家への相続に際し、正家幼少のため伯父甚十郎を代理人とする。	本田文書		
	六月二八日	義氏、古河に戻る。	喜連川文書		
	永禄一二年	武田信玄、碓氷峠を越え、葛西にかかる。遠山氏これに備え、葛西城に籠もる。	北条記	一五七二（元亀三年）一二月二二日	三方ヶ原の戦い。
				一五七三（天正元年）	足利幕府滅亡。
一五七四	天正二年五月二八日	義正、伊勢神宮へ葛西荘の供物五〇〇疋を奉納する。	鏑矢記		
				一五七五（天正三年）五月二一日	長篠の戦い。
一五七六	天正四年九月一二日	北条家、遠山政景に舟橋綱の代金二九貫九五〇文を与える。	遠山文書	一五七六（天正四年）	織田信長、安土城に移る。
	九月二三日	北条氏照、葛西・栗橋間における自身の被官船の往復を保証する。	下総旧事		
一五七七	天正五年閏七月以前	義氏、栗橋に在城、その後栗橋・古河間でしばしば移動			
	八月一〇日	北条家、遠山政景に舟橋綱の代金二九貫九五〇文を与える。	遠山文書		

葛西城・足利義氏関係年表

西暦	年月日	事項	出典	全国の出来事	
一五七九	天正七年二月九日	北条家、遠山氏等に葛西堤の築堤を命じる。	遠山文書		
	二月	北条氏政、葛西等の兵を率い、越後へ向かう。	関八州古戦録		
一五八二	天正一〇年五月九日	遠山直景、葛西新宿等へ伝馬を出させる。	武州文書	一五八二（天正一〇年）六月二日	本能寺の変。
一五八三	天正一一年一月二一日（関東の暦では天正一〇年閏一二月二〇日）	義氏、古河城で死去。	喜連川文書		
一五八四	天正一二年正月	葛西・鉢形・杉山の兵三〇〇余騎、坂田・吉田に陣を取る。	館林盛衰記	一五八四（天正一二年）	小牧・長久手の戦い。
	一一月二九日	女性某、金町郷名主・百姓に今後の年貢は自身へ納めるよう命じる。	鈴木文書		
	一二月	女性某、金町郷での不法などを禁じる。	鈴木文書		
一五八五	天正一三年四月	北条氏直、葛西等の兵を率い、下野口へ出馬する。	関八州古戦録	一五八五（天正一三年）三月一〇日	豊臣秀吉、関白となる。
	一〇月六日	北条家、遠山直景に舟橋綱の代金二九貫九五〇文を与える。	遠山文書		
一五九〇	天正一八年四月二九日	浅野長吉、葛西三三郷中の五ヶ村へ、秀吉朱印状の取次ぎを報じる。	葛西神社文書 寛永諸家系図伝 下野宇都宮戸田家譜	一五九〇（天正一八年）七月	豊臣秀吉、北条氏を滅ぼし天下統一。
	五月	戸田忠次等、葛西城を攻め落とす。	干城録		
	八月	氏姫、古河城破却により古河鴻巣御所へ移る。	喜連川文書		
	天正一八年	松平親良、本田正家の知行地葛西に蟄居す。	干城録		
				一六〇〇（慶長五年）九月一五日	関ヶ原の戦い
				一六〇三（慶長八年）	徳川家康、征夷大将軍となり、江戸幕府を開く。
一六〇九	慶長一四年一一月	徳川家康、駿河・関東巡遊の計画を立て、葛西を宿泊地と予定する。以後、秀忠・家光が頻繁に葛西にて鷹狩りを行う。	徳川恒孝氏所蔵文書 名古屋・久能山・日光東照宮所蔵文書		

西暦	年月日	事項	出典	全国の出来事	
一六一三	慶長一八年一一月二七日	徳川家康、葛西で鷹狩りを行い、御旅館（葛西城跡）から使者を遣わす。	台徳院殿御実記		
一六一四	慶長一九年一月七日	徳川家康、葛西で鷹狩りを行い、御旅館（葛西城跡）へ使者を遣わす。	台徳院殿御実記	一六一四（慶長一九年）	大坂冬の陣。
				一六一五（元和元年）	大坂夏の陣。豊臣家滅亡。
一六二〇	元和六年五月六日	氏姫、古河鴻巣御所で死去。	喜連川文書		
一六三〇	寛永七年六月一三日	喜連川頼氏死去、孫の尊信、家督を継承し、喜連川へ移る。	寛政重修諸家譜		

（作成　大石泰史・戸谷穂高・谷口榮）

葛西城出土遺物出土状況グラフ

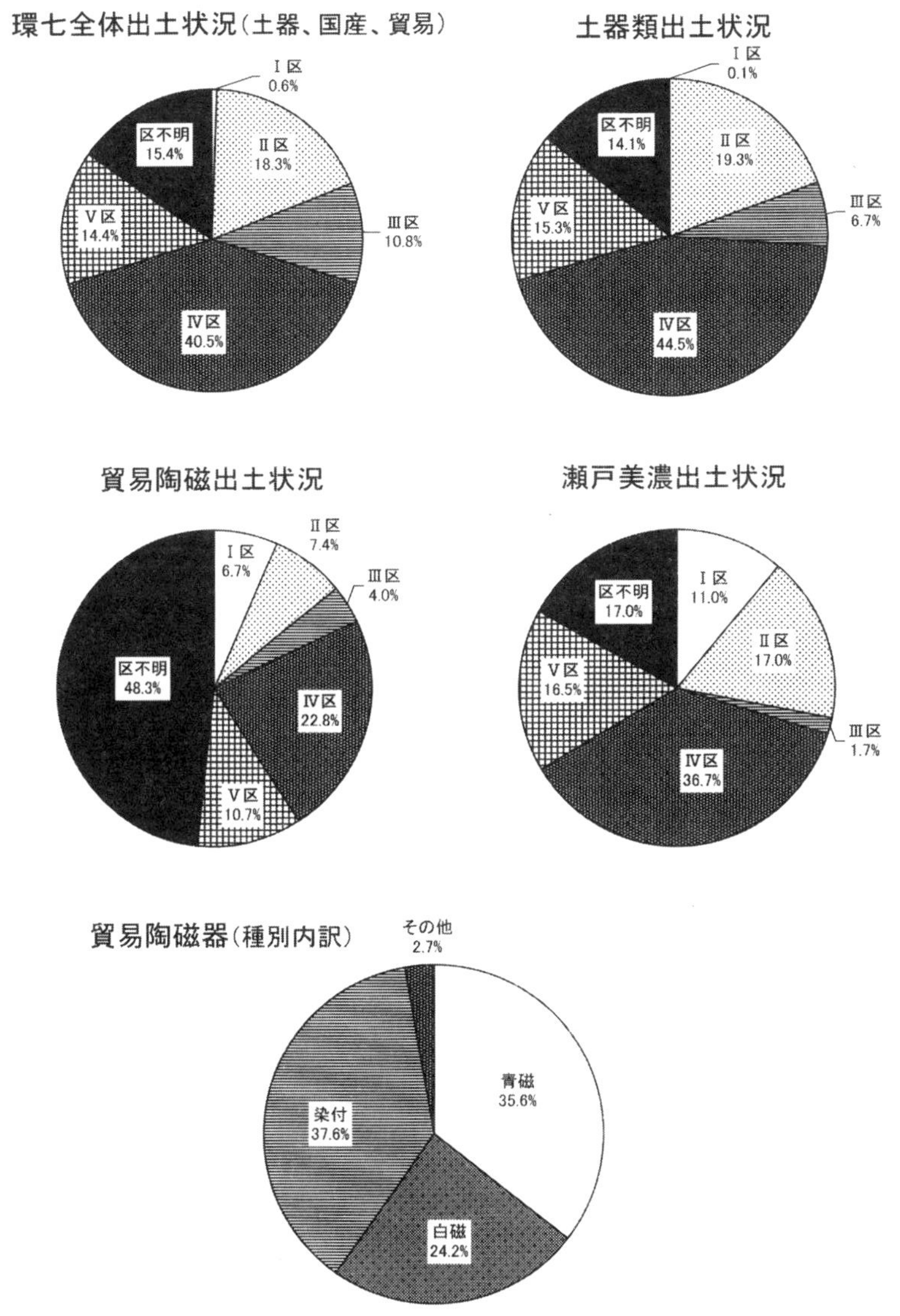

葛西城環状七号線道路部分出土遺物組成（1）土器、国産陶器、貿易陶磁器

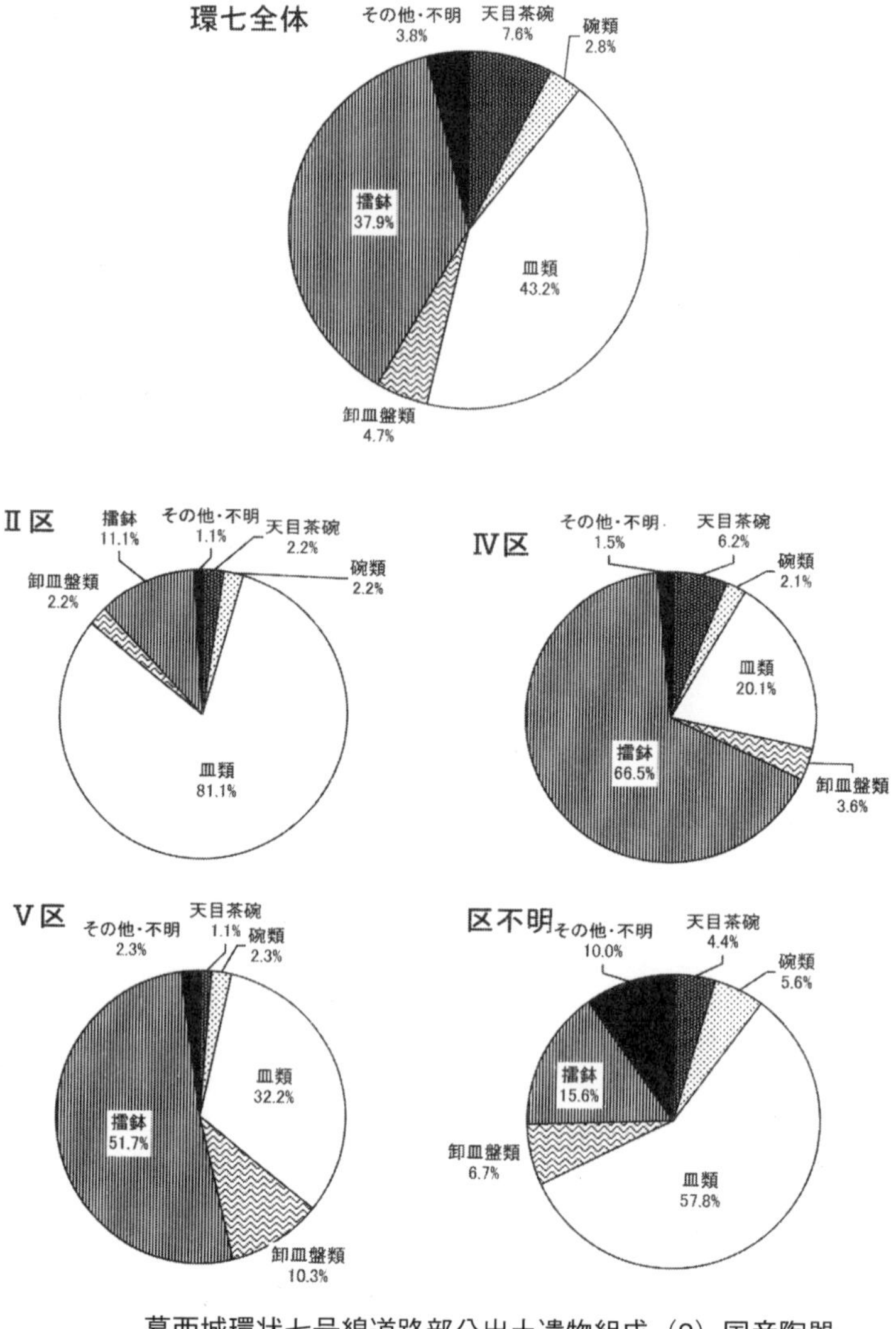

葛西城環状七号線道路部分出土遺物組成（2）国産陶器

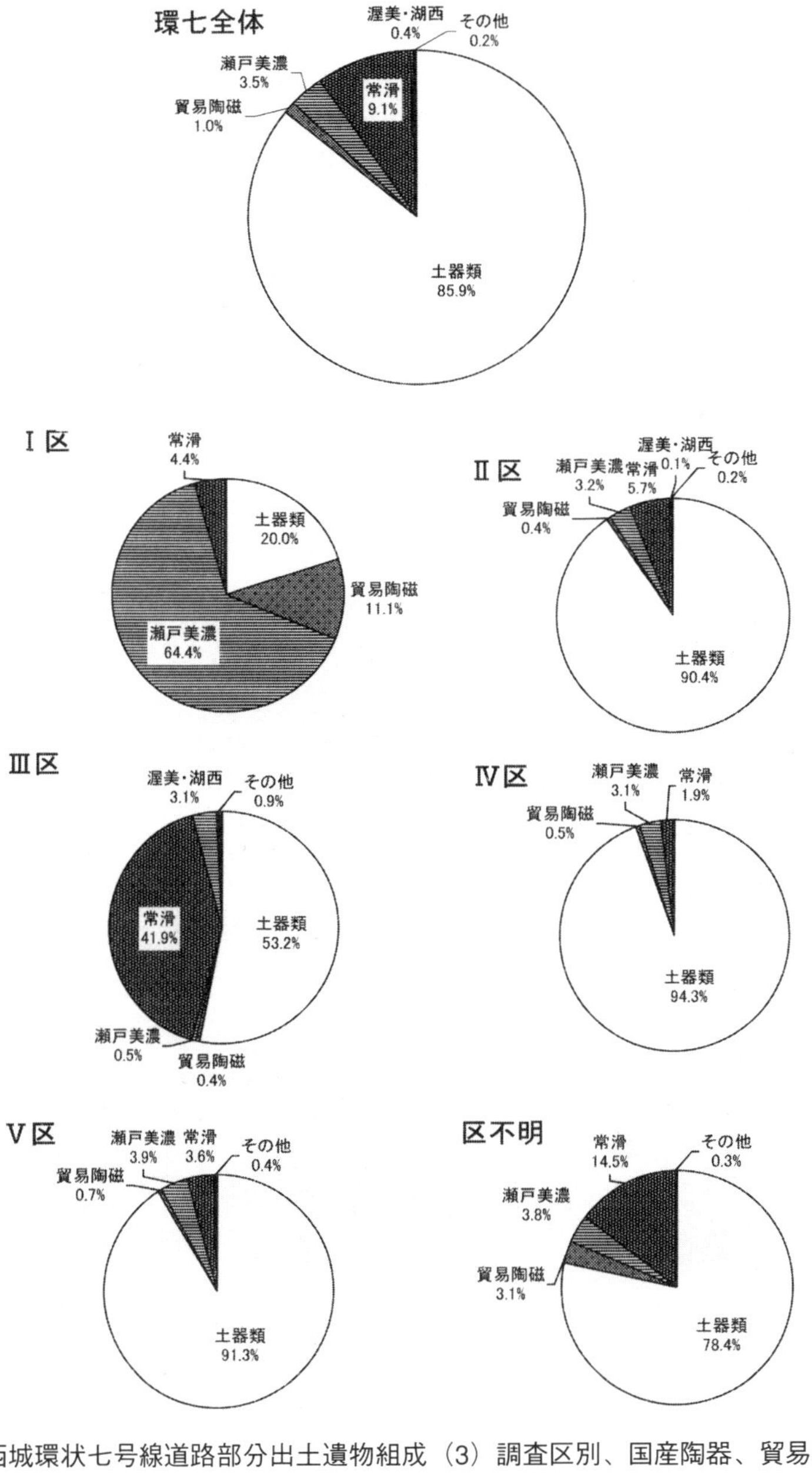

葛西城環状七号線道路部分出土遺物組成（3）調査区別、国産陶器、貿易陶磁器

執筆者一覧

加藤晋平（かとう しんぺい）　元國學院大學
黒田基樹（くろだ もとき）　駿河台大学
佐々木健策（ささき けんさく）　小田原市教育委員会
佐藤博信（さとう ひろのぶ）　千葉大学
田中　信（たなか まこと）　川越市教育委員会
谷口　榮（たにぐち さかえ）　葛飾区郷土と天文の博物館
長塚　孝（ながつか たかし）　馬の博物館
平野明夫（ひらの あきお）　國學院大學
簗瀬裕一（やなせ ゆういち）　千葉市立郷土博物館
和氣俊行（わき としゆき）　千葉県文書館

2010年5月30日　初版発行　《検印省略》

葛《か》西《さい》城《じょう》と古《こ》河《が》公《く》方《ぼう》足《あし》利《かが》義《よし》氏《うじ》

編　者©　葛飾区郷土と天文の博物館
発行者　宮田哲男
発行所　株式会社 雄山閣
〒102-0071　東京都千代田区富士見2－6－9
ＴＥＬ 03-3262-3231／ＦＡＸ 03-3262-6938
ＵＲＬ http://www.yuzankaku.co.jp
e-mail info@yuzankaku.co.jp
振替　00130-5-1685
組　版　創生社
印　刷　亜細亜印刷
製　本　協栄製本

ISBN978-4-639-02142-1 C3021　Printed in Japan 2010